ENZYKLOPÄDIE DER RECHTS- UND STAATSWISSENSCHAFT

BEGRÜNDET VON
F. VON LISZT UND W. KASKEL

HERAUSGEGEBEN VON
E. KOHLRAUSCH · H. PETERS · A. SPIETHOFF

ABTEILUNG RECHTSWISSENSCHAFT

HERAUSGEGEBEN VON

DR. EDUARD KOHLRAUSCH
PROFESSOR AN DER UNIVERSITÄT
BERLIN

DR. HANS PETERS
PROFESSOR AN DER UNIVERSITÄT
BERLIN

XXa

MILITÄRSTRAFRECHT

VON

EBERHARD SCHMIDT

VERLAG VON JULIUS SPRINGER · BERLIN 1936

MILITÄRSTRAFRECHT

VON

DR. EBERHARD SCHMIDT
PROFESSOR AN DER UNIVERSITÄT LEIPZIG

VERLAG VON JULIUS SPRINGER · BERLIN 1936

ISBN-13: 978-3-642-93806-1 e-ISBN-13: 978-3-642-94206-8
DOI: 10.1007/978-3-642-94206-8

SOFTCOVER REPRINT OF THE HARDCOVER 1ST EDITION 1936

Vorwort.

Die vorliegende Arbeit setzt es sich zum Ziele, die Beziehungen zu erneuern, die zwischen der Wissenschaft vom Militärstrafrecht und der des gemeinen Strafrechts sehr zum Vorteil beider Zweige der gesamten Strafrechtswissenschaft bis zum Ausgange des Weltkrieges bestanden haben. Die Zeit dazu dürfte gekommen sein. Dem Militärstrafrecht wird nach der Wiederherstellung der deutschen Wehrhoheit und nach der Wiedereinführung der allgemeinen Wehrpflicht eine bedeutsame Entwicklung bevorstehen; seine wissenschaftliche Durcharbeitung unter Anknüpfung an die Erkenntnisse der ehedem reichen militärstrafrechtlichen Literatur und an die vorzüglichen Leistungen, die wir dem Reichsmilitärgericht zu danken haben, wird eine wichtige Aufgabe sein, aber nur im engsten Anschluß an die rechtsdogmatische und kriminalpolitische Arbeit der allgemeinen Strafrechtswissenschaft wirklich erfolgbringend durchgeführt werden können. Aber auch die Dogmatik des gemeinen Strafrechts wird im Zeichen einer materiellen Rechtsauffassung und einer Ausrichtung an der Idee der Volksgemeinschaft gerade vom Militärstrafrecht her befruchtet werden können, dem die Einstellung auf eine konkrete Lebensordnung, ihren Sinn und ihre Ethik, und die Orientierung an herben, strengen Anforderungen einer innerlich eng verbundenen Lebensgemeinschaft ja stets wesentlich gewesen ist. So glaube ich, daß sich der Versuch einer systematischen Darstellung des Militärstrafrechts aus der Lage heraus rechtfertigt, in der sich Strafrecht und Strafrechtswissenschaft heute befinden. Freilich bin ich mir bewußt, wie wenig etwas Fertiges und Abschließendes gerade im gegenwärtigen Zeitpunkt geboten werden kann. Die Neuorientierung unserer Strafrechtswissenschaft ist im vollen Gange. Die Fertigstellung eines neuen Strafgesetzbuchs steht bevor. In der Strafrechtsdogmatik wird um neue Erkenntnisse gerungen. Dennoch habe ich geglaubt, daß der Versuch, das Militärstrafrecht unter ständiger Berücksichtigung dieser im Fluß befindlichen Entwicklung dogmatisch und systematisch darzustellen, gewagt werden muß, um diesen wichtigen Zweig unseres gesamten deutschen Strafrechts in die allgemeine strafrechtliche Dogmatik rechtzeitig wieder einzubeziehen. Eine Auseinandersetzung mit den heute grundsätzlich erörterten strafrechtlichen Problemen ist mir in der vorliegenden Arbeit begreiflicherweise nicht in extenso möglich gewesen; immerhin wird der Kenner die neuen Ansätze wahrnehmen, die sich mir für die Systematik und Dogmatik des Militärstrafrechts aus der jüngsten strafrechtswissenschaftlichen Entwicklung ergeben haben. Zu berücksichtigen bitte ich, daß meine Aufgabe die Darstellung eines Strafrechtszweiges gewesen ist, in dem noch immer ein aus dem Jahre 1872 stammendes Gesetzesmaterial maßgebliche Beachtung erfordert. Erörterungen de lege ferenda haben des verfügbaren Raumes wegen fast ganz unterbleiben müssen. Namentlich bei der Darstellung der einzelnen militärischen Delikte habe ich das oft bedauert.

Eine erschöpfende Heranziehung der älteren militärstrafrechtlichen Literatur hat nicht mehr in Frage kommen können. Der noch heute unübertroffene Kommentar von Romen-Rissom, Dietz' vorzügliches „Handwörterbuch des Militärrechts", das (hoffentlich wieder auflebende) „Archiv des Militärrechts" und die wichtigeren monographischen Arbeiten aus der Zeit bis 1918 haben genügen müssen und sind zur literarischen Grundlage der Darstellung gemacht worden. Die Rechtsprechung des Reichsmilitärgerichts aber habe ich in möglichst großem Umfange herangezogen. Was in den oft glänzenden Entscheidungen dieses Gerichts erarbeitet worden ist, wird in Wissenschaft und Praxis des Militärstrafrechts noch lange fortleben dürfen.

Sollte diese Schrift zu ihrem bescheidenen Teile dazu beitragen, die Neubelebung der Wissenschaft vom Militärstrafrecht zu fördern, so hat sie ihren Zweck erreicht.

Leipzig, den 15. Dezember 1935.

EBERHARD SCHMIDT.

Inhaltsverzeichnis.

Erster Abschnitt.

Wesen, Funktion und Quellen des Militärstrafrechts.

Zweiter Abschnitt.

Strafe und sichernde Maßnahmen im Militärstrafrecht.

Dritter Abschnitt.

Das militärische Verbrechen.

Verzeichnis der Abkürzungen.

Arch. = Archiv des Militärrechts, herausg. von DIETZ, seit 1909.
BO = Beschwerdeordnung.
DJZ = Deutsche Juristenzeitung.
DStO = Disziplinarstrafordnung.
DStrafrZ = Deutsche Strafrechtszeitung.
EGMilStGB = Einführungsgesetz zum Militärstrafgesetzbuch.
GA = Archiv für Strafrecht, begründet von GOLDTAMMER.
HdR = Handwörterbuch der Rechtswissenschaft, herausg. von STIER-SOMLO und ELSTER, 1926ff.
Hdwb = Handwörterbuch des Militärrechts, herausg. von DIETZ, 1912.
HVBl = Heeresverordnungsblatt.
JW = Juristische Wochenschrift.
KritVSchr = Kritische Vierteljahrsschrift.
MilStGB = Militärstrafgesetzbuch.
MilStGO = Militärstrafgerichtsordnung.
MittIKV N.F. = Mitteilungen der Internationalen Kriminalistischen Vereinigung, Neue Folge, 1926ff.
N = Note (Anmerkung).
Nat.-Soz. Hdb = Nationalsozialistisches Handbuch für Recht und Gesetzgebung, herausg. von HANS FRANK, 1935.
PE = Prüfungsergebnisse des Reichsmilitärgerichts (im Generalregisterband der Entscheidungen des Reichsmilitärgerichts zu Bd. 6—10).
RGBl = Reichsgesetzblatt.
R = Entscheidungen des Reichsgerichts in Strafsachen.
RMilG = Entscheidungen des Reichsmilitärgerichts.
RStGB = Reichsstrafgesetzbuch.
StPO = Reichsstrafprozeßordnung.
Vereinf. Ges = Gesetz zur Vereinfachung des Militärstrafrechts vom 30. April 1926.
Wehrges = Wehrgesetz vom 21. Mai 1935.
WStV = Strafvollstreckungsvorschrift für die Wehrmacht vom 27. November 1933 in der Fassung der Verordnung zur Änderung der Strafvollstreckungsvorschrift für Reichsheer und Reichsmarine vom 5. Oktober 1935.
ZPE = Zusammenstellung der Prüfungsergebnisse des Reichsmilitärgerichts (S. 235ff. des Generalregisterbandes zu Bd. 6—10 der Entscheidungen des Reichsmilitärgerichts).
Z = Zeitschrift für die gesamte Strafrechtswissenschaft.

Literaturverzeichnis

unter Angabe der benutzten Abkürzungen für häufiger zitierte Werke. Die hier nicht verzeichneten Schriften sind in den Fußnoten mit vollem Titel angegeben.

v. AMMON = WILH. v. AMMON, Der bindende rechtswidrige Befehl. Strafrechtliche Abhandlungen. Breslau, Heft 217, 1926.

DIETZ Enz. = HEINRICH DIETZ, Militärstrafrecht und Militärstrafverfahren, in: Enzyklopädie der Rechtswissenschaft, herausg. von JOSEF KOHLER, 5. Band, 1914.

DIETZ Einf. = HEINRICH DIETZ, Einführung in die Militärstrafgerichtsordnung, 1935.

DIETZ DStO = HEINRICH DIETZ, Disziplinarstrafordnung für das Heer. 3. Aufl., 1935.

DIETZ-HÜLLE MilStGO = HEINRICH DIETZ und WERNER HÜLLE, Die Militärstrafgerichtsordnung für das Deutsche Reich, 1935.

DOMBROWSKI = HANNS DOMBROWSKI, Militärstrafrecht I. Teil. Textausgabe mit Einführung von WALTER REHDANS, 1935.

ELSNER v. GRONOW MilStrafr. = ELSNER v. GRONOW und SOHL, Kommentar zum Militärstrafgesetzbuch, 1906.

FRANK = REINHARD FRANK, Das Strafgesetzbuch für das Deutsche Reich, 18. Aufl. 1931.

FUHSE = WILHELM FUHSE, Militärstrafgesetzbuch, 2. Aufl. 1926.

GÜRTNER I^2, II = Das kommende deutsche Strafrecht. Bericht über die Arbeit der amtlichen Strafrechtskommission, herausg. von FRANZ GÜRTNER. Allgemeiner Teil, 2. Aufl., 1935. Besonderer Teil, 1935.

Hdwb = Handwörterbuch des Militärrechts, herausg. von HEINRICH DIETZ, 1912.

v. HIPPEL Lehrb. = ROBERT v. HIPPEL, Lehrbuch des Strafrechts, 1932.

KOHLRAUSCH StGB = EDUARD KOHLRAUSCH, Strafgesetzbuch für das Deutsche Reich. 31. Aufl., 1934.

v. LISZT-SCHMIDT = v. LISZT, Lehrbuch des deutschen Strafrechts, neu bearbeitet von EBERHARD SCHMIDT, 25. Aufl., 1927; 26. Aufl. (Allgem. Teil) 1932.

MAYER, M. E. I, II = MAX ERNST MAYER, Deutsches Militärstrafrecht. 2 Bände (Sammlung Göschen), 1907.

— Der rechtsw. Bef. = Der rechtswidrige Befehl des Vorgesetzten (aus der Festschrift für Paul Laband), 1908.

— Die allg. StrafSchärfGr = Die allgemeinen Strafschärfungsgründe des deutschen Militärstrafgesetzbuches, 1903.

MAYER, PH. O. Erörterungen = Philipp Otto Mayer, Erörterungen aus dem allgemeinen und dem Militärrecht. Würzburger Dissertation 1912.

MEZGER Lehrb. = EDMUND MEZGER, Strafrecht. Ein Lehrbuch. 2. Aufl., 1933.

Nat.-Soz. Hdb = HANS FRANK, Nationalsozialistisches Handbuch für Recht und Gesetzgebung, 1935.

RITTAU $^{1, 2}$ = MARTIN RITTAU, Militärstrafgesetzbuch, erläutert. 1. Aufl. 1926; 2. Aufl. 1935.

ROMEN-RISSOM, Militärstrafgesetzbuch, ausführlich erläutert. 3. Aufl., 1918.

ROTERMUND DStO = ROTERMUND, Disziplinarstrafordnung für das Reichsheer, 1934.

SAUER Grundlagen = WILHELM SAUER, Grundlagen des Strafrechts, 1921.

STUHLMANN-STANGE Wehrges. = F. STUHLMANN und H. STANGE, Wehrgesetz und Wehrmacht 1935.

Erster Abschnitt.

Wesen, Funktion und Quellen des Militärstrafrechts.

I. Verbrechen und Strafe im Militärstrafrecht.

§ 1. Das Schutzobjekt.

Das Militärstrafrecht, als das Sonderstrafrecht der Wehrmachtangehörigen, stellt einen wesentlichen Bestandteil des weiter greifenden *Wehrstrafrechts* dar. Das Wehrstrafrecht umfaßt alle strafrechtlichen Normen, welche die Landesverteidigung und die Wehrkraft des Volkes gegen verbrecherisches Verhalten sichern sollen[1]. Normen dieser Art finden sich in verschiedensten Gesetzen. So enthalten z. B. die §§ 88ff., 140—143a RStGB wehrstrafrechtliche Tatbestände. Unmittelbar aus *militärischen* Gesichtspunkten erwachsen und daher von *überragender* wehrstrafrechtlicher Bedeutung aber sind die Normen des *Militärstrafgesetzbuchs*. Sie sind dazu bestimmt, der Wehrmacht die ihre Schlagfertigkeit und Schlagkraft gewährleistende Disziplin im weitesten Sinne zu sichern. Die militärische Disziplin als Inbegriff aller spezifisch soldatischen Pflichten ist das allgemeine Schutzobjekt des Militärstrafrechts; sie ist zugleich das allgemeine Angriffsobjekt der militärischen Verbrechen und Vergehen, die stets als Verletzungen spezifisch soldatischer Pflichten erscheinen. „Cette discipline“ — so heißt es in Friedrichs des Großen Politischem Testament von 1752 — „fait l'âme des armées. Tant qu'elle est en vigueur, elle soutient les empires.“ An diesen Ausspruch des großen Königs klingt Moltkes klassisches Wort aus der Reichstagssitzung vom 7. Juni 1872 an: „*Autorität von oben* und *Gehorsam von unten*, mit einem Wort: *Disziplin* ist die ganze *Seele der Armee*.“ Damit aber wollte Moltke den Standpunkt kennzeichnen, von dem aus allein ein MilStGB geschaffen und — folglich — angewandt werden darf. Die Ausrichtung auf die militärische Disziplin wird auch die gesamten folgenden Darlegungen maßgebend bestimmen[2]. Was aber „Autorität von oben“ und „Gehorsam von unten“, was also Disziplin ist, lehrt uns das militärische Leben, bestimmt sich insbesondere aus den Pflichten, unter denen der Wehrmachtangehörige stehen muß, wenn der militärische Organismus eine in sich geschlossene kraftvolle Einheit darstellen soll. Ehre, Treue, kämpferischer Mut, Verantwortungsfreude, Gehorsam, Kameradschaft in allen Lagen des soldatischen Daseins, das sind die den Pflichtenkreis des Soldaten bestimmenden höchsten Werte, deren Verwirklichung Disziplin im weitesten Sinne bedeutet[3]. Diese Werte sind im Wehrgesetz vom 21. Mai 1935 ins Auge gefaßt, wenn dort (§ 2) die Wehr-

[1] SENFTLEBEN Deutsches Recht **5**, 325; — Deutsches Wehrrecht, 1935, S. 25ff.

[2] Über die Berücksichtigung der Disziplin bei der Auslegung des MilStGB vgl. RISSOM Arch. **2**, 100, 101, ferner RMilG **1**, 134, **20**, 113, MEWES in Nat.-Soz. Hdb S. 1433.

[3] Vgl. „die Pflichten des deutschen Soldaten“ vom 25. Mai 1934 (abgedruckt bei RITTAU[2] S. 190). Sie traten an die Stelle der „Berufspflichten des deutschen Soldaten“ vom 9. Mai 1930.

macht „die soldatische Erziehungsschule des deutschen Volkes" genannt wird. Diese Erziehungsschule, die Stein, Scharnhorst, Boyen und Gneisenau dem deutschen Volke gewünscht und geschaffen, gegen die die Siegermächte von Versailles ihren ganzen Zerstörungswillen eingesetzt hatten, ist durch die Gesetze vom 16. März und 21. Mai 1935 wieder neu errichtet worden „zur Wahrung der Ehre und Sicherheit des Deutschen Reiches". Damit haben die Wehr- und insbesondere die militärstrafrechtlichen Normen unseres Reichsrechts erneut höchste Bedeutung gewonnen.

§ 2. Die Strafe und ihre Funktion im Militärstrafrecht.

Soldatische Disziplin ist gewiß nicht durch Strafgesetze zu schaffen. Sie gestaltet sich aus dem Geiste und dem Lebenswillen des Volkes und aus seinen soldatischen Fähigkeiten. Sie bedarf der Pflege durch das stete lebendige Beispiel der militärischen Führer[1] und jedes einzelnen Mannes. Aber sie muß gegen Unwürdige geschützt werden. Die strengen Anforderungen des soldatischen Lebens müssen mit notwendiger Härte gegen jede Art menschlichen Versagens durchgesetzt werden. Rücksicht auf den einzelnen kennt das militärische Leben grundsätzlich nicht. Die Gesamtheit ist hier alles, der einzelne nichts. Nur so sind höchste Leistungen im Krieg und Frieden zu erreichen. Hieraus aber ergeben sich wichtige Folgerungen für den Einsatz der Strafe im Militärstrafrecht. Die Kriminalstrafe[2] kämpft im militärischen Lebensbereich gegen das Verbrechen in erster Linie durch ihre generalpräventiven und unschädlichmachenden Funktionsmöglichkeiten. In der engen Lebens- und Schicksalsgemeinschaft eines Regiments, einer Batterie, einer Kriegsschiffsbesatzung ist es mehr noch als im bürgerlichen Leben notwendig, daß das Strafrecht und seine Handhabung „eine dauernd arbeitende Selbstreinigungsapparatur"[3] des militärischen Körpers bedeuten. In den militärischen Gemeinschaften aber wird die Strafe als Ausdruck für die unerbittliche Geltung des militärischen Sollens und zugleich als eindringliche Warnung an alle deutlich verstanden. Daher finden hier der ethische Gehalt und die generalpräventive Funktion der Strafe einen günstigen und gut vorbereiteten Boden. Damit ist nicht gesagt, daß die Spezialprävention im Militärstrafrecht bedeutunglos sei. Innerhalb der durchaus generalpräventiv orientierten Strafrahmen erfolgt die Strafzumessung nach der Schuld des Täters (vgl. unten § 15 III), d.h. unter maßgeblicher Berücksichtigung seiner Persönlichkeit und ihres Verhältnisses zu den militärischen Gemeinschaftsanforderungen. Damit wirken sofort spezialpräventive Gesichtspunkte in die Einzelanwendung der Strafe hinein, und zwar sowohl der Gedanke der spezialpräventiven Unschädlichmachung (als einer sehr wichtigen Stütze der militärischen Disziplin), wie auch der Erziehungsgedanke. Letzterer kann bei der Anwendung und im Vollzuge militärischer Strafen um so eher Berücksichtigung finden, als über das Erziehungsziel gerade bei der militärischen Strafvollstreckung gar kein Zweifel bestehen kann. Freilich wird das Disziplinarstrafrecht dem Erziehungsgedanken in weit größerem Maße dienstbar zu machen sein, als das Kriminalstrafrecht[4].

§ 3. Militärische Verbrechen und Vergehen.

I. Die Strafrechtswissenschaft verwendet den Ausdruck „Verbrechen" zur Bezeichnung aller strafbaren Handlungen überhaupt. Auf die wesentlichen Elemente,

---

[1] Trefflich WEBER Unterführerfibel (o. J.), S. 5ff.

[2] Über die Disziplinarstrafe vgl. unten § 5. Unzulänglich behandelt das Problem militärischen Strafens KRAFT Die Strafe und ihre Anwendung im Militärstrafrecht. Greifswalder Diss. 1918. Vgl. aber neuerdings KNOTH Der Strafzweck im Militärstrafrecht, 1935.

[3] FREISLER bei GÜRTNER I^2, S. 13.

[4] KNOTH, dessen Ausführungen über das Wesen der Spezialprävention S. 8/9 freilich anfechtbar sind, da er Spezialprävention und Sühne nicht zu verbinden weiß und der Spezialprävention eine längst überwundene individualistische Note beilegt, legt im übrigen (S. 26ff., 36ff., 47) mit Recht dar, daß spezialpräventive Zwecksetzungen vor allem der Disziplinarstrafe eignen.

die dem Verbrechensbegriff in diesem Sinne seine Bedeutung und seine Eigenart verleihen, werden wir unten in den §§ 22ff. näher eingehen. Hier interessiert zunächst etwas anderes. Innerhalb der strafbaren Handlungen überhaupt nimmt nämlich das RStGB § 1 eine Dreiteilung, das MilStGB § 1 eine Zweiteilung vor, indem jenes Verbrechen, Vergehen und Übertretungen, dieses *militärische Verbrechen* und *militärische Vergehen* unterscheidet. Übertretungen sind dem MilStGB unbekannt.

II. 1. Die Abgrenzung der Gruppen erfolgt im MilStGB anders als im RStGB. Die Gefängnisstrafe, deren Höchstbetrag nach § 16 RStGB 5 Jahre beträgt, begründet nach § 1 RStGB nie Verbrechens-, sondern stets den Vergehenscharakter des gemeinstrafrechtlichen Delikts. Nach § 16 Abs. 2 MilStGB ist dagegen der Höchstbetrag der Gefängnisstrafe 15 Jahre. Demgemäß kann nach Militärstrafrecht *auch die Gefängnisstrafe*, nämlich dann, wenn sie mit *mehr als 5jähriger* Dauer angedroht ist, einer strafbaren Handlung *Verbrechens*charakter verleihen. Die dem RStGB unbekannte Arreststrafe ist im Militärstrafrecht (neben Gefängnis oder Festungshaft bis zu 5 Jahren) stets die Strafe für ein militärisches *Vergehen;* dagegen scheidet die vom MilStGB als solchem nicht verwendete Geldstrafe bei der Bildung der Zweiteilung in militärische Verbrechen und militärische Vergehen selbstverständlich aus.

2. Die Zweiteilung der strafbaren Handlungen hat, wie die Dreiteilung im gemeinen Strafrecht, nur gesetzestechnische Bedeutung. Der Gesetzgeber prägt eine technische Ausdrucksweise, deren er sich zur Vermeidung von Verweisungen an anderen Stellen bedienen kann: vgl. etwa MilStGB §§ 8, 14, 50 usw., MilStGO §§ 96 Ziff. 1, 257.

3. Ob eine strafbare Handlung als militärisches Verbrechen oder Vergehen anzusehen ist, richtet sich *nicht* nach der *im Einzelfall verwirkten, sondern* nach der *generell angedrohten Strafe*. Bei wahlweiser Strafdrohung entscheidet die schwerste der angedrohten Strafen. Der Ungehorsam im Sinne des § 94 MilStGB ist also ein militärisches *Verbrechen*! Die Zulässigkeit einer Milderung der Strafe in „minder schweren Fällen", die Möglichkeit einer Strafschärfung in „schweren" oder „schwereren Fällen" (unten § 16 B I 1) ändert an der Zuweisung einer Handlung unter die Verbrechen oder Vergehen nichts[1]. Wer also einen Kranken auf dem Kampfplatz im Felde bestiehlt (§ 134), begeht, auch wenn das Gericht einen minder schweren Fall annimmt, ein Verbrechen, obwohl er höchstens zu 5 Jahren Gefängnis verurteilt werden darf.

Wenn aber der Gesetzgeber, von einem Grunddeliktstypus ausgehend, einen sog. *qualifizierten* oder *privilegierten Tatbestand* bildet, ist dessen eigene Strafdrohung für die Unterordnung unter die Zweiteilung entscheidend. So ist die Plünderung ihrem in den §§ 129, 131 aufgestellten Grundtypus nach ein Vergehen; die räuberische Plünderung des § 133 ist ein Verbrechen (qualifizierter Fall)[2].

III. Die Eigenschaft als *militärisches* Verbrechen oder Vergehen erhält eine Handlung nach § 1 MilStGB, wenn sie von eben „diesem Gesetz", d. h. also vom MilStGB selbst mit Strafe bedroht ist. Die, wie es scheint, unmißverständliche Formel hat zu schwierigen Fragen geführt, die eine erhebliche praktische Bedeutung haben. Denn wenn eine strafbare Handlung nicht ein *gemeines*, sondern ein *militärisches* Verbrechen oder Vergehen ist, so finden die Besonderheiten des *militärischen* Strafensystems Anwendung (vgl. unten §§ 12, 13); des weiteren knüpfen die §§ 14, 50, 51 MilStGB, §§ 4, 174 Abs. 2 MStGO praktische Folgerungen gerade an die Unterscheidung von gemeinen und militärischen Delikten an.[3]

1. Es besagt wenig, wenn man den „Sitz der Strafdrohung"[4] als das für den *mili-*

[1] Vgl. R. **69**, 49 (für die „besonders schweren Fälle" des gemeinen Strafrechts).

[2] Das gleiche gilt bei den Strafschärfungsgründen der §§ 55, 53 MilStGB. Unrichtig R. **69**, 52 unter Hinweis auf GVG § 24 Ziff. 3a Satz 2); richtig RITTAU[2] § 1 Note 2, wie auch PE **3**, 110, **13**, 21 (ZPE 1, 2).

[3] Vgl. RITTAU[2] § 1 Note 2, FUHSE § 1 Note 3; RMilG **18**, 145.

[4] So M. E. MAYER I 32. Übrigens hat M. E. MAYER Die allgemeinen Strafschärfungsgründe 1903, bei § 55 MilStGB dargetan, daß die hier enthaltenen Strafschärfungsgründe ihrem Wesen nach „schulderhöhende gesetzliche Tatumstände", d. h. also Tatbestandsmerkmale dar-

tärischen Charakter einer Straftat maßgebende Merkmal bezeichnet. Richtiger dürfte folgende Auffassung sein: Es kommt darauf an, ob im Einzelfall die vollständige oder wenigstens teilweise *tatbestandsmäßige* Charakterisierung der Tat dem MilStGB zu entnehmen ist[1]. Wenn dies der Fall, so ist das Delikt ein *militärisches*, andernfalls ein *gemeines*. Dagegen beeinflußt die Anwendbarkeit einer militärischen Strafe auf ein seiner tatbestandsmäßigen Charakterisierung nach ganz vom gemeinen Strafrecht erfaßtes, mithin gemeines Delikt eben diesen gemeinstrafrechtlichen Charakter der strafbaren Handlung nicht.

Beispiele: Begeht ein Soldat Blutschande, so ergibt sich (vgl. § 3 MilStGB) die tatbestandsmäßige Charakterisierung seiner Tat allein aus RStGB § 173; ein militärisches Delikt begeht er also nicht. Ebenso wäre zu entscheiden, wenn ein Soldat einen Fahnenflüchtigen begünstigt; denn auch hier bietet den für seine Strafbarkeit maßgebenden Tatbestand allein das gemeine Strafrecht, das in § 257 RStGB einen selbständigen Tatbestand der Begünstigung geschaffen hat[2]. Dagegen begeht der Vorgesetzte, der einen Untergebenen durch Mißbrauch seiner Dienstgewalt vorsätzlich etwa zu einem Betruge bestimmt, seinerseits ein *militärisches* Delikt; denn die tatbestandsmäßige Charakterisierung seiner Tat ergibt sich nicht aus den gemeinstrafrechtlichen §§ 263, 48 RStGB, vielmehr wird sie durch § 115 MilStGB maßgebend beeinflußt. Genau das gleiche aber muß gelten, wenn ein gemeines Delikt, etwa eine Notzucht (RStGB § 177) von einem Soldaten unter Mißbrauch der Waffen (bei der Gewaltanwendung) begangen wird oder wenn sich ein Vorgesetzter an der Zechprellerei seines Untergebenen beteiligt. Die hier anwendbaren Strafschärfungsgründe des § 55 MilStGB beeinflussen die tatbestandsmäßige Charakterisierung der Straftat, machen sie also zu einer militärischen[3]. Wenn aber gegen einen Offizier, der mit Verlust der bürgerlichen Ehrenrechte wegen eines gemeinen Deliktes bestraft wird, zugleich die Wehrunwürdigkeit ausgesprochen wird (§ 31 Abs. 2 Ziff. 1 MilStGB) oder wenn die nach RStGB §§ 223a, 228 strafbare Körperverletzung, die ein Soldat seinem Kameraden unter Verletzung einer militärischen Dienstpflicht beibringt, gemäß § 29 MilStGB mit Gefängnis und nicht mit Geldstrafe geahndet wird, so ist in keinem der beiden Fälle von einem *militärischen* Delikt zu sprechen, da ja nicht die tatbestandsmäßige Charakterisierung der Tat, sondern Art und Maß der *Bestrafung* dem MilStGB

---

stellen, und gerade *hieraus* mit Recht gefolgert, daß durch § 55 gemeine Delikte in militärische umgewandelt werden. Damit kommt er von seiner eigenen Formel ab und auf die Auffassung des Textes hinaus.

[1] Auf den Tatbestand stellen ebenfalls ab: ROMEN-RISSOM § 1 Note 2 („Sitz der strafbaren Handlung, mithin auch der Strafdrohung"), FUHSE § 1 Note 2, RITTAU [2] § 1 Note 2, Ph. O. MAYER Erörterungen 35, RMilG **18**, 145.

[2] Ebenso DIETZ Enz. 218, wohl auch ROTERMUND Hdwb 108.

[3] Ph. O. MAYER hat den Nachweis, daß **§ 55** MilStGB auf gemeine Delikte nicht anwendbar sei, in seinen Erörterungen S. 30ff. nicht erbracht. Daß in § 53 der Ausdruck „dieses Gesetz" das MilStGB bedeutet, schließt keineswegs aus, daß § 55 unter „strafbarer Handlung" alle, d.h. gemeine und militärische Delikte, versteht. Insofern mit Recht *gegen* Ph. O. MAYER: M. E. MAYER I 149ff., Strafsch. Gründe 12ff., RITTAU [2] § 55 Note 1; ROMEN-RISSOM § 55 Note 1, RMilG **1**, 290. — Unzutreffend ist aber auch Ph. O. MAYERS These, § 55 MilStGB betreffe nur die Strafdrohung, im Einzelfall also die Strafzumessung, nicht aber Handlung und Tatbestand. Das Gegenteil ergeben Sinn und Wortlaut. Daher ist die Folgerung unabweislich, sachlich aber auch durchaus gerechtfertigt, daß gemeine Delikte durch § 55 in militärische verwandelt werden. Abweichend leider RMilG **13**, 3, **15**, 274, **18**, 145, 150, 153. — Für *§ 145 MilStGB* muß dasselbe gelten. Denn wenn § 145 nötig ist, um für Soldaten, die sonst nicht angängige Anwendbarkeit der reichsstrafrechtlichen Normen über Beamtendelikte zu ermöglichen und sie zugleich in bestimmter Weise zu beschränken (vgl. unten § 54) (so mit Recht RMilG **18**, 145, ROMEN-RISSOM § 145 N. 2, RITTAU [2] § 145 N. 1 u. a. m.), dann ergibt sich eben insoweit die Bestrafungsmöglichkeit, zugleich aber auch die tatbestandsmäßige Charakterisierung der Delikte, die bei der Erledigung von Heeres- oder Marineverwaltungsgeschäften durch Soldaten begangen werden, wenigstens teilweise (Art der Geschäfte; Täterperson) aus dem MilStGB. Abweichend RMilG **18**, 145 unter unzulässiger Beschränkung des Begriffs „Tatbestand" auf die Tatbestands*handlung*.

zu entnehmen ist. Wo wir im vorstehenden ein militärisches Delikt angenommen haben, ist auch stets das Schutzobjekt der militärischen Disziplin (oben § 1) unter Verletzung spezifisch soldatischer Pflichten durch die Tat betroffen worden. Daß die Begünstigung der Fahnenflucht durch einen Soldaten kein militärisches Delikt ist, liegt an der Fehlerhaftigkeit des § 78MilStGB, der über allerhand Selbstverständlichkeiten den wichtigen Fall der Begünstigung vergessen hat (vgl. dazu unten § 37BII).

2. Die militärischen Delikte lassen sich in eigentliche und uneigentliche gliedern. Die eigentlichen (oder reinen) Militärdelikte „enthalten einen dem allgemeinen Strafrecht ganz fremden, auf dem militärischen Dienstverhältnisse beruhenden Tatbestand"[1], können daher überhaupt nur von Wehrmachtangehörigen (oder ausnahmsweise Gleichgestellten) begangen werden. *Beispiele:* Fahnenflucht (§ 69), Feigheit (§ 84), unbefugtes Beutemachen (§ 128) usw. Uneigentliche Militärdelikte dagegen beruhen auf dem Tatbestand eines gemeinstrafrechtlichen Deliktstypus; aber das MilStGB wandelt Tatbestand und Strafe unter besonderen militärischen Gesichtspunkten ab. *Beispiele:* MilStGB §§ 91, 121, 122, 137, 138 usw. Die schon dem römischen Recht[2] bekannt gewesene Unterscheidung wird uns in der Lehre von Täterschaft und Teilnahme zu beschäftigen haben.

IV. Stellt sich eine Handlung nach MilStGB § 1 als (militärisches) Verbrechen dar, so ist sie zugleich im Sinne des RStGB § 1 ein Verbrechen; die militärischen Vergehen sind Vergehen auch nach gemeinem Strafrecht[3]. Die Feststellung ist (etwa im Hinblick auf § 49a RStGB) wichtig, weil militärische Verbrechen ja mit Gefängnis bestraft werden können und nicht der Gedanke entstehen darf, daß in solchen Fällen im Sinne des gemeinen Strafrechts und, soweit dessen Normen anzuwenden sind, der Vergehenscharakter der Tat anzunehmen sei.

§ 4. Die Kriegsgesetze.

I. Unter „Kriegsgesetzen" versteht § 9 MilStGB „die in diesem Gesetze für strafbare Handlungen *im Felde* gegebenen Vorschriften". Das Tatbestandsmerkmal „im Felde" wird vom MilStGB entweder als ein strafbegründendes[4] oder als ein straferhöhendes[5] verwendet; seine Bedeutung ergibt sich aus § 9. Es zeigt sich, daß das Merkmal „im Felde" im wesentlichen als Zeitmerkmal ausgestaltet ist, daß daneben aber auch eine Beziehung zur Wehrmacht oder einzelnen Truppen oder zu bestimmten Kriegsgefangenen eine Rolle spielt. Den § 9 unter dem Gesichtspunkt der zeitlichen Geltung der Militärstrafgesetze (unten § 10) zu behandeln[6], ist aber trotz jenes Zeitmomentes nicht richtig. Denn die Bestimmungen, die von strafbaren Handlungen „im Felde" sprechen, „gelten" genau wie alle anderen Bestimmungen des MilStGB von dessen Inkrafttreten bis zu seinem Außerkrafttreten; lediglich die Begehbarkeit bestimmter Delikte ist an zeitliche Modalitäten gebunden. Das kommt aber auch sonst häufig vor. Vgl. etwa RStGB §§ 91a, 91b, 92a („während eines Krieges") usw. Niemand wird daran denken, die „Geltung" solcher Gesetze auf die im Tatbestande angegebene Zeit zu beschränken. Dann müßte ja nach Ablauf dieser Zeit § 2a Abs. 2RStGB (unten § 10AI) zur Anwendung gelangen, was sinnlos wäre. Die Ausdrucksweise des § 9, der vom „Gelten" und vom „Inkrafttreten" spricht, ist allerdings ganz verfehlt und wohl der Anlaß zum Entstehen der hier bekämpften Meinung gewesen. Die verfehlte Ausdrucksweise kann und muß aber durch richtige Auslegung unschädlich gemacht werden. Im einzelnen ist zu § 9 folgendes zu bemerken:

---

[1] So formuliert treffend RITTAU [2] § 1 Note 2a.

[2] L. 14 Dig. 48, 19; 1. 2 Dig. 49, 16; vgl. DIETZ Enz. 212.

[3] R. **15**, 396. FUHSE § 1 Note 1.

[4] Vgl. §§ 62, 63, 65, 84—86, 128—136, 153 MilStGB.

[5] Vgl. §§ 57, 64, 67, 71, 72II, 73, 77, 78, 92II, 94, 95I[4], II, III, 96, 97II, III, 99II, 100II, 102II, 106—108, 110a, 127, 141II, III, 153 MilStGB.

[6] So M. E. MAYER I 33, 37.

1. Das Merkmal „im Felde" bedeutet für Wehrmachtangehörige schlechthin[1], daß

a) der mobile Zustand der Wehrmacht oder einzelner ihrer Teile (durch eine Anordnung des Obersten Befehlshabers der Wehrmacht [Wehrges. § 3 Abs.1]) herbeigeführt worden ist, der eine „erhöhte Bereitschaft zum Kampf gegen äußere oder innere Feinde"[2] bedeutet; § 9 Ziff.1 MilStGB;

b) der einzelne Wehrmachtangehörige, der als Täter eines nach „Kriegsgesetzen" strafbaren Verhaltens in Frage kommen soll, *selbst* „mobil" gemacht worden ist[3] (§ 10 MilStGB), sei es durch den Mobilmachungsbefehl an „seinen" Truppenteil, sei es durch seine Einberufung zu einer mobilen Truppe oder durch seine Überweisung an eine solche[4].

2. Bei der Kriegsmarine gilt das zu 1. Ausgeführte nur für die am Lande befindlichen, d.h. diensttuenden Wehrmachtangehörigen (§ 164 Abs.2 MilStGB). Schiffsbesatzungen dagegen sind mobil, wenn das Schiff (§ 163) sich in Kriegszustand befindet (§ 164 Abs.1). Während dieses Zustandes können sich auch die „Angestellten des Schiffes" (unten § 20 II 4) und alle sonst „dienstlich eingeschifften Personen" (unten § 20 II 5d) nach Maßgabe von Kriegsgesetzen vergehen, soweit der im Einzelfall in Frage kommende Tatbestand sinngemäß mit Täterschaft solcher Personen verträglich ist (dazu unten § 20).

3. Das Merkmal „im Felde" trifft ferner zu für diejenigen Truppen, denen bei einem Aufruhr, einer Meuterei[5] oder einem kriegerischen Unternehmen der befehligende Offizier dienstlich bekannt gemacht hat, „daß die Kriegsgesetze für sie in Kraft treten"[6], für die Dauer dieser Zustände.

4. Endlich können auch Kriegsgefangene nach den Kriegsgesetzen straffällig werden, sofern ihnen nämlich der höchste an ihrem Aufenthaltsorte befehligende Offizier dienstlich bekannt gemacht hat, „daß die Kriegsgesetze für sie in Kraft treten"[7].

II. Mehrfach steigert das MilStGB die Strafe bei den „im Felde" begangenen Delikten noch dann, wenn die Tat „vor dem Feinde" begangen worden ist. Vgl. dazu des näheren unten § 16 B I 2.

III. Mit den „Kriegsgesetzen" dürfen nicht die sog. „Kriegsartikel" verwechselt werden, wie sie in der Vorkriegszeit für das Heer (22. September 1902) und für die Marine (10. Januar 1903) aufgestellt gewesen. Um Strafrechtssätze hat es sich dabei nicht gehandelt, vielmehr um eine „Pflichtenlehre für den Soldaten"[8]. Heute sind die Kriegsartikel ersetzt durch die „Pflichten des deutschen Soldaten"[9]. Sie enthalten in knappen, markigen Sätzen eine eindringliche Belehrung des Soldaten über den ethischen Sinn seines Dienstes und die hohen Pflichten, die ihm der Dienst gegenüber Volk und Vaterland auferlegt. So sollen sie ihm eine Richtschnur für sein soldatisches Leben sein. Für das Militärstrafrecht haben sie den Wert, daß sie einer über die formulae legis hinausgreifenden materiellen Rechtsauffassung manchen Aufschluß geben

---

[1] Auch Angehörige des Heeresgefolges (§ 155 MilStGB) können unter „Kriegsgesetze" fallen. Vgl. dazu unten § 20 II 5a.

[2] Fuhse § 9 Note 1; Rittau [2] § 9 Note 2.

[3] Vgl. Romen-Rissom § 10 Note 2. [4] Vgl. RMilG. **22,** 305.

[5] Im tatbestandsmäßigen Sinne der §§ 103, 106ff.? Bejahend Fuhse § 9 Note 4, Rittau [2] § 9 Note 3, 4; verneinend M. E. Mayer I 40 Anm. 1 (die Begriffe seien „im natürlichen Sinne" aufzufassen). Die Streitfrage ist angesichts des neu gefaßten § 2 RStGB wohl im wesentlichen als gegenstandslos anzusehen.

[6] Mit dieser Erklärung unterstehen diese Truppen den erhöhten Pflichten, die sonst der mobile Zustand begründet, und demgemäß den besonders strengen Ahndungen, die in den Kriegsgesetzen vorgesehen sind.

[7] Vgl. dazu RMilG **21,** 294. Auch hier gilt das in der vorigen Anmerkung Gesagte entsprechend.

[8] Dietz DStO, 3. Aufl., S. 53, Rotermund DStO 1934 S. 116; Mewes Hdwb. S. 434 spricht von einer „Standeslehre", ebenso jetzt in Nat.-Soz. Hdb. S. 1439.

[9] Letzte Fassung vom 25. Mai 1934. Abdruck bei Rittau [2] S. 190, Dietz DStO S. 37. Vorher: Berufspflichten des deutschen Soldaten; erste Fassung vom 2. März 1922 (Abdruck bei Fuhse S. 255); erneuerte Fassung vom 9. Mai 1930 (HVBl. 1930 S. 75).

über die Grundsätze soldatisch-sittlicher Wertanschauungen, ohne deren Beachtung eine wirkliche „Rechts"-Anwendung nicht erfolgen kann (vgl. dazu unten § 8I,II3).

§ 5. Militärisches Disziplinarstrafrecht.

I. Die Wehrmacht ist „die soldatische Erziehungsschule des deutschen Volkes". Den echten deutschen Soldaten soll die Friedensausbildung schaffen, weil nur er das Äußerste im Kriege leisten kann. Die Strenge und Unerbittlichkeit der soldatischen Pflichterfüllung zu bewähren, die Disziplin zu stützen und zu sichern, ist die militärische Kriminalstrafe, wie sie im MilStGB vorgesehen, allein nicht geeignet. Nur die schwersten Verstöße gegen die Disziplin werden durch sie getroffen. Die militärische Zucht und Ordnung darf aber auch durch geringere Verfehlungen nicht gefährdet werden. Da militärische Übertretungen dem MilStGB unbekannt sind, bedarf es besonderer Maßnahmen zum Schutze der Disziplin gegen solche geringeren Verstöße, wie sie im engen militärischen Zusammenleben und im Dienst sich leicht einstellen. Hier greift das *Disziplinarstrafrecht* ein. Maßgebend sind die Disziplinarstrafordnungen für das Reichsheer vom 18. Mai 1926[1] und für die Marine vom 22. Mai 1926[2]. Sie kennen — im Gegensatz zum MilStGB — keine in einzelnen „Tatbeständen" aufgezählten Disziplinarverstöße; vielmehr erklären sie in einer ganz allgemein gehaltenen Bestimmung (§ 1): „Handlungen (und Unterlassungen) gegen die militärische Zucht und Ordnung, die keinem Strafgesetz unterfallen — Disziplinarübertretungen[3] — können durch den Disziplinarvorgesetzten bestraft werden." Eine Gehorsamsverweigerung ohne die in § 92MilStGB bezeichneten Folgen und ohne die in §§ 94, 95 beschriebenen Umstände ist also, sofern sich aus § 2RStGB (Analogie) nichts anderes ergibt, eine Disziplinarübertretung. Die Disziplinarstrafen werden in § 4DStO aufgeführt, und zwar in vier dem Rang der Wehrmachtangehörigen entsprechenden Gruppen (Offiziere, Unteroffiziere mit Portepee, Unteroffiziere ohne Portepee, Mannschaften). Ob und wie gestraft wird, ist dem pflichtgemäßen Ermessen des Disziplinarvorgesetzten überlassen; §§ 29, 30DStO geben ihm Richtlinien. Sie lassen zugleich den kriminalpolitischen Sinn der Disziplinarstrafe erkennen. Auch hier steht „in erster Linie" die Rücksicht auf die „dienstlichen Belange", wird also die Generalprävention stark unterstrichen. Aber die Disziplinarstrafe soll auch ein Erziehungsinstrument gegenüber dem einzelnen sein und ist von gewissenhaften Disziplinarvorgesetzten stets so verstanden worden[4]; § 30 ordnet entschiedene Berücksichtigung seiner persönlichen Eigenart und seiner Führung an. Eine gewisse Akzentverschiebung zur Spezialprävention (verglichen mit dem Kriminalstrafrecht) ist unverkennbar. Im übrigen hat auch die Disziplinarstrafe, von allen Zwecksetzungen abgesehen, ihre ethische Funktion.

---

[1] Maßgebend die Fassung mit den Änderungen vom 3. März 1928 (RGBl. II S. 47) und vom 24. September 1935 (RGBl. II S. 739).

[2] Änderungen vom 24. Oktober 1935; vgl. Dietz DStO S. 14.

[3] Bis zum Inkrafttreten des Gesetzes zur Vereinfachung des Militärstrafrechts vom 30. April 1926 (RGBl. I S. 197) kannte das Militärstrafrecht auch Disziplinarvergehen. Das waren diejenigen militärischen Vergehen, die nach § 3 EGMilStGB „in leichteren Fällen" im Disziplinarwege geahndet werden konnten. § 3 EGMilStGB ist durch das Vereinfachungsgesetz aufgehoben worden. Also können jetzt die militärischen Vergehen nur noch gerichtlich bestraft werden. Vgl. Rotermund Disz.-Strafordnung § 1 Note 3; Rittau[1] § 3 EG Note 1, Dietz DStO, § 1, Note 1. Die disziplinarische Bestrafung einer Handlung, die gerichtlich hätte bestraft werden müssen, tilgt die Strafbarkeit nicht: DStO § 34. Anrechnung einer vollstreckten Disziplinarstrafe auf die später erkannte gerichtliche Strafe ist nicht zulässig. So RMilG **6**, 246, **15**, 74; Rotermund DStO § 34 N. 2; Elsner v. Gronow MilStrafr. 1906 S. 800; Romen-Rissom § 3 EG N. 6; abweichend Eckstein Arch. **7**, 32. Berücksichtigung bei der Strafzumessung ist angängig (gemeine Meinung).

[4] Vgl. das noch heute lesenswerte Buch von v. Meerscheidt-Hüllessem Die Handhabung der Militärstrafgewalt, Berlin 1905; dazu den bei Dietz DStO S. 46 abgedruckten Erlaß des Chefs der Heeresleitung vom 10. Juli 1926.

Gerade das setzt unparteiliche, gerechte Handhabung und sicheres erzieherisches Gefühl beim Strafenden voraus (§ 29 DStO).

II. Disziplinarstrafen werden in den Strafbüchern verzeichnet (§ 49 DStO); ihre Verhängung setzt in zweifelhaften Fällen eine Art Verfahren voraus, das dem Beschuldigten Gelegenheit zur Rechtfertigung gibt (§ 29 DStO). Die Verhängung einer Disziplinarstrafe ist also eine ernste Angelegenheit mit möglicherweise weittragenden Folgen für den Betroffenen (etwa bei Dienstgradherabsetzung). Der militärische Dienst aber erfordert, damit er straff durchgeführt wird, noch weitere Maßnahmen, mittels deren der Vorgesetzte anspornend, warnend, zurechtweisend auf den Untergebenen einwirken kann. Nicht jedes Versagen im Dienst ist schon eine Handlung gegen die militärische Zucht und Ordnung; nur eine solche aber führt zur Disziplinar*strafe*. Von dieser sind daher die sog. Disziplinar*maßnahmen*[1] zu unterscheiden, vor allem die einfachen Zurechtweisungen und Rügen (§ 5 DStO), sodann dienstliche Verrichtungen, die zu Übungs- oder Erziehungszwecken einem einzelnen oder einer Gruppe auferlegt werden. 20 Kniebeugen, die ein Unteroffizier einen verschlafen dastehenden Rekruten machen läßt, um ihn zu ermuntern, haben mit den in § 4 D 1 b DStO gemeinten „Dienstverrichtungen außer der Reihe“ nichts zu tun.

II. Geschichte des Militärstrafrechts und seiner Wissenschaft.

§ 6. Geschichte des deutschen Militärstrafrechts[2].

Es ist ein Zeichen für das jugendliche Alter der Militärstrafrechtswissenschaft, daß die Geschichte des Militärstrafrechts noch so gut wie unerforscht ist. Die historische Rechtsschule hat diesen interessanten Zweig der Strafrechtsgeschichte kaum beachtet. So beruht unsere Kenntnis von der Entwicklung des Militärstrafrechts auf einigen wenigen Gelegenheitsfunden; jede systematische Erforschung, die das Militärstrafrecht geschichtlich in Beziehung gesetzt hätte zur Entwicklung des Heereswesens überhaupt, fehlt. So können auch im folgenden nur wenige Andeutungen gegeben werden.

I. Das deutsche Heereswesen wurde in den uns bekannten geschichtlichen Anfängen von einem Volksheer dargestellt, dem anzugehören Ehre und Pflicht des freien Mannes war. Das Volksheer wurde im Zeitalter des Lehnwesens durch die Lehnsheere verdrängt; das Rittertum beherrschte das Kriegs- und Heereswesen, technisch nicht nur, sondern auch rechtlich und ethisch. Aber an der Schwelle der Neuzeit trat dem Ritter der Söldner entgegen. Die politischen, wirtschaftlichen und militärischen Lebensbedürfnisse schufen die angeworbenen Söldnerheere, die eine völlig neue rechtliche Grundlage benötigten und für die nun auch ein eigenartiges Militärstrafrecht entstand. Ja, man kann sagen, daß sich das Militärstrafrecht überhaupt erst jetzt als ein scharf gesondertes Strafrecht entwickelte, für welches allein die eigenartige Beschaffenheit des militärischen Zusammenlebens und Wirkungszieles der Söldnertruppen sowie ihr Verhältnis zu ihrem Feld- und Kriegsherrn maßgebend war. Der 30jährige Krieg führte zur Begründung der stehenden Heere. Das Söldnertum blieb zwar bestehen; aber die Truppen erhielten einen streng territorialen Charakter, traten ein für allemal unter einen bestimmten Landesherrn, und dem Söldner trat der Territorialuntertan an die Seite. Die allgemeine Wehrpflicht bereitete sich im 18. Jahrhundert vor (Kanton- und Enrollierungssystem Preußens). Das Unwetter der napoleonischen Kriege hat Deutschland die allgemeine Wehrpflicht gebracht. Der Gedanke des Volksheeres, des Volkes in Waffen, lag dem hervorragenden preußischen

[1] ROTERMUND Disziplinarstrafordnung, S. 14; DIETZ DStO S. 77ff.

[2] DIETZ Enz. S. 212ff.; v. LISZT-SCHMIDT Lehrb. 25. Aufl., S. 908; BARTOLOMÄUS Hdwb. S. 541; BECK ebenda S. 58; v. BONIN Z **41**, 155, 395; DANGELMAIER Gesch. des MilStrafr., 1891 (S.-A. aus Jahrb. f. Armee u. Marine, Bd. 79). Neuestens: STUHLMANN-STANGE Wehrgesetz u. Wehrmacht, S. 1ff; MEWES in Nat.-Soz. Hdb. S. 1435ff.

Wehrgesetz vom 3. September 1814, einer Schöpfung von Boyens, zugrunde und gab ihm seinen sittlichen Gehalt. Das Vorbild für die Gestaltung des Heereswesens im 19. Jahrhundert war damit geschaffen. Die allgemeine Wehrpflicht bildete selbstverständlich auch im Deutschen Reiche die Grundlage des Heereswesens[1]. Als wichtigste Quelle deutscher Kraft erkannt, fiel sie dem Zerstörungswillen der Versailler Siegermächte zum Opfer. Das Wehrgesetz vom 23. März 1921 schuf als Wehrmacht der deutschen Republik die Reichswehr, in Reichsheer und Reichsmarine gegliedert; der Berufssoldat, der zu zwölfjährigem Dienst sich freiwillig verpflichtet, verdrängte den Soldaten der allgemeinen Wehrpflicht. In entsagungsvoller Arbeit hat dieses kleine Berufsheer dem deutschen Volke die militärische Tradition seiner stolzen Vergangenheit erhalten[2]. In den Strudel der Parteiwirren ist die Reichswehr dank der Autorität des Reichspräsidenten v. Hindenburg nicht hineingerissen worden. Das Programm der NSDAP forderte die Neubildung eines Volksheeres. Dieses Ziel ist durch das Gesetz für den Aufbau der Wehrmacht vom 16. März 1935 und das Wehrgesetz vom 21. Mai 1935 erreicht worden. Eine neue Epoche in der Geschichte des deutschen Heereswesens hat damit begonnen.

II. Schon in den Zeiten des alten Volksheeres und des Lehnsheeres gab es heeresstrafrechtliche Normen, die sich gegen Verletzungen der militärischen Pflichten richteten; die Heeresversäumnis, die Fahnenflucht (herisliz), die Feigheit, die Verletzung des Heeresfriedens wurden, teilweise mit dem Tode, bestraft[3]. Jedoch trat ein besonderes Militärstrafrecht als Standes-Sonderrecht damit noch nicht hervor. Die militärischen Pflichten waren in einen *umfassenderen* Pflichtenkreis eingebettet, den öffentlich-rechtlichen des freien Mannes überhaupt, den des königlichen Gefolgsmannen, den des Lehnsmannen usw. Ein Militärstrafrecht im eigentlichen Sinne bildete sich erst, seitdem militärische Verbände von mehr oder weniger langer Dauer mit ausschließlich militärischer Lebensform in die Erscheinung traten und die militärischen Pflichten sich aus der Zugehörigkeit zu diesen Verbänden ergaben, nicht also aus einer sehr viel allgemeineren Rechtsstellung abzuleiten waren. Mit den Söldnertruppen um die Wende der Neuzeit ist daher das Militärstrafrecht entstanden. In sog. *Artikelsbriefen* wurden die militärischen Pflichten festgesetzt; zu den frühesten dürften die Kriegsartikel Maximilians I. von 1508 zählen. Allmählich wurden in ihnen auch die sehr strengen Strafen mit angegeben, die militärische Delikte nach sich ziehen sollten, so in den Kriegsartikeln Maximilians II. von 1570. Im 17. Jahrhundert gelangten die Kriegsartikel Gustav Adolfs von 1621 und die ihnen nachgebildeten brandenburgischen Artikelsbriefe von 1656 zu besonderer Bedeutung. Der Charakter eines staatlichen Strafgesetzes trat hier rein hervor; die letzten Anklänge an eine vertragliche Einung waren abgestreift. Die verschiedenartige Entwicklung der einzelnen Truppengattungen (Fußvolk, Reiterei und — zuletzt — Artillerie) hatte zunächst auch zu gesonderten Kriegsrechten und Artikelsbriefen geführt. Nachdem aber der 30jährige Krieg die stehenden Heere und die Friedensgarnisonen gebracht hatte, entwickelte sich einheitliches Militärstrafrecht für alle Truppengattungen. Im 18. Jahrhundert erfolgte eine nur geringe Fortbildung trotz mannigfacher Erneuerung der Kriegsartikel in den verschiedenen Staaten (Preußen: 1713 usw.). Das Strafensystem blieb mit seinen vielfach abgestuften Todes-, Freiheits-, Ehren- und Leibesstrafen äußerst hart, wie es angesichts des Menschenmaterials, das sich infolge der Anwerbungen und der Belastung nur der untersten Volksschichten mit der Heeresdienst-

---

[1] Für den Norddeutschen Bund hat das Gesetz, betr. die Verpflichtung zum Kriegsdienst, vom 9. November 1867 (RGBl. S. 131) die allgemeine Wehrpflicht begründet. Ihm folgt Art. 57 der Reichsverfassung vom 16. April 1871. Ausgestaltung des deutschen Heereswesens im Reichsmilitärgesetz vom 2. Mai 1874, der Wehrordnung und der Heerordnung vom 28. September 1875/22. November 1888 (Neufassung von 1904), Marineordnung vom 12. November 1894.

[2] Hierzu Foertsch Die Wehrmacht im nationalsozialistischen Staat, 1935, S. 8ff.; Hülle Deutsche Richterzeitung 1935, S. 194.

[3] Vgl. His Deutsches Strafrecht bis zur Karolina, 1928, S. 117ff.

pflicht in den Armeen ansammelte, unvermeidlich war. Mit der allgemeinen Wehrpflicht zog jedoch ein ganz neuer Geist in die Heere und damit auch in das Militärstrafrecht ein. Der volkserzieherische Gedanke mußte zur Verdrängung der Leibesstrafen im gleichen Maße führen, als sich das allgemeine sittliche und soziale Niveau in den Truppen hob. Nunmehr begann auch, dem Rechtsdenken des 19. Jahrhunderts und seiner Neigung zur Kodifikation entsprechend, eine reichere gesetzgeberische Arbeit auf dem Gebiete des Militärstrafrechts. So entstanden das württembergische MilStGB von 1818, das bayerische von 1813, erneuert 1869, das sächsische von 1867, das preußische von 1845. Nach der Gründung des Deutschen Reiches war die Zeit für eine Vereinheitlichung des deutschen Militärstrafrechts reif. Der preußische Generalauditeur Fleck verfaßte den ersten Entwurf zu einem deutschen MilStGB in enger Anknüpfung an die preußische und bayerische Gesetzgebung. Am 28. April 1872 erfolgte die Bundesratsvorlage an den Reichstag, bereits am 8. Juni 1872 (nach Ausschußberatungen unter Moltkes Vorsitz) die Annahme des Gesetzes im Reichstage, am 20. Juni 1872 die Vollziehung durch Kaiser Wilhelm I. Am 1. Oktober 1872 trat das MilStGB in Kraft.

Es hat zahlreiche Veränderungen, namentlich während des Krieges durchgemacht. Einschneidende Neuerungen brachte das Gesetz zur Vereinfachung des Militärstrafrechts vom 30. April 1926[1] und zuletzt das Gesetz zur Änderung des MilStGB vom 16. Juli 1935.

Die allgemeine Neuordnung des Strafrechts wird auch für das Militärstrafrecht einen Wendepunkt bedeuten. Schon jetzt greifen die im Dritten Reich geschaffenen strafrechtlichen Gesetze (namentlich die Gesetze vom 24. November 1933 und vom 28. Juni 1935) tief in die militärstrafrechtlichen Grundsätze ein. Die Gedanken der materiellen Rechtsauffassung, des Willensstrafrechts, der Erfassung der Täterpersönlichkeit werden auch für das Militärstrafrecht die Grundlage einer kodifikatorischen Neugestaltung abgeben.

§ 7. Entwicklung der Militärstrafrechtswissenschaft.

Die Schaffung eines einheitlichen deutschen MilStGB ist auch der Entwicklung einer Militärstrafrechtswissenschaft zugute gekommen. Sie hat in den älteren Werken (vor 1900) den positivrechtlichen Stoff, meist in Kommentarform, für die praktischen Bedürfnisse der Militärstrafrechtspflege zu erläutern gesucht. Aus dem hiermit gegebenen engen Rahmen ist sie erst herausgetreten, seitdem die Rechtsprechung des RMilG (seit 1902) der Öffentlichkeit und damit dem wissenschaftlich-kritischen Interesse der allgemeinen Strafrechtswissenschaft zugänglich geworden ist. Nunmehr erfolgte allmählich ein enger Zusammenschluß der wissenschaftlichen Bearbeitung militärstrafrechtlicher Probleme mit der regen Entwicklung, die sich in der allgemeinen Strafrechtswissenschaft vollzog. Auf militärrechtlicher Seite sind neben Weigel, dem verdienstvollen Bearbeiter des ausgezeichneten Kommentars v. Koppmanns (1903), neben Schlayer, Elsner v. Gronow, Mewes u. a. vor allem Dietz, Rissom, Romen und Rotermund zu nennen als die Männer, die mit umfassendem Wissen praktischen Blick und wissenschaftliche Gründlichkeit verbunden und die militärstrafrechtliche Wissenschaft auf ein hohes Niveau erhoben haben. Die allgemeine Strafrechtswissenschaft hat vor allem durch van Calker, Beling, Gerland, sowie durch die letzten Arbeiten des ausgezeichneten, kurz vor dem Ende des Krieges gefallenen Kollmann auf die militärstrafrechtlichen Arbeiten eingewirkt. M. E. Mayer hat mit seiner systematischen Darstellung des Militärstrafrechts (1907) den Versuch gemacht, das Militärstrafrecht in jeder Hinsicht in der allgemein-strafrechtlichen Systematik und Problematik zu verankern und es

---

[1] Hierzu Rittau JW 1926 S. 2727, sowie Rehdans bei Dombrowski Militärstrafr. I (1935) S. VIII.

zugleich auch rechtsphilosophisch zu vertiefen. Besondere Beachtung aber verdient die Rechtsprechung des Reichsmilitärgerichts [1]. Es wäre lohnend, sie einmal auf ihren rechtsmethodologischen Gehalt hin zu untersuchen. So sehr sie oft mit der Entstehungsgeschichte gearbeitet hat und positivistisch orientiert gewesen ist, gerade in ihr drängte sich die teleologische Betrachtungsweise von jeher siegreich hervor, da die praktischen Lebensbedürfnisse sich hier gar nicht überhören ließen und das Ziel der Rechtsanwendung — Erhaltung der Disziplin — in jedem einzelnen Falle über jeden Zweifel erhaben war. Wissenschaftlich ist das längst nicht genügend beachtet worden. Einen Sammelpunkt für die militärstrafrechtswissenschaftliche Diskussion schuf Dietz im Jahre 1909 mit dem ausgezeichneten Archiv für Militärrecht. Hier kamen der Theoretiker und Praktiker des Militärrechts, aber auch der Offizier von der Front zu Worte.

Der Weltkrieg hat die erste, nur zu kurze Blüteperiode der Militärstrafrechtswissenschaft jäh beendet. Sein unglücklicher Ausgang brachte die völlig verfehlte Aufhebung der Militärgerichtsbarkeit. Die Strafrechtswissenschaft wandte sich den Reformproblemen und der Neuorientierung ihrer Dogmatik zu, aber das Militärstrafrecht wurde nur selten in den Kreis der Betrachtung gezogen. Fuhse und Rittau nahmen sich mit ihren Kommentaren der praktischen Rechtspflegebedürfnisse verdienstlich an. Gelegentliche militärstrafrechtliche Entscheidungen des Reichsgerichts riefen wehmütige Erinnerungen an die glänzenden Zeiten des Reichsmilitärgerichts wach. Im übrigen war es um das Militärstrafrecht wissenschaftlich still geworden. Die Neuordnung unseres deutschen Heereswesens und die Wiedereinführung der Militärgerichtsbarkeit [2] werden notwendig zu einem neuen Aufschwung auch der Militärstrafrechtswissenschaft führen. Dabei wird vor allem Sorge zu tragen sein, daß jede Isolierung der Militärstrafrechtswissenschaft unterbleibt. Gerade in heutiger Zeit hat das Militärstrafrecht dem allgemeinen Strafrecht manches zu geben. Die Wissenschaft vom Militärstrafrecht wird als ein besonders fruchtbarer Zweig der gesamten Strafrechtswissenschaft in noch stärkerem Maße als vor dem Kriege mit dieser zusammen eine unlösliche Einheit bilden müssen.

III. Militärstrafrecht und Militärstrafgesetz.

§ 8. Gesetz und Recht. Auslegung. Analogie.

I. Im MilStGB und in den DStOen stehen uns wichtige Erkenntnismittel für militärstrafrechtliche Wertungen zur Verfügung. Die positivistische Anschauung jedoch, die die erwähnten Gesetze mit den Quellen des Militärstrafrechts identifiziert hat, ist heute überwunden [3]. Quelle des Militärstrafrechts, wie allen Rechtes überhaupt, ist die unsere Volksgemeinschaft gestaltende sittliche Ordnung. Alle „Gesetze“ sind nur Hinweise auf *sie*, Anleitungen dazu, sie zu erkennen und so zu gerechter Wertung des einzelnen Falles zu gelangen. So eignet dem Gesetz eine zwar äußerst wichtige, aber immerhin begrenzte Funktion und eine beschränkte Wirkungsmöglichkeit. Dem Juristen ist es zwar eine besonders wertvolle, aber eine mitunter recht versagende

[1] Vgl. die treffliche Würdigung durch Rehdans in Dombrowski Militärstrafrecht I (1935) S. VI, Dietz, Einführung in die MStGO S. 14.

[2] Gesetz vom 12. Mai 1933 (RGBl. I S. 264). Dazu EinfGes.MilStGO (in der Fassung der Bekanntmachung vom 4. November 1933 [RGBl. I S. 921]) § 1, wonach am 1. Januar 1934 die Militärgerichtsbarkeit allgemein wieder eingeführt worden ist. Vgl. dazu Dietz Einführung in die MilStGO, 1935, S. 40. Die Wiedererschaffung eines Reichsmilitärgerichts wird unbedingt erforderlich sein. Vgl. Rissom Deutsches Recht **5**, 322; Dietz Einführung S. 43.

[3] Es ist unmöglich, hierfür erschöpfende Literaturnachweise zu bringen. Ich verweise auf: Eb. Schmidt Juristisches Denken und Politik, Hamburger Rektoratsrede 1933; Carl Schmitt Über die drei Arten des rechtswissenschaftlichen Denkens, 1934; Rothenberger Nationalsozialistisches Rechtsdenken und einheitliche deutsche Justiz, 1934; Schaffstein Politische Strafrechtswissenschaft, 1934.

Hilfe bei der Fallentscheidung. In einer bloß dem Gesetz abzugewinnenden Rechts*erkenntnis* erschöpft sich daher die Jurisprudenz nicht; will der Jurist im Rahmen des menschlich Möglichen Gerechtigkeit üben, so kommt er ohne eigene, über das Gesetz hinausreichende, rechtsschöpferische Tätigkeit nicht aus. Dabei darf er nicht den willkürlichen Gesetzgeber spielen. Als Rechtswahrer seines Volkes hat er bei jeder Entscheidung das überindividuelle Werturteil der Volksgemeinschaft zum Ausdruck zu bringen. Die im Volk lebendige Gesittung bindet ihn. Im Hinblick auf sie muß er sich die Entscheidung, bleibt das Gesetz stumm, selbst schöpferisch erarbeiten.

II. Auch das Militärstrafrecht stellt in allen seinen Fragen — ganz besonders auch bei der Frage, *ob* ein Verhalten strafbar ist — den Juristen vor die damit angedeuteten Aufgaben. Der Satz „nullum crimen sine lege", der für den Kriminalisten die lex scripta zur *Rechts*quelle, und zwar zur ausschließlichen gemacht hatte, ist — das ergibt sich aus § 2 MilStGB — auch im Bereiche des Militärstrafrechts seiner Geltung entkleidet. Die durch das Gesetz vom 28. Juni 1935 geschaffene Neufassung des § 2 RStGB ist, als Ausdruck der heute ganz allgemeingültigen neuen materiellen Rechtsbetrachtungsweise überhaupt, auch für das Militärstrafrecht maßgebend. Damit öffnen sich folgende Wege zur Gewinnung einer dem „Recht" genügenden, gerechten Entscheidung:

1. Die geschriebenen Rechtssätze des MilStGB hat der Jurist bei der Frage nach dem „*ob*" und „*wie*" der Strafe stets in erster Linie heranzuziehen. Sie sind nicht logizistisch, sondern teleologisch zu interpretieren. Die Entstehungsgeschichte bedeutet nichts, wenn die Forderungen des Lebens, der Sinn militärischer Pflichten, der Grundgedanke der „Disziplin" (oben § 1) eine bestimmte Auslegung fordern[1]. Selbst eine logische Inkonsequenz wäre demgegenüber hinzunehmen.

2. Auch die sonstigen Strafgesetze, namentlich das RStGB selbst, sind für die Wertung des verbrecherischen Verhaltens von Wehrmachtangehörigen von großer Bedeutung (vgl. §§ 2, 3 MilStGB). Für ihre Auslegung gilt das zu 1. Gesagte. Das sachliche Verhältnis des MilStGB zum gemeinen Strafrecht wird unten in § 9 genauer geprüft werden.

3. Findet sich im Strafgesetz (oben 1, 2) kein „Tatbestand", der das zu beurteilende Verhalten unter Strafe stellt, so wird das sehr oft bedeuten, daß eine gerichtliche Bestrafung nicht stattfinden darf. Eine strafbare Handlung ist nicht gegeben, Freisprechung des Angeklagten erforderlich. Wir erinnern uns aber, daß in allen solchen Fällen, sofern immerhin ein Verstoß gegen die militärische Zucht und Ordnung vorliegt, das schmiegsame Disziplinarstrafrecht eingreift. Indessen darf § 1 DStO heute nicht etwa mehr dahin ausgelegt werden, daß beim Schweigen des Strafgesetzes einer hervortretenden Strafwürdigkeit und -notwendigkeit *nur* und *ausschließlich* mit Hilfe des Disziplinarstrafrechts Genüge zu leisten wäre. Vielmehr ist eine Handlung als (gerichtlich zu bestrafendes) Delikt auch dann anzusehen, wenn sie nach dem Grundgedanken eines Strafgesetzes und nach gesundem Volksempfinden Bestrafung verdient. Auf diesem Wege ist aus den Bestimmungen des MilStGB die Eigenschaft einer Handlung als eines *militärischen* Verbrechens oder Vergehens (vgl. oben § 3 III) ebenso herzuleiten, wie sich aus den Tatbeständen des gemeinen Strafrechts die Beurteilung einer Tat als eines gemeinen Delikts (Verbrechen, Vergehen, Übertretung) gewinnen läßt. Im einzelnen verlangt § 2 RStGB:

a) Der (teleologisch zu ermittelnde) Grundgedanke eines bestimmten[2] Straftatbestandes muß die Strafwürdigkeit des abzuurteilenden Verhaltens angezeigt sein lassen. Es genügt also nicht, auf das allgemeine Schutzobjekt des Militärstrafrechts, den Gedanken der militärischen Disziplin, zurückzugreifen, um hierin den in concreto entscheidenden Gesichtspunkt für die Analogie zu finden. Das würde eine völlige

[1] Vgl. Rissom Arch. **2**, 100/01; RMilG **2**, 200.

[2] Schäfer in Das kommende deutsche Strafrecht (Bericht der amtlichen Strafrechtskommission 1935, 2. Aufl.), S. 213; — JW. 1935, S. 2324.

Verwischung der Grenzen zwischen militärischem Kriminal- und Disziplinarstrafrecht bedeuten; denn auch das letztere schützt die Disziplin. Vielmehr ist der Grundgedanke eines Strafgesetzes in seiner besonderen Bedeutung innerhalb des Militärstrafrechts zu erfassen. Dabei ist auf das von ihm besonders erfaßte Schutzobjekt, ferner aber auch auf die in ihm vorausgesetzte Tätergesinnung, also die innere Einstellung des Täters zu den Pflichten abzustellen, die er mit dem Angriff auf jenes Schutzobjekt verletzt. So wird § 85 MilStGB stets nur auf ein *feiges* Verhalten in *besonders gefährlichen Lagen* erstreckt werden dürfen. Es dürfte also aus § 85 Ziff. 2 auch *der* bestraft werden, der aus Feigheit sich zwar nicht durch *Vorschützung* einer „Verwundung", wohl aber durch *Selbstbeibringung* einer solchen dem Gefecht zu entziehen sucht; es wäre lächerlich, hier nur aus § 81 oder aus § 87 MilStGB strafen zu wollen[1]. Fehlt es aber an der durch das Wort „Feigheit" sprachlich angedeuteten Tätergesinnung oder erfolgt die Handlung nicht im Gefecht oder einer gleich gefährlichen Lage, sondern etwa in einem ungefährdeten Rekrutendepot der Etappe oder der Heimat, so ist analoge Anwendung des § 85 MilStGB ausgeschlossen. Analogie ist stets auch dann unzulässig, wenn aus dem Strafgesetz selbst, unter Berücksichtigung der „konkreten Ausgestaltung des Tatbestandes"[2], hervorgeht, daß eine über den tatbestandlich gezogenen Rahmen hinausführende Anwendung dem Sinn des Gesetzes nicht entspricht. Wer eigenmächtig seine Truppe verlassen hat und nur 6 Tage fernbleibt, kann, wenn die Handlung nicht im Felde erfolgt ist, keinesfalls aus § 64 MilStGB bestraft werden. Sofern nicht andere Bestimmungen des MilStGB (etwa §§ 92, 94) eingreifen, wird die Entfernung als solche nur disziplinarisch geahndet werden dürfen.

Wenn die Grundgedanken verschiedener Strafgesetze auf den konkreten Fall passen, so ist nach dem (nicht glücklich gefaßten) § 2 Satz 2 RStGB das Gesetz heranzuziehen, dessen Grundgedanke auf ihn am besten zutrifft[3].

b) Die Handlung muß nach gesundem Volksempfinden Bestrafung verdienen. Das Gesetz weist hier nicht etwa auf eine kognitiv feststellbare Seinsgegebenheit hin[4]; vielmehr wird an die vernünftigen, gesunden Wertvorstellungen, wie sie auch ohne geformtes Gesetz im Volk lebendig sind, gedacht. Der Richter hat also im Sinne des zu I Ausgeführten selbständig eine Wertung vorzunehmen. Dabei ist, soweit es sich um militärische Angelegenheiten handelt, zu fragen, ob gesunde sittliche Anschauungen in den Kreisen der *Wehrmachtangehörigen* zur Annahme der Strafwürdigkeit führen müssen[5].

§ 9. Militärstrafrecht und gemeines Strafrecht.

Das MilStGB reicht, wie wir schon wissen, zur strafrechtlichen Bewertung von Handlungen der Wehrmachtangehörigen keineswegs aus; das gemeine Strafrecht muß vielmehr im weitesten Umfange herangezogen werden. Damit aber entsteht die Frage, wie sich das gemeine und das Militärstrafrecht zueinander verhalten.

---

[1] ROMEN-RISSOM § 85 N. 2a haben diesen Schluß noch nicht gewagt und Abhilfe auf gesetzgeberischem Wege für erforderlich gehalten.

[2] SCHÄFER bei GÜRTNER I [2], S. 213. Auch die Begründung des Gesetzes vom 28. Juni 1935 weist deutlich auf diese der Analogie gezogenen Grenzen hin. Vgl. ferner SCHÄFER bei GÜRTNER I 2 S. 205.

[3] Vgl. SCHÄFER JW 1935 S. 2324 unter b. Er interpretiert den § 2 Satz 2 m. E. richtig. Die Fassung ist nicht glücklich, weil der offenbar gemeinte Gedanke, daß *verschiedene* Strafgesetze ihrem Grundgedanken nach passen, nicht zum Ausdruck gebracht ist. Statt dessen heißt es: „findet auf die Tat kein bestimmtes Strafgesetz unmittelbar Anwendung . . .". Das aber ist ja gerade der Fall des Satz 1!

[4] So wohl auch SCHÄFER bei GÜRTNER I [2] S. 205. Deutlich die Begründung zu Art. 1 des Gesetzes vom 28. Juni 1935. (Amtliche Sonderveröffentlichungen der Deutschen Justiz Nr. 10 S. 29.)

[5] RITTAU [2] § 1 N. 1 empfiehlt, für das Militärstrafrecht hinter „Volksempfinden" in § 2 RStGB die Worte „oder nach wehrdienstlicher Anschauung" einzuschieben. M. E. ist das im Hinblick auf § 2 MilStGB (unten § 9) nicht erforderlich.

RStGB § 10 stellt den hier eingreifenden Grundsatz auf: „Auf deutsche Militärpersonen“ (besser: Wehrmachtangehörige) „finden die allgemeinen Strafgesetze des Reichs insoweit Anwendung, als nicht die Militärgesetze ein anderes bestimmen.“ Das Militärstrafrecht hat also den Wehrmachtangehörigen gegenüber primäre, das gemeine Strafrecht subsidiäre Bedeutung. Da das Militärstrafrecht ganz einheitlich aus der Rücksicht auf die militärische Disziplin geschaffen ist (oben § 1), im gemeinen Strafrecht jedoch wesentlich andere Gesichtspunkte maßgebend sind, so kann ein anderes Verhältnis der beiden Rechtsgebiete auch gar nicht in Frage kommen. So einfach nun die Regel des § 10 RStGB anmutet, in Wissenschaft und Praxis sind schwierige Fragen entstanden, wie das sachliche Verhältnis von Militär- und gemeinem Strafrecht einerseits bei den militärischen, andererseits bei den gemeinen Delikten der Wehrmachtangehörigen zu verstehen ist. Die §§ 2, 3 MilStGB wollen das klären, haben aber infolge ungeschickter Fassung Zweifel entstehen lassen.

I. Die *militärischen Verbrechen und Vergehen* (vgl. oben § 3 III) sind gemäß § 1 in erster Linie aus dem MilStGB zu beurteilen. Aber da dies in der Hauptsache nur die einzelnen Deliktstypen umreißt, im Bereiche der sog. allgemeinen Lehren dagegen nur wenige Bestimmungen bietet, so ist zu vermuten, daß das gemeine Strafrecht in erheblichem Maße wird herangezogen werden müssen. § 2 MilStGB drückt das so aus: „Diejenigen Bestimmungen, welche nach den Vorschriften des Deutschen Strafgesetzbuches in Beziehung auf Verbrechen und Vergehen *allgemein gelten*, finden auf militärische Verbrechen und Vergehen *entsprechende Anwendung*.“ Man hat nun das Wort „allgemein“ lediglich auf die für *alle* Delikte geltenden Normen des gemeinen Strafrechts beziehen zu sollen gemeint und gefolgert, daß die auf einzelne Delikte bezüglichen (in diesem Sinne „besonderen“) Bestimmungen des gemeinen Strafrechts von § 2 nicht gemeint, auf militärische Verbrechen und Vergehen also nicht anwendbar seien[1]. Aber demgegenüber ist mit Recht betont worden, daß § 2 MilStGB nicht die allgemeinen Bestimmungen des RStGB den besonderen (für einzelne Delikte geltenden), sondern im Einklang mit § 10 RStGB die gemeinstrafrechtlichen Normen des RStGB den militärstrafrechtlichen Sondernormen des MilStGB gegenüberstellen will[2]. Es sind daher nicht nur Vorschriften des sog. Allgemeinen Teils des RStGB (etwa die §§ 51, 59, 47, 48, 49 usw.), sondern auch solche, nur *einzelne* Deliktstypen betreffende des Besonderen Teils auf militärische Delikte anwendbar, sofern sie nicht als subsidiäre durch Bestimmungen des MilStGB im Einzelfall ausgeschlossen werden. Die Strafbarkeit des Diebstahlsversuchs (RStGB § 242 Abs. 2) greift daher gemäß § 2 MilStGB auch bei dem militärischen Diebstahl des § 138 MilStGB Platz[3], wie auch die Begriffe „Diebstahl“ und „Unterschlagung“ in § 138 MilStGB ohne weiteres den Tatbeständen der §§ 242, 246 RStGB zu entnehmen sind.

Sind nun gemeinstrafrechtliche Normen bei der Bewertung militärischer Verbrechen und Vergehen heranzuziehen, so entsteht die weitere Frage, ob bei ihrer Übertragung in den militärstrafrechtlichen Bereich nicht unter Umständen eine Abwandlung an ihnen vorzunehmen ist. Es ist wieder daran zu erinnern, wie das ganze Militärstrafrecht einheitlich auf das *eine* wichtige Schutzobjekt, die militärische Disziplin, ausgerichtet ist. Müssen wir dies bei der Auslegung aller militärstrafrechtlichen Normen beständig im Auge behalten, so werden wir es bei der Anwendung gemeinstrafrechtlicher Normen im militärstrafrechtlichen Bereich nicht preisgeben dürfen. Gemeinstrafrechtliche Normen können also, wenn sie einer militärstrafrechtlichen Wertung dienen sollen, möglicherweise einen Sinnwandel erfahren. Sonst würden sie als Fremdkörper störend wirken. Juristischer Logizistik geht das nicht

---

[1] BELING Z **28**, 248; PH. O. MAYER Erörterungen 66; SCHÄFER Hdwb. 266.

[2] M. E. MAYER I 60, Arch. **1**, 12; ROMEN-RISSOM § 2 N. 1; RITTAU [2] § 2 N. 1; FUHSE § 2 N. 1; DIETZ Enz. 217; RMG **1**, 134 (Plenarbeschluß), **20**, 21.

[3] RMilG. **1**, 134; DIETZ Enz. 219; ROTERMUND Hdwb. 210. Im Ergebnis ebenso, in der Begründung abweichend BELING Z **24**, 250.

ein. Um so höher ist es zu bewerten, daß das RMilG und ihm folgend das ReichsG unbeirrbar den einzig richtigen Standpunkt vertreten und die gemeinstrafrechtlichen Normen nur im Rahmen dessen zugelassen haben, was der militärischen Disziplin entspricht. Damit will es dem § 2MilStGB gerecht werden, der ausdrücklich eine „entsprechende Anwendung" der gemeinstrafrechtlichen Bestimmungen anordnet [1]. Von hier aus beantwortet sich die Frage, ob § 53RStGB (Notwehr) uneingeschränkt im Militärstrafrecht anzuwenden ist. Nur die Grundsätze materieller Rechtsauffassung, die immer zugleich eine individualisierende, d.h. auf die Besonderheiten des Einzelfalls abstellende ist, werden über die sehr großen Rechtsanwendungsschwierigkeiten hinweghelfen, die namentlich in *den* Fällen hervortreten, wo ein Untergebener ein ihm vom Vorgesetzten zugefügtes Unrecht mit einer Abwehrhandlung, also etwa einer Tätlichkeit [2], erwidert. Daß dem Untergebenen dem Vorgesetzten gegenüber ein uneingeschränktes Notwehrrecht *nicht* zusteht, sollte eigentlich schon § 98MilStGB lehren [3]. Mit Recht hat denn auch RMilG **12,** 144 verlangt, daß ein Untergebener, namentlich im Dienst, ein ihm vom Vorgesetzten zugefügtes Unrecht gegebenenfalls stillschweigend hinzunehmen habe. Anders aber wird zu entscheiden sein, wenn der Vorgesetzte außerhalb des Dienstes zu einer Notwehrhandlung Anlaß gibt, besonders dann, wenn er selbst mit seinem Verhalten eine seine Autorität preisgebende grobe Disziplinlosigkeit begeht und ein hochwertiges Rechtsgut des Untergebenen, etwa dessen Ehre, angreift. In einem solchen Fall hat jetzt das Reichsgericht [4] in einer ausgezeichneten Entscheidung die Möglichkeit erlaubter Notwehr durchaus zugegeben. Findet die Gegenwehr des Untergebenen *im Dienst* statt, so ist zwar eine Rechtfertigung durch Notwehr nicht gänzlich ausgeschlossen, jedoch werden hier sehr viel strengere Anforderungen zu stellen sein, und nur in Ausnahmefällen wird „Notwehr" gemäß § 53RStGB in Frage kommen.

Die Auslegung des § 2MilStGB (Rücksicht auf die Disziplin), wie sie hier für zutreffend erachtet ist, führt auch sonst zu Abwandlungen des gemeinen Strafrechts. So hat RMilG **2,** 200 mit Recht im Gegensatz zum gemeinen Strafrecht bei einem militärischen *Verbrechen* (dem erschwerten Ungehorsam des jetzt gestrichenen § 93 MilStGB) die Fahrlässigkeit als ausreichende Schuldform anerkannt, weil sich das aus dem Sinn des anzuwendenden Tatbestandes als notwendig ergab [5]. Die §§ 199, 200RStGB sind bei der „Beleidigung" eines Vorgesetzten durch den Untergebenen im Sinne des § 91MilStGB nicht anwendbar; denn durch Aufnahme in das MilStGB haben die §§ 186, 187RStGB eine andere Bedeutung erhalten, indem sie sich nunmehr „gegen die in der Person des Vorgesetzten beleidigte militärische Disziplin richten" (so RMilG **1,** 140), weswegen sie mit den §§ 199, 200RStGB nicht mehr verträglich

---

[1] Grundlegend RMilG **1,** 134, ferner **2,** 34, **3,** 84 (87), **16,** 6 (8), **18,** 80 (84), jetzt vor allem R **69,** 266; zustimmend Romen-Rissom § 1 N. 3; Fuhse § 2 N. 2; Rittau [2] § 2 N. 2; Grützmacher Hdwb 582ff., 586; Petri Z **33,** 175; Kollmann Z **39,** 339 (sehr beachtlich!). Abweichend vor allem M. E. Mayer I 61, Arch. **1,** 12, 13; Guht Mißhandlung Untergebener, Heidelberg, Diss. 1908, S. 5/6; Dietz Enz. 217, 220.

[2] Vgl. MilStGB § 97 und dazu unten § 46.

[3] Vgl. dazu unten § 44 IV.

[4] R **69,** 266. Das Reichsgericht hat sich damit auf die Seite von Grützmacher Hdwb. S. 586 (trefflich!), Bartolomäus Arch. **4,** 444/5; Petri Z **33,** 175ff. (freilich viel zu weitgehend), Rotermund § 97 N. 11 gestellt, insoweit diese das uneingeschränkte Notwehrrecht bekämpft haben, wie es von M. E. Mayer I S. 108, Arch. **1,** 16ff.; Dietz Enz. 220; Steidle Z **25,** 746/7, wohl auch Romen-Rissom § 49 N. 2 (trotz § 2 N. 3) gefordert worden ist. Bei M. E. Mayer Arch. **1,** 12/3, Guht Mißhandlung Untergebener S. 5 u. a. wird die im Text vorgenommene Einschränkung des § 53 RStGB vor allem mit dem Argument bekämpft, daß das MilStGB selbst den Gedanken der Disziplin endgültig und erschöpfend zum Ausdruck gebracht und daß der Richter insofern nichts mehr dazu zu tun habe. Aber dieser Gedanke gehört einem überwundenen Positivismus an. Vgl. dazu auch die Neuordnung des Notwehrrechts im Entwurf 1935 (Gürtner I [2] S. 77).

[5] Durch den neu gefaßten § 92 ist das Problem jetzt beim Ungehorsam erledigt. Vgl. im allgemeinen unten § 25 III 2, sowie § 44 III 1.

sind [1]. Dasselbe muß für die §§ 199, 200, 233 RStGB auch im Hinblick auf § 121 MilStGB bezüglich der dort aufgeführten Beleidigungen und Tätlichkeiten gelten, deren sich ein Vorgesetzter, die Autoritätspflichten verletzend, gegen einen Untergebenen schuldig macht (vgl. unten § 41). Wenn RMilG **2**, 34 und R **59**, 332 in gleicher Weise den § 193 RStGB bei Beleidigungen von Vorgesetzten ausgeschlossen haben [2], so dürfte diese Vorsicht bei der dem § 193 RStGB neuerdings vom Reichsgericht [3] gegebenen Auslegung kaum noch nötig sein [4].

II. *Gemeine Delikte* der Wehrmachtangehörigen werden gemäß § 3 MilStGB nach den allgemeinen Strafgesetzen beurteilt. Aber durchaus nicht *nur* nach diesen! Die Subsidiarität des gemeinen gegenüber dem Militärstrafrecht erfährt hier keinerlei Einschränkung. Also ist stets darauf zu achten, ob nicht das Militärstrafrecht Modifizierungen der gemeinstrafrechtlichen Bestimmungen erfordert [5]. Tatsächlich ist das sehr oft der Fall (vgl. etwa MilStGB §§ 7, 14, 15, 29, 31—39, 43, 44, 47, 49, 55, 127 usw). Das Militärstrafrecht beeinflußt also auch bei gemeinen Delikten sowohl die Frage, ob ein Delikt vorliegt, wie auch die Frage der strafrechtlichen Unrechtsfolgen, des Strafvollzuges usw. Deutlich läßt sich aus § 29 MilStGB der Grund dafür entnehmen: Die Rücksicht auf den militärischen Dienst und die Disziplin gestatten nicht die uneingeschränkte Anwendung des gemeinen Strafrechts selbst bei gemeinen Delikten der Wehrmachtangehörigen.

§ 10. Zeitliche und räumliche Geltung des MilStGB.

A. Am 1. Oktober 1872 ist das MilStGB in Kraft getreten (§ 1 EGMilStGB); seit dem 1. August 1935 gelten die letzten einschneidenden Änderungen, die das Gesetz vom 16. Juli 1935 mit sich gebracht hat.

I. Zwischen Tatbegehung und Aburteilung findet nicht selten ein *Wechsel der Gesetzgebung* statt. Ist für den Richter das zur Zeit der Tatbegehung oder das zur Zeit der Entscheidung geltende Gesetz maßgebend? RStGB § 2a (gemäß § 2 MilStGB uneingeschränkt auch im Militärstrafrecht anwendbar) gibt hierfür eine seit dem 1. September 1935 gültige Regelung. Danach bestimmen sich die Strafbarkeit und die Strafe einer Tat nach dem zur Zeit der Tat geltenden Recht. Ermöglicht dieses eine mildere Beurteilung, als wie sie sich aus dem zur Zeit der Entscheidung geltenden Strafrecht ergeben würde, so hat es bei der milderen Beurteilung sein Bewenden. Ist die Handlung zur Zeit der Begehung straflos, so muß der Richter freisprechen. Ist jedoch das zur Zeit der Entscheidung geltende Strafrecht das mildere, so hat der Richter die Wahl: er kann das strengere Recht der Tatzeit anwenden; er kann aber auch dem Täter die Milderung des neuen Rechtszustandes zugute kommen lassen. Ob das eine oder andere richtig ist, wird sich für militärstrafrechtliche Verhältnisse aus der Rücksicht auf die Disziplin ergeben. Entsprechendes gilt für den Fall, daß zur Zeit der Entscheidung die Bedrohung mit Strafe aufgehoben ist: hier kann Bestrafung immer noch erfolgen; aber sie kann auch unterbleiben.

Der gesamte Rechtszustand, aus dem sich das „Ob“ und das „Wie“ der Strafe ergeben, ist im Sinne des § 2a als „Recht“ (Abs. 1), als „Gesetz“ (Abs. 2) zu verstehen [6]. Hiernach bestimmt sich, was dem in § 2a verlangten Vergleich zu unterziehen ist. Dabei ist zu beachten, daß für die Zeit *vor* dem 1. September 1935 die Analogie, wie sie jetzt nach dem neugefaßten § 2 RStGB geboten ist, noch nicht in Be-

---

[1] In seiner neuesten Fassung umfaßt § 91 MilStGB den § 185 RStGB nicht mehr. Daß demgemäß *insoweit*, als die Beleidigung des Vorgesetzten nur unter § 185 RStGB zu subsumieren ist, § 199 RStGB noch Anwendung finden kann, zeigt R **64**, 295.

[2] Dagegen Beling Z **24**, 250.

[3] R **62**, 93, **63**, 92, 202, **64**, 13.

[4] Sehr beachtlich Romen-Rissom § 91 N. 2.

[5] Vgl. dazu RMilG **20**, 20.

[6] Eine besondere Bedeutung kann der Verwendung des Wortes „Gesetz“ in Abs. 2 anstatt des Wortes „Recht“ in Abs. 1 nicht zukommen.

tracht kommt. Das kann gemäß § 2a Abs. 1 RStGB von entscheidender Bedeutung sein.

Zwischenstrafgesetze sind nach § 2a (im Gegensatz zum alten § 2 Abs. 2 RStGB) nicht mehr beachtlich. Ist also eine Tat nach dem zur Begehungszeit wie nach dem zur Entscheidungszeit geltenden Rechtszustande strafbar, so ist eine inzwischen in Geltung gewesene Straflosigkeit belanglos.

II. Temporäre Strafgesetze, d.h. solche, die von vornherein nur für eine bestimmte Zeit erlassen sind, sind auch nach ihrem Außerkrafttreten auf alle während ihrer Geltung begangenen Straftaten anzuwenden. Mit dieser Regelung hat § 2a Abs. 3 RStGB eine vielumstrittene Frage[1] endlich entschieden.

III. Von den Strafen unterscheidet unser Recht die Maßregeln der Sicherung und Besserung. Da ihnen eine Übelsqualität nicht wesentlich ist und sie der sühnenden und vergeltenden Straffunktion entbehren, vielmehr nach Sinn und Ziel in die Zukunft weisen und allein an der Persönlichkeit des Täters auszurichten sind, so kann es keinen Sinn haben, sie der gleichen Behandlung zu unterwerfen, die nach dem unter I und II Gesagten für die Strafe Platz greift. Maßgebend kann hier allein die Lage im Augenblick der Entscheidung sein. So § 2a Abs. 4 RStGB.

IV. Soweit im Vorstehenden auf die Tatbegehung abgestellt ist, gilt der Zeitpunkt, in dem der Täter seinen Willen betätigt hat[2]. Der Zeitpunkt der Entscheidung betrifft nicht nur die Aburteilung in der letzten Tatsacheninstanz; vielmehr ist, wie StPO § 354a deutlich macht, auch die Revisionsentscheidung gemeint; das will sagen, daß auch noch das Revisionsgericht eine nach der Aburteilung in der letzten Tatsacheninstanz eingetretene Änderung des Rechtszustandes gemäß § 2a RStGB berücksichtigen darf[3].

B. I. Das RStGB von 1871 ist bei der Regelung des räumlichen Geltungsgebietes seiner Rechtssätze vom Territorialitätsprinzip ausgegangen und hat dieses dann für bestimmte Fallgruppen zugunsten anderer Prinzipien durchbrochen. Diese Regelung wird heute bereits als ungeeignet empfunden; es steht zu erwarten, daß die bevorstehende Neuordnung des Strafrechts das Personalitätsprinzip an die Stelle des Territorialitätsprinzips setzen wird[4], um damit „zu dem Grundsatz des germanischen Rechtslebens" zurückzukehren, „der die Treue und Gehorsamspflicht des einzelnen Volksgenossen dem Verband gegenüber in den Vordergrund stellte"[5]. Das RStGB wird damit in einer wichtigen Frage den Grundsätzen angeglichen werden, die im Militärstrafrecht gemäß dem Wesen des Soldatentums und entsprechend seinen Ehrauffassungen und Pflichten stets gültig gewesen sind. *Denn das MilStGB verdrängt in den §§ 7 und 161 die vom Territorialitätsprinzip ausgehenden Normen der §§ 3ff. RStGB und huldigt grundsätzlich dem Personalitätsgedanken.* Welche Tragweite hat dies im geltenden Recht?

II. 1. § 7 MilStGB begründet die Herrschaft des Personalitätsprinzips für die Wehrmachtangehörigen, die sich im Ausland bei den Truppen oder sonst in dienstlicher Stellung befinden[6], gleichgültig ob sie ein militärisches oder gemeines Delikt begehen. „Bei den Truppen" aber befindet sich, wer durch dienstlichen Auftrag einer Truppe zugewiesen ist und demgemäß bei ihr geführt wird. Wer also versprengt ist oder sich bei-

[1] v. Liszt-Schmidt Lehrbuch, 26. Aufl., S. 113, insbesondere Note 5. Dort weitere Literatur und Rechtsprechung.

[2] Die Durchsetzung des Willensstrafrechts läßt eine andere Entscheidung nicht mehr zu. Richtig Mezger Lehrbuch, S. 155. Der in Liszt-Schmidt Lehrbuch, 26. Aufl. S. 159 zu Note 10 vertretene Standpunkt wird damit aufgegeben.

[3] Vgl. dazu Schäfer JW 1935 S. 2325. Das Reichsgericht hatte bisher (R **61**, 135, **65**, 238; anders aber **51**, 47) den entgegengesetzten Standpunkt vertreten. Wie der Text seit jeher v. Liszt-Schmidt S. 113 N. 3.

[4] Reimer bei Gürtner I[2] (1935) S. 219ff.

[5] Reimer bei Gürtner I[2] S. 221.

[6] RMilG **20**, 253: „Der Soldat trägt sein Gesetzbuch mit sich."

seite gedrückt hat, ist immer noch „bei der Truppe" im Sinne des § 7 (vgl. auch §§ 128, 135 MilStGB)[1]. Nur wenn ein Wehrmachtangehöriger in Privatangelegenheiten im Ausland weilt, greift § 7 nicht Platz, mag er dem Tatbestand nach ein militärisches oder ein gemeines Delikt begehen. Der Hauptanwendungsfall des § 7 ist gegeben, wenn deutsche Truppen im Kriege in ausländisches Gebiet einrücken. Aber Zugehörigkeit zu einer „kriegführenden" Truppe wird in § 7 nicht vorausgesetzt[2], wie sich § 7 überhaupt nicht auf den Kriegsfall beschränkt.

2. Im Auslande begegnen bei den Truppenteilen neben den Wehrmachtangehörigen auch das sog. Heeresgefolge (§ 155), die zum kriegführenden Heere zugelassenen ausländischen Offiziere (§ 157), sowie Kriegsgefangene (§ 158). Auch ihre Delikte, mögen sie sich als militärische oder als gemeine darstellen, unterfallen dem Personalitätsprinzip[3].

3. Eine weitere sehr wichtige Ausnahme vom Territorialitätsprinzip des RStGB begründet endlich § 161 MilStGB, und zwar für alle von Deutschen oder Ausländern begangenen Handlungen, die sich in einem von deutschen Truppen besetzten ausländischen Gebiete:

a) gegen deutsche Truppen oder ihre Angehörigen[4],

b) gegen eine auf Anordnung des Führers und Reichskanzlers eingesetzte Behörde richten und nach deutschen Gesetzen strafbar sind. Da § 161 für Wehrmachtangehörige nicht herangezogen zu werden braucht, betrifft er also deutsche Zivilpersonen und Ausländer. Sein Platz wäre daher richtiger im gemeinen Strafrecht unter den dort vorgesehenen Durchbrechungen des Territorialitätsprinzips.

III. Eine Handlung, die an Bord eines deutschen Kriegsschiffes begangen ist, wird nach völkerrechtlichen Grundsätzen als im Inlande begangen angesehen, auch wenn sich das Schiff zur Zeit der Tat außerhalb der heimischen Gewässer befunden hat[5]. Im übrigen gelten für die Wehrmachtangehörigen der Kriegsmarine die unter II entwikkelten Grundsätze.

---

[1] Begeht ein mit seinem Regiment ins Ausland eingerückter Soldat dort eine Fahnenflucht so greift § 7 ohne weiteres Platz. Schwierigkeiten sind denkbar, wenn ein Angehöriger des Beurlaubtenstandes im Frieden als Zivilperson geschäftlich ins Ausland geht und nun dem Befehl, zu einer Übung einzurücken, nicht folgt, vielmehr mit der Absicht, sich seiner Wehrdienstpflicht dauernd zu entziehen, der Truppe fernbleibt. Hier versagt § 7 MilStGB, aber auch § 4 Ziff. 3 RStGB, wenn man den Begehungsort im Ausland sucht. Aber man wird in diesem Falle den *Ort* der begangenen Fahnenflucht nicht ins Ausland, sondern ins Inland verlegen müssen nach dem Satz, daß eine Unterlassung (eine solche steckt in jedem „Fernbleiben") dort begangen ist, wo die verletzte Rechtspflicht zu erfüllen wäre. Vgl. v. Liszt-Schmidt: 26. Aufl., S. 160, ferner RMilG **16**, 72.

[2] R **58**, 311 (Baltikumtruppen des Generals Grafen von der Goltz 1919).

[3] M. E. Mayer I 55 folgert die Geltung des Personalitätsprinzips, freilich mit Beschränkung auf die *militärischen* Delikte, aus den §§ 155, 157, 158 MilStGB selbst, da diese ja die Anwesenheit bei der kriegführenden Truppe voraussetzen und daher ganz gewiß ein Verweilen im *Ausland* nicht ausschließen wollen. Dagegen leiten Romen-Rissom: § 155 N. 8, § 157 N. 3, § 158 N. 5b aus den §§ 155, 157, 158 zunächst die Geltung des § 7 MilStGB als solchen auch für diese Personenkategorien ab und folgern daraus, da § 7 von strafbaren Handlungen schlechthin spricht, sowohl für die *gemeinen* wie auch für die *militärischen* Delikte die Geltung des Personalitätsprinzips. Man kann aber auch mit Hilfe des § 3 MilStGB zur Einbeziehung der gemeinen Delikte gelangen, da dieser gemäß § 155, 157, 158 anwendbar ist, und das Personalitätsprinzip, wie M. E. Mayer es tut, aus den §§ 155, 157, 158 *unmittelbar* ableiten.

[4] Kriegsgefangene werden ihnen nicht gleichgestellt. Daß sie nach § 158 deutschen Gesetzen *unterworfen* sind, darf nicht zur Anwendung einer Norm führen, die, wie § 161, den deutschen Truppen einen besonderen Schutz angedeihen lassen will. Romen-Rissom: § 161 Note 6b und dazu den interessanten Fall, der in Arch. **7**, 289 erörtert ist (Ermordung eines entflohenen russischen Kriegsgefangenen durch einen russischen Landeseinwohner im besetzten feindlichen Gebiet. Anwendung deutschen Rechts (§ 211 RStGB) gemäß § 161 MilStGB? oder des russischen Rechts?

[5] Liszt-Schmidt 26. Aufl. S. 126.

Zweiter Abschnitt.

Strafe und sichernde Maßnahmen.

I. Das Strafensystem des MilStGB.

§ 11. Allgemeines.

Wie im gemeinen Strafrecht, werden auch im Militärstrafrecht Strafen und sichernde Maßnahmen im Kampfe gegen das Verbrechen verwendet. Während aber das MilStGB den Katalog der sichernden Maßnahmen, wie ihn die §§ 42a ff. RStGB aufstellen, ohne Änderung auf dem Wege des § 2 MilStGB übernimmt, hat es[1] an die Stelle des gemeinen Strafensystems ein *besonderes militärisches Strafensystem* gesetzt. Dieses gliedert sich, wie das gemeine, in Haupt- und Nebenstrafen. Die Hauptstrafen können allein für sich, die Nebenstrafen stets nur in Verbindung mit einer Hauptstrafe verhängt werden. Die *Hauptstrafen* sind: Todesstrafe, Zuchthaus, Gefängnis, Festungshaft, Arrest. Die Haft und die Geldstrafe sind dem militärischen Strafensystem unbekannt. An militärischen *Nebenstrafen* verwendet das MilStGB den Verlust der Wehrwürdigkeit, die Dienstentlassung, die Degradation, den Verlust des Offizierstitels, den Verlust des Rechtes, die Offiziersuniform zu tragen, den Amtsverlust (bei Wehrmachtbeamten).

I. Dieses *militärische Strafensystem* gelangt nicht bei jeder Bestrafung eines Wehrmachtangehörigen[2] zu Anwendung, sondern regelmäßig *nur dann*, wenn *ein militärisches Verbrechen oder Vergehen* zu ahnden ist. Die Feststellung, ob ein solches oder ein gemeines Delikt gegeben ist, ist gerade deswegen von so großer Bedeutung (vgl. dazu oben § 3 III). Eine sprachliche Eigentümlichkeit des MilStGB besteht darin, daß es (§§ 16 Abs. 1, 21) das Wort „Freiheitsstrafen" als *technischen* Ausdruck auf Gefängnis, Festungshaft und Arrest beschränkt. Es muß aber beachtet werden, daß an manchen Stellen des MilStGB auch der natürliche und sonst übliche, die Zuchthausstrafe mit umfassende Begriff „Freiheitsstrafe" Verwendung findet; so in den §§ 15, 53, 54, 88, 98[3].

II. Bei Verurteilung wegen einer *gemeinen Straftat* findet auch auf Wehrmachtangehörige das *gemeine Strafensystem* Anwendung: § 3 MilStGB. Freilich enthält das MilStGB folgende Ausnahmen:

1. § 13 RStGB, der für die Vollstreckung der Todesstrafe die Enthauptung anordnet, wird für den Fall, daß *im Felde* (oben § 4 I) die wegen eines nichtmilitärischen Verbrechens erkannte Todesstrafe zu vollziehen ist, durch § 14 MilStGB ersetzt, der als Vollstreckungsart in diesem Falle das Erschießen vorsieht[4]. Da es sich in § 14 um eine reine Vollstreckungsvorschrift handelt, so ist für die Frage seiner Anwendbarkeit nicht der Zeitpunkt der Tatbegehung, sondern der des Urteilsvollzuges bestimmend: dieser, nicht jene muß in den Zeitraum fallen, der sich aus § 9 für den Begriff „im Felde" ergibt[5].

---

[1] §§ 1, 14—39, 43—45.

[2] ... oder einer sonst dem MilStGB unterworfenen Person (vgl. unten § 20). Der Einfachheit halber wird im folgenden aber nur noch von den Wehrmachtangehörigen gesprochen.

[3] Dietz Enz. 222; Fuhse § 54 N. 2, § 88 N. 2, § 98 N. 18. Übrigens ist durchaus nicht zu besorgen, daß sich Rechtsanwendungsschwierigkeiten aus der Verschiedenheit des Sprachgebrauchs ergeben; denn in den Strafdrohungen wird die technische Ausdrucksweise grundsätzlich durchgeführt; wo dies, wie in den §§ 88, 98 nicht der Fall ist, handelt es sich um Modifizierungen von Strafdrohungen, die hinsichtlich der vom Gesetz gemeinten Strafarten zuvor (nämlich in den §§ 85, 86 für § 88, in den §§ 89—97 für § 98) völlig klargestellt sind.

[4] § 14 MilStGB geht auch dem § 2 des Gesetzes über Verhängung und Vollzug der Todesstrafe vom 29. März 1933 vor. And. Meinung Dietz-Hülle MStGO § 366 N. 1.

[5] Rittau[2] § 14 N. 2; Romen-Rissom § 14 N. 1. Ist die wegen eines gemeinen Verbrechens

2. Wo die gemeinen Strafgesetze Geldstrafe und Freiheitsstrafe wahlweise androhen, darf auf Geldstrafe nicht erkannt werden, wenn durch die strafbare Handlung zugleich eine militärische Dienstpflicht verletzt worden ist (MilStGB § 29). Eine solche *wahlweise* Androhung von Geld- und Freiheitsstrafe enthält z. B. RStGB § 185, nicht aber RStGB § 263, da hier der Richter nicht *zwischen* Geld- und Freiheitsstrafe *wählen* kann, vielmehr auf Gefängnis erkennen muß und *daneben* lediglich nach eigenem Ermessen zu befinden hat, ob er *auch noch* zur Geldstrafe greifen soll[1]. Ob in den Fällen der sogen. ,,Ersatzgeldstrafe" (RStGB. § 27*b*) von einer wahlweisen Androhung der Freiheits- und der Geldstrafe zu sprechen ist, mag zweifelhaft erscheinen[2]; jedenfalls zeigt § 27b Abs. 2, daß § 29 MilStGB unberührt bleiben soll, die Verhängung der Ersatzgeldstrafe bei Verletzung militärischer Dienstpflichten also unterbleiben muß. Die militärischen Dienstpflichten ergeben sich nicht etwa nur aus dem MilStGB, sondern aus der militärischen Pflichtenlehre überhaupt[3]. Ob sie verletzt sind, ist keine Tat-, sondern eine Rechtsfrage[4].

3. *Militärische Ehrenstrafen* finden unter bestimmten Voraussetzungen auch bei gemeinen Delikten Anwendung. Vgl. dazu unten § 13. Eine Umwandlung des gemeinen in ein militärisches Delikt wird dadurch nach dem oben in § 3 III Gesagten nicht bewirkt.

§ 12. Die militärischen Hauptstrafen.

I. Die Todesstrafe. 1. Sie wird im MilStGB für eine Reihe *im Felde* begangener militärischer Verbrechen angedroht, und zwar in den §§ 57, 60, 63 Abs. 1 Ziff. 1 u. 4, 73, 84, 107, 159[5] *allein*, in den §§ 63 Ziff. 2 und 3, 97 II, III, 108, 133 unter der Voraussetzung, daß kein minder schwerer Fall vorliegt, in den §§ 71 II, 72 II, 95 III wahlweise neben Zuchthaus.

2. Die militärische Vollstreckungsart ist das Erschießen (§ 14), das von der Militärbehörde zu vollziehen ist (MilStGO § 366); das Nähere regelt die WStV Nr. 14—25.

II. Die Freiheitsstrafen im weiteren Sinne[6]. 1. Die *Zuchthausstrafe* ist genau wie im RStGB lebenslange[7] oder zeitige (von einem bis zu fünfzehn Jahren währende) Strafe. Für ihre Berechnung gelten die Grundsätze des gemeinen Strafrechts (§ 19 RStGB); sie ist also nach vollen Monaten zu berechnen, es sei denn, daß § 54 MStGB oder § 74 RStGB eine Ausnahme begründet[8]. Die Verurteilung zu Zuchthaus muß nach § 31 MilStGB stets von einer Verurteilung zum Verlust der Wehrwürdigkeit begleitet sein. Der Wehrunwürdige ist (Wehrges. § 13) von der Erfüllung der Wehr-

---

erkannte Todesstrafe nicht „im Felde" zu vollziehen, so greift § 13 RStGB, bzw. § 2 des oben in Anm. 4 genannten Gesetzes Platz. Vgl. dazu MilStGO § 367, WStV Nr. 22—25.

[1] Ebenso RMilG **4**, 230.

[2] Dafür R **57**, 410; Rittau[2] § 29 N. 2; Fuhse § 29 N. 3. § 7 Ziff. 3 DStO spricht nicht dagegen; denn wenn eine militärische Dienstpflicht *nicht* verletzt ist, darf auf Ersatzgeldstrafe nach § 27b RStGB erkannt werden; diesen Fall hat § 7 Ziff. 3 DStO unter anderem im Auge.

[3] *Beispiele*: RMilG **5**, 153, 165 (Schlägerei unter Kameraden); RMilG **17**, 161 (Mißbrauch der Waffe; hier hätte freilich, da MilStGB § 55 Ziff. 2 zur Anwendung gelangte, also nach dem oben § 3 III Ausgeführten ein *militärisches* Delikt angenommen werden mußte, das Problem des § 29 gar nicht auftauchen dürfen); RMilG **21**, 202 (Beleidigung eines Polizeibeamten). Stets müssen spezifisch soldatische Pflichten verletzt sein; allgemeine Pflichten, wie sie jeden treffen (Redlichkeit, Anständigkeit), genügen nicht. Richtig Autenrieth: Arch. **1**, 423. — Zur Kritik des ganzen § 29 vgl. Hecker Arch. **1**, 57; Eckstein Arch. **8**, 247; des letzteren Sorgen dürften durch WStV Nr. 31h erledigt sein.

[4] Richtig R **57**, 410; vgl. MilStGO § 317 Abs. 2.

[5] Im Falle des § 159 fehlt allerdings das Merkmal „im Felde"; § 9 Ziff. 4 braucht nicht gegeben zu sein, damit auf Todesstrafe erkannt werden kann. Vgl. zu § 159 v. Lossberg DStrZ **2**, 440ff.; Giese Hdwb. S. 439.

[6] Also nicht in der Beschränkung des § 16 MilStGB.

[7] Auch das MilStGB verwendet den unschönen Ausdruck „lebenslänglich". Erfreulicherweise hat die neueste Strafgesetzgebung mit diesem Sprachgebrauch aufgeräumt, wie auch die StG-Entwürfe seit 1913 „lebenslang" statt „lebenslänglich" sagen.

[8] Vgl. dazu R **4**, 161.

pflicht ausgeschlossen; der Verurteilte verliert also im Augenblick der Rechtskraft des Urteils die Eigenschaft als Wehrmachtangehöriger. Für die Vollstreckung der Zuchthausstrafe ist er mithin Zivilist. Daher ist die Vollstreckung Sache der allgemeinen Behörden (§ 15 Abs. 4 MilStGB; WStV Nr. 33).

2. *Die Freiheitsstrafen im technischen Sinne des § 16 MilStGB*: Gefängnis, Festungshaft, Arrest.

In ständiger Rechtsprechung hatte das Reichsmilitärgericht[1] daran festgehalten, daß diese drei Strafen ihrer juristischen Qualität nach gleichwertig seien, daß es also eine Rangabstufung der Schwere nach unter ihnen nicht gebe. Im Hinblick auf die Gesamtstrafenbildung gemäß MilStGB § 54, insbesondere Abs. 1 Satz 2 (vgl. dazu unten § 19 II), ferner auch im Hinblick auf die mitunter eintretende Notwendigkeit, die Arreststrafe durch eine gleichwertige andere Strafe zu ersetzen[2], ist der Standpunkt des RMilG praktisch bedeutsam. Leider hat das RG[3] eine andere Auffassung vertreten und im Arrest eine im Vergleich zu den übrigen „Freiheitsstrafen" mildere, der Haft des gemeinen Strafrechts gleichzuachtende Strafe gesehen. Das ist einerseits wegen der Vollzugsformen des Arrestes, sodann auch deswegen zu verwerfen, weil Arrest als Kriminalstrafe eine *Vergehens*strafe ist, der man die Übertretungsstrafe nicht gleichachten sollte[4].

a) *Gefängnis.* Im Gegensatz zum gemeinen Strafrecht verwendet das MilStGB die Gefängnisstrafe als lebenslange und als zeitige, als Verbrechens- und als Vergehensstrafe (vgl. oben § 3 II 1). Als zeitige Strafe hat sie eine Mindestdauer von 43 Tagen. (§ 17 Abs. 1 MilStGB), eine Höchstdauer von 15 Jahren. Die Gefängnisstrafe, die der Soldat vor oder nach seinem Diensteintritt, der Wehrmachtbeamte vor oder nach seiner Anstellung verwirkt hat (ob wegen eines militärischen oder gemeinen Deliktes, ist gleichgültig), wird von den Militärbehörden vollstreckt[5]. Verliert aber der Verurteilte die Wehrwürdigkeit, wird er aus dem Dienst entlassen oder sein Dienstverhältnis sonst gelöst, so wird ein militärischer Strafvollzug überflüssig; daher geht die Vollstreckung an die bürgerlichen Behörden über (§ 15 Abs. 4 MilStGB)[6].

b) *Festungshaft.* Für ihre Dauer gilt das gleiche wie zu a. § 15 Abs. 4 RStGB findet für ihren Vollzug Anwendung.

c) *Arrest.* MilStGB § 19 unterscheidet drei Arten: Stubenarrest[7], gelinden Arrest, geschärften Arrest. Bei der Verwendung dieser drei Arrestarten spielt der militärische Rang des Verurteilten eine bedeutende Rolle. Stubenarrest trifft die Offiziere und die Unteroffiziere mit Portepee; gelinder Arrest wird gegen Unteroffiziere aller Rangstufen und gegen Mannschaften verhängt; geschärfter Arrest findet nur gegen Unteroffiziere ohne Portepee und Mannschaften statt (§ 20 MilStGB). Das MilStGB droht nun bald Arrest schlechthin an [so etwa in § 114 Abs. 1, sowie immer dann, wenn in einer Strafdrohung von „Freiheitsstrafe" gesprochen wird (vgl. oben § 11)], bald eine bestimmte Arrestart (z. B. §§ 64, 94 usw.). Im ersteren Fall hat das Gericht

---

[1] RMilG **3**, 154, **12**, 53; PE **1**, 117.

[2] Beteiligt sich eine Zivilperson an einem mit Arrest bedrohten militärischen Vergehen (etwa § 114, minder schwerer Fall), so kann nicht auch sie mit Arrest bestraft werden. Hier ist zu entscheiden, welche Strafart an die Stelle des Arrestes tritt. Haft? So R **15**, 382 (386) und 396 (404) und sonst. Oder Gefängnis oder Festungshaft? So RMilG **3**, 154.

[3] R **58**, 65.

[4] Gegen R **58**, 65 mit Schärfe v. Jan DJZ 1925 S. 801 und HdR I 59, Rittau[1] § 16 N. 2; Fuhse § 54 N. 3 enthält sich der Stellungnahme. Gegen RMilG **3**, 154 Beling Z **24**, 254/5, sowie M. E. Mayer I 157, aber offenbar im Widerspruch zu S. 130/31. Der Gesetzgeber wird den Streit lösen müssen.

[5] MilStGB § 15 Abs. 2 in Verbindung mit § 369 MilStGO und WStV Nr. 34a. Vgl. auch MilStGB § 15 Abs. 3 (militärische Beschäftigung in der Strafanstalt). Der Abs. 1 des § 15 sollte verschwinden; denn die Militärgerichtsbarkeit ist seit dem Gesetz vom 12. Mai 1933 nicht mehr die Ausnahme, sondern die Regel. — Vgl. auch § 45 MilStGB.

[6] Vgl. des Näheren Dietz Einführung in die MilStGO 1935 S. 126.

[7] Dazu § 162 MilStGB „Kammerarrest" bei der Kriegsmarine.

die Wahl zwischen den nach dem Militärrang des Täters statthaften Arrestarten (§ 22 Abs. 1), bei Mannschaften also z. B. die Wahl zwischen gelindem und geschärftem Arrest. Ist aber eine *bestimmte* Arrestart angedroht, so kann es vorkommen, daß diese nach Maßgabe des § 20 gegen den Täter seines Ranges wegen nicht verhängt werden darf (z. B. geschärfter Arrest gegen einen Unteroffizier mit Portepee); für diesen Fall bestimmt § 22 Abs. 2, daß auf die nächstfolgende dem Range nach statthafte Arrestart zu erkennen ist (gegen einen Offizier also auf Stubenarrest, gegen einen Unteroffizier mit Portepee auf gelinden Arrest).

Die Mindestdauer des Arrestes ist 1 Tag, die Höchstdauer gemäß § 17 Abs. 1 MilStGB 42 Tage. Im militärischen Strafensystem verdrängt also die Arreststrafe die sechs Wochen und weniger betragende Gefängnisstrafe und Festungshaft. Wo also Freiheitsstrafen schlechthin angedroht werden, stehen dem Richter alle Spielarten des Arrestes von 1 Tag bis zu 6 Wochen, außerdem Gefängnis und Festungshaft von 6 Wochen an aufwärts zur Verfügung (§ 21 MilStGB).

Der Arrest ist eine spezifische Militärstrafe. Daher trifft auch das MilStGB selbst einige grundlegende Bestimmungen über den Vollzug[1]. Den Stubenarrest verbüßt der Verurteilte in seiner Wohnung, die er nicht verlassen und in der er nicht Besuch annehmen darf (§ 23 MilStGB)[2]. Neben diesem einfachen kennt das Gesetz aber auch einen geschärften Stubenarrest, der durch Richterspruch anzuordnen ist, aber gegen Wehrmachtbeamte (§ 44) und Offiziere von mehr als Hauptmannsrang (§ 23) nicht zur Anwendung gelangt. Für den gelinden und geschärften Arrest sieht § 24 Einzelhaft vor. Harte Lagerstätte und Wasser und Brot als Nahrung machen die Schärfungen bei letzterem aus. Stellt sich vor oder beim Vollzug heraus, daß der körperliche Zustand des Verurteilten diese Schärfungen nicht zuläßt, so wird gelinder Arrest vollstreckt[3].

§ 13. Die militärischen Nebenstrafen.

Nebenstrafen bietet das RStGB wie auch das MilStGB.

I. *Die im RStGB vorgesehenen Nebenstrafen* haben gemäß § 2 MilStGB auch für militärische Delikte Bedeutung[4]; praktisch scheidet freilich die Polizeiaufsicht des § 38 RStGB aus, so daß vor allem die Aberkennung der bürgerlichen Ehrenrechte[5], die Unfähigkeit zur Bekleidung öffentlicher Ämter, der Amtsverlust, die Einziehung und Unbrauchbarmachung[6] ins Auge zu fassen sind. Immerhin sind auch die Ehrennebenstrafen der §§ 161, 285a Abs. 2 RStGB nicht unbeachtlich.

II. *Die militärischen Ehrenstrafen* (MilStGB §§ 30—39, 43, 43a) sind ihrem Wesen nach auf die Bedürfnisse des militärischen Dienstes und des militärischen Zusammen-

---

[1] An Bord von Kriegsschiffen sind Abweichungen nötig. Vgl. dazu § 28 MilStGB. Im übrigen regelt die WStV die Einzelheiten der Vollstreckung. Wenn ein Wehrmachtangehöriger nach seinem Ausscheiden aus dem Wehrdienst militärgerichtlich zu Arrest verurteilt werden muß (vgl. den Fall RMilG **3**, 175[178]), so geht die Vollstreckung gemäß Nr. 33 WStV auf die bürgerlichen Behörden über. Für sie ist dann § 195 der Strafvollzugsgrundsätze vom 14. Mai 1934 maßgebend.

[2] Vgl. dazu MilStGB § 80. Der Besuch des Arztes ist jederzeit zulässig: WStV Nr. 121; natürlich nur zu ärztlichen Zwecken!

[3] So § 27 MilStGB, der nur für die Vollstreckung, nicht für die richterliche Verurteilung gilt. Ebenso Rittau [2] § 27; Romen-Rissom § 27 N. 1, RMilG **7**, 207.

[4] Romen-Rissom § 30 N. 1; Rittau [2] § 30 N. 1; M. E. Mayer I 132; R **59**, 237.

[5] Neben der Zuchthausstrafe (etwa im Falle von Fahnenflucht im Rückfall: § 71 Abs. 2 MilStGB) die bürgerlichen Ehrenrechte gemäß § 32 RStGB abzuerkennen, hat auch im militärgerichtlichen Verfahren guten Sinn, da es in solchen Fällen sicher oft wichtig ist, nicht nur die Wirkungen der Wehrunwürdigkeit (§ 32 MilStGB), sondern auch die für das Zivilleben bedeutsamen Wirkungen der §§ 33, 34 RStGB herbeizuführen. Daß sich die letzteren mit den ersteren in manchen Punkten decken, ist belanglos. Zu beachten ist, daß MilStGB §§ 134 Abs. 2, 138 selbst den Verlust der bürgerlichen Ehrenrechte vorsehen.

[6] Darüber, daß sie nicht immer als Nebenstrafen anzusehen sind, vgl. v. Liszt-Schmidt Lehrbuch, 26. Aufl. S. 364.

lebens zugeschnitten und zeigen den hohen Wert soldatischer Ehre an. Wer durch seine Taten beweist, daß er diese soldatische Ehre nicht hochhält, oder durch sein Verhalten den Anspruch auf die Achtung des ehrliebenden Soldaten verwirkt, muß aus der militärischen Gemeinschaft entfernt werden. „Wehrdienst ist Ehrendienst am deutschen Volke“ (Wehrges. § 1 Abs. 1). Das Wehrgesetz bemüht sich in § 13, Personen, die infolge von Verurteilungen bürgerlicher Gerichte im Zivilleben von bestimmten strafrechtlichen Unrechtsfolgen betroffen sind, vom Wehrdienst fernzuhalten[1]. Die Ehrenstrafen des MilStGB greifen Wehrmachtangehörigen gegenüber durch, die sich als solche der soldatischen Ehre begeben, wobei es gleichgültig sein muß, ob sie dies durch ein militärisches oder durch ein gemeines Delikt tun. Auch bei letzteren dürfen militärische Ehrenstrafen verhängt werden (vgl. oben § 11 II 3).

Im MilStGB begegnen folgende militärische Ehrenstrafen:

1. *der Verlust der Wehrwürdigkeit.* Das Gericht muß auf ihn *erkennen;* ipso iure tritt er nicht ein. Das Gesetz verwendet ihn:

a) *allen Soldaten* (§ 4 MilStGB) gegenüber, wenn das Gericht neben der Strafe *Sicherungsverwahrung* oder *Entmannung* (§§ 42e, 42k RStGB) anordnet (§ 31a MilStGB)[2].

b) *Offizieren* gegenüber: α) *obligatorisch* neben Zuchthaus; ferner stets neben dem Verlust der bürgerlichen Ehrenrechte ohne Rücksicht auf seine Dauer (§ 31 Abs. 2 Ziff. 1 MilStGB); endlich da, wo gegen Unteroffiziere nach § 37 Abs. 1 Nr. 4, §§ 74, 81 Abs. 1, § 85 Abs. 2, §§ 106, 131, 132, 133 Abs. 2, § 134 Abs. 1 und § 139 Dienstentlassung geboten ist (§ 31 Abs. 2 Ziff. 2 MilStGB);

β) *fakultativ* neben Gefängnis von längerer als fünfjähriger Dauer, sodann da, wo gegen Unteroffiziere nach § 37 Abs. 2 Nr. 2 u. 3, §§ 38, 62 Abs. 2, §§ 78, 82, 83, 87, 110a Abs. 2, §§ 128, 135 Abs. 1 und §§ 137, 140, 144 Abs. 1 Dienstentlassung zulässig ist (§ 31 Abs. 3 MilStGB).

c) *Unteroffizieren und Mannschaften* gegenüber: α) (§ 31 Abs. 1): *obligatorisch* neben Zuchthaus, ferner neben dem Verlust der bürgerlichen Ehrenrechte dann, wenn die Dauer des Verlustes 3 Jahre übersteigt; β) (§ 31 Abs. 3): *fakultativ* neben Gefängnis von mehr als fünfjähriger Dauer.

Die Folgen des Verlustes der Wehrwürdigkeit ergeben sich aus § 32 MilStGB. Als eine Abart erscheint pensionierten Offizieren gegenüber der *Verlust des Offiziertitels* mit den entsprechenden Folgen der Wehrunwürdigkeit und gleichzeitiger Verwirkung des Rechts, die Offizieruniform zu tragen (§ 33).

2. *Die Dienstentlassung* (§ 30 Ziff. 2, 3).

A. Anwendung auf *Offiziere.* Das Gesetz (§§ 34—36) ordnet sie an[3]:

a) *obligatorisch:* α) neben Erkennung auf Unfähigkeit zur Bekleidung öffentlicher Ämter (RStGB § 35); β) da, wo gegen Unteroffiziere nach § 37 Abs. 1 Nr. 2, §§ 75 und 122 Abs. 2 Dienstentlassung geboten ist;

b) *fakultativ:* α) neben Festungshaft von längerer als einjähriger Dauer; β) da,

[1] Der frühere § 42 MilStGB bedarf daher keiner Erneuerung. Vgl. auch im Text unten zu III. Zu beachten ist, daß § 13 Wehrges. in Abs. 1b und c die Wehrunwürdigkeit *nur für die Dauer der dort bezeichneten Maßnahmen* anordnet. Mit der Entlassung aus der Anstalt (RStGB §§ 42, b, c, d, e), mit der Wiedererlangung des Rechtes zur Berufsausübung (§ 42 l) tritt auch die Wehrwürdigkeit wieder ein. Nur der Entmannte (§ 42k) bleibt für immer wehrunwürdig, weil er ja dieser Maßregel ständig „unterworfen *ist*“ (Wehrges. § 13 Abs. 1c). Solange ferner die Entlassung aus einer der Anstalten der §§ 42aff. im Hinblick auf § 42h nicht endgültig erfolgt ist, das Gericht wohl gar dem Entlassenen besondere Pflichten auferlegt hat, ist er der Maßnahme *noch unterworfen,* besteht also Wehrunwürdigkeit.

[2] Hierauf nimmt Wehrges. § 13 Abs. 1d Bezug. Ein Widerspruch zu Abs. 1c dürfte im Hinblick auf das in der vorigen Anmerkung Gesagte nicht bestehen. Vgl. im übrigen noch MilStGB § 37 Abs. 1 Nr. 4, 31 Abs. 2 Nr. 2.

[3] Neben den im Text erörterten generell bestimmten Fällen begegnet im Besonderen Teil des MilStGB auch die Androhung der Dienstentlassung von Offizieren, ohne daß die Voraussetzungen der §§ 34—36 MilStGB vorliegen. Vgl. z. B. § 118, 142, 147, 147a, 150.

wo gegen Unteroffiziere nach den im § 31 Abs. 3 aufgeführten Bestimmungen und nach § 37 Abs. 2 Nr. 1, § 114 Abs. 2, §§ 117, 119 Abs. 1 und § 122 Abs. 3 Dienstentlassung zulässig ist.

Dienstentlassung bedeutet beim Offizier (§35) Verlust der Dienststelle, jedoch nicht des Diensttitels, sowie Verwirkung des Rechtes, die Offiziersuniform zu tragen; pensionierten Offizieren (§36) gegenüber ist nicht Dienstentlassung auszusprechen; vielmehr ist ihnen das Recht zum Tragen der Offiziersuniform abzuerkennen.

B. Anwendung auf *Unteroffiziere und Mannschaften* (§37 Abs. 1). Das Gesetz ordnet Dienstentlassung[1] an, und zwar stets obligatorisch: α) neben Verlust der bürgerlichen Ehrenrechte von weniger als dreijähriger Dauer; β) bei Verurteilung zu Gefängnis von längerer als einjähriger Dauer wegen einer vorsätzlich begangenen Tat; γ) bei Erkennung auf Unfähigkeit zur Bekleidung öffentlicher Ämter; δ) wenn neben einer Strafe Unterbringung in einer Trinkerheilanstalt oder einer Entziehungsanstalt oder in einem Arbeitshaus oder Untersagung der Berufsausübung angeordnet wird und nicht wegen Art und Höhe der Strafe Verlust der Wehrwürdigkeit eintritt.

C. Anwendung auf *Unteroffiziere* allein (§§ 37 Abs. 2, 38), und zwar stets fakultativ: α) bei Verurteilung zu Gefängnis von mehr als 42 Tagen, auch wenn die Verurteilung nicht wegen einer vorsätzlich begangenen Tat erfolgt ist, sofern nicht nach § 37 Abs. 1 Nr. 2 Dienstentlassung obligatorisch ist; β) bei Verurteilung wegen Diebstahls[2], Besitzes von Diebeswerkzeug (§ 245a RStGB), Unterschlagung, Untreue, Raubes, Erpressung, Hehlerei[3], Betrugs oder Urkundenfälschung[4]; γ) bei Verurteilung wegen wiederholten gleichartigen Rückfalls im Sinne des §13 MilStGB; δ) in den Fällen einer Verurteilung wegen ungleichartigen Rückfalls im Sinne des § 38 Abs. 1 und Abs. 2.

Die *Folgen* der Dienstentlassung sind gemäß §39 MilStGB: Verlust der Dienststelle und Ausscheiden aus dem aktiven Wehrdienst. Außerdem treten Unteroffiziere in den Stand der Mannschaften mit dem niedrigsten Mannschaftsgrad zurück (Degradation[5]); Mannschaften verlieren einen höheren Dienstgrad.

3. Der *Amtsverlust*. Er ist die für *Wehrmachtbeamte* vorgesehene Ehrenstrafe. Das Gesetz verwendet ihn

a) *obligatorisch* neben einer Sicherungsmaßregel des § 42a RStGB (§43a Ziff. 1 MilStGB);

b) *fakultativ:* α) neben Freiheitsstrafe von mehr als einjähriger Dauer; β) bei einer Verurteilung wegen Diebstahls, Besitzes von Diebeswerkzeug (RStGB § 245a), Unterschlagung, Untreue, Raubes, Erpressung, Hehlerei, Betrugs oder Urkundenfälschung (§ 43 Ziff. 2 MilStGB)[6].

c) „im Felde" an Stelle der gegen Unteroffiziere und Mannschaften angedrohten Dienstentlassung (§153).

III. Werden *Wehrpflichtige des Beurlaubtenstandes* von bürgerlichen Gerichten abgeurteilt, so werden dabei die militärischen Interessen, die durch die militärischen Ehrenstrafen geschützt werden sollen, in der Regel nicht beachtet werden. Wir sahen bereits, wie Wehrges. § 13 hier zu helfen sucht. Dieser Paragraph ist bedeutungsvoll namentlich für solche Verurteilungen durch bürgerliche Gerichte, die vor der Wieder-

[1] Im Besonderen Teil daneben zahlreiche Fälle, teils obligatorischer, teils fakultativer Dienstentlassung (vgl. oben im Text unter A, a und b).

[2] § 248a RStGB scheidet dabei ebenso aus, wie § 370 Ziff. 3, 5, 6.

[3] §§ 258—262 RStGB. [4] Alle Delikte des 23. Abschnittes RStGBs, aber nicht § 363.

[5] Als besondere Ehrenstrafe ist die Degradation mit der Streichung der §§ 40, 41 MilStGB fortgefallen. Nur gemäß § 6d Ziff. 2 kann gegen *Unteroffiziere des Beurlaubtenstandes* noch auf Degradation als besondere Ehrenstrafe erkannt werden. Im Hinblick hierauf mag die Erwähnung der Degradation als „besondere Ehrenstrafen" in § 30 Ziff. 4 noch berechtigt sein; § 39 macht diese Erwähnung jedenfalls nicht nötig.

[6] § 43a Ziff. 2 ist zu streichen, da er durch § 43 Ziff. 2 überflüssig gemacht wird; denn Besitz von Diebeswerkzeug und Untreue, die in § 43a Ziff. 2 genannt werden, gehören zu den in § 37 Abs. 2 Ziff. 2 aufgezählten Straftaten, auf die § 43 Ziff. 2 verweist.

einführung der allgemeinen Wehrpflicht erfolgt sind. Er genügt aber für die Zukunft nicht. Vielmehr muß nunmehr für die *Wehrpflichtigen des Beurlaubtenstandes* eine Regelung getroffen werden, die ein Übergreifen der mit den militärischen Ehrenstrafen verbundenen Wirkungen auch auf solche Aburteilungen ermöglicht, die von den bürgerlichen Gerichten ohne Beachtung der militärischen Belange erfolgen. Daher läßt § 6d Ziff. 1 die Ehrenstrafen der §§ 30—39 bei Wehrpflichtigen des Beurlaubtenstandes *von Rechts wegen* (also ohne daß es eines Urteilsausspruchs bedarf) eintreten, wenn gegen sie im Beurlaubtenverhältnis verhängt worden ist: Zuchthaus, Gefängnis von längerer als einjähriger Dauer wegen einer vorsätzlich begangenen Tat, Verlust der bürgerlichen Ehrenrechte, Unfähigkeit zur Bekleidung öffentlicher Ämter; ferner, wenn angeordnet worden ist: Sicherungsverwahrung, Entmannung oder neben einer Strafe eine der sonstigen Sicherungsmaßnahmen des § 42a RStGB[1]. Wird ein Offizier oder Unteroffizier des Beurlaubtenstandes wegen eines der in § 37 Abs. 2 Ziff. 2 genannten Delikte verurteilt, so kann in einem besonderen militärgerichtlichen Verfahren über die Frage der Dienstentlassung bzw. Degradation[2] entschieden werden.

§ 14. Anhang: Sichernde Maßnahmen.

Aus § 2 MilStGB ist oben in § 11 gefolgert werden, daß das MilStGB das gemeinstrafrechtliche System der sog. sichernden Maßnahmen (RStGB § 42a) unverändert übernommen hat. Diese Folgerung ist um so mehr berechtigt, als sich bei der Erörterung der Ehrenstrafen (oben § 13) ergeben hat, daß das MilStGB aus Gründen der militärischen Ehrauffassung wichtige Folgerungen aus der Anordnung solcher sichernden Maßnahmen herleitet. Das ist zugleich ein besonderer Hinweis darauf, daß mit ihrer Anwendung auch im militärgerichtlichen Verfahren gerechnet wird. In der Tat sind die sichernden Maßnahmen ein zu charakteristisches Zeichen unserer gegenwärtigen, zum Willens- und Täterstrafrecht hindrängenden Strafrechtserneuerung, als daß sie aus dem Militärstrafrecht fortgedacht werden dürften. Die Militärstrafrechtspflege muß mit diesen Sicherungsmaßnahmen die Möglichkeit haben, die als Persönlichkeiten untauglichen Elemente (Psychopathen, Trinker, Rauschgiftsüchtige usw.) aus der militärischen Gemeinschaft auszusondern, in die sie nach Wiedereinführung der allgemeinen Wehrpflicht trotz aller Vorsicht bei der Ersatzerfassung hineingelangen können, und sie zugleich derjenigen Behandlung zuzuführen, die vom allgemeinen kriminalpolitischen Standpunkt aus notwendig erscheint. Da aber die Lehre von den sichernden Maßnahmen im Bereiche des Militärstrafrechts Abwandlungen nicht erfährt, so kann auf ihre Darstellung im Rahmen dieser Schrift verzichtet und insoweit auf die Lehrbücher und Kommentare zum gemeinen Strafrecht verwiesen werden.

II. Das Strafmaß im Gesetz und Urteil.

§ 15. Allgemeines.

I. Das Militärstrafrecht unterscheidet wie das RStGB absolute und relativ bestimmte Strafdrohungen. Die ersteren, die dem Richter keinen Spielraum für eine „Strafzumessung" gewähren, finden sich hauptsächlich im Anwendungsbereich der Todesstrafe (oben § 12 I 1). Lebenslange Zuchthaus- oder sonstige Freiheitsstrafe wird regelmäßig wahlweise mit anderen, namentlich zeitigen Freiheitsstrafen angedroht; eine Ausnahme bildet jedoch der minder schwere Fall einer räuberischen Plünderung mit Todesfolge (§ 133), da hier auf lebenslanges Zuchthaus ohne weitere Wahlmöglichkeit erkannt werden muß.

Die überwiegende Zahl der Strafdrohungen ist auch im Militärstrafrecht relativ bestimmt, sei es, daß der Richter *innerhalb derselben Strafart* einen Spielraum zwischen

---

[1] Im Unterschiede zu § 13 Wehrges. aber nicht nur für die Zeit, während deren der Verurteilte den Maßregeln „unterworfen ist".

[2] Vgl. dazu oben S. 24 Anm. 5.

einem Höchst- und Mindestmaß hat, sei es, daß ihm *mehrere* (wieder durch Höchst- und Mindestmaß bestimmte) *Strafarten* zur Verfügung gestellt werden oder daß die Zufügung einer Nebenstrafe seinem Ermessen überlassen bleibt („*Strafrahmen*").

II. Die Auswahl der Strafe innerhalb des Strafrahmens ist die wichtigste und schwierigste Aufgabe, vor die der Strafrichter gestellt wird. Nur in geringem Maße leistet ihm das Gesetz gerade hierbei Hilfe, indem es auf die Gesichtspunkte hindeutet, die zu einer *Strafmehrung* oder *Strafminderung innerhalb* des *Strafrahmens* führen sollen. Von diesen sog. Strafmehrungs- und Strafminderungsgründen müssen die *gesetzlichen Strafschärfungen und Strafmilderungen* unterschieden werden[1]; hier stellt der Gesetzgeber, von einem Grunddeliktstypus mit einem Normalstrafrahmen ausgehend, für besondere Fallgestaltungen andersgestaltete besondere Strafrahmen zur Verfügung, die entweder schärfer oder milder sind, als der Strafrahmen beim Grunddeliktstypus (qualifizierte und privilegierte Fälle; oben § 3II2 a. E.). Diese Erscheinungen sind erst weiter unten zu besprechen (vgl. unten §§ 16, 17). Hier handelt es sich zunächst nur um die Bemessung der Einzelstrafe *innerhalb* eines *bestimmten* Strafrahmens[2].

1. Das MilStGB kennt allgemeine Strafmehrungs- und Strafminderungsgründe nicht. Auch die seltsamen Strafzumessungsbestimmungen der §§ 72, 81 Abs. 2 (82), 103 MilStGB (sog. „Zusatzstrafen") führen in Wirklichkeit dazu, daß sich für die dort vorgesehenen Fälle ein besonderer *neuer Strafrahmen* ergibt, der allerdings auf einer vom *Richter* ermittelten („an sich verwirkten") Strafe basiert, im übrigen aber regelmäßig über den Grundstrafrahmen sowohl im Mindest- wie im Höchstmaß hinausgreift und somit unter Umständen gemäß § 1 MilStGB aus dem zunächst gegebenen Vergehen ein Verbrechen macht[3]. Wir haben es also auch hier allenthalben mit qualifizierten Fällen und eigentlichen „Strafschärfungsgründen" zu tun, von denen erst unten (§ 16) zu sprechen ist. Für § 75 gilt Entsprechendes, nur daß hier durch Senkung des Mindestmaßes der mildere Strafrahmen eines privilegierten Falles zustande kommt.

Auch § 88 MilStGB bedeutet nicht, dem Richter innerhalb der für die §§ 85, 86 vorgesehenen Strafrahmen eine Anleitung für die Zumessung der Strafe zu geben; vielmehr erfolgt eine Senkung des Strafrahmens unter den Mindestbetrag der angedrohten Freiheitsstrafe (§ 85 Abs. 1: 1 Jahr Zuchthaus, Abs. 2: 1 Jahr Gefängnis; § 86: 5 Jahre bzw. 10 Jahre Zuchthaus). Wird hierbei die Zuchthausstrafe unter ein Jahr ermäßigt, so ist sie gemäß § 17 Abs. 2 durch Gefängnis von gleicher Dauer zu ersetzen; für die Gefängnisstrafe ergibt sich als Grenze der Senkung gemäß § 17 Abs. 1 die Dauer von 43 Tagen. Der Richter muß nicht, aber er kann von diesem gesenkten

[1] Vgl. dazu MEZGER Lehrbuch S. 494ff., v. LISZT-SCHMIDT 26. Aufl. S. 420, 426, 429; DIETZ Enz. 224.

[2] Daß die Grundgedanken, die der Gesetzgeber bei den qualifizierten und privilegierten Fällen durch die besonderen Strafrahmen zum Ausdruck bringt, vom Richter auch als Strafmehrungs- und Strafminderungsgesichtspunkte bei der Strafzumessung berücksichtigt werden dürfen, versteht sich von selbst.

[3] *Beispiel*: **a)** § 72 Abs. 1 in Verbindung mit § 70 (vgl. zu § 72 und seinem Verhältnis zu §§ 70, 71 RMilG **20**, 134): Verwirkt ist gemäß § 70 *mindestens* 6 Monate Gefängnis, *höchstens* 2 Jahre Gefängnis. § 72 Abs. 1 führt für die *Mindeststrafe* zu einem Rahmen von 6 Monaten plus 1—5 Jahre Gefängnis, also 1 Jahr 6 Monate bis 5 Jahre 6 Monate Gefängnis, für die Höchststrafe zu einem Rahmen von 2 Jahren plus 1—5 Jahren Gefängnis, also 3 Jahren bis 7 Jahren Gefängnis. Die Strafzumessungsmöglichkeiten bewegen sich daher nach § 72 Abs. 1 in Verbindung mit § 70 (erster Ansatz) zwischen 1 Jahr 6 Monaten und 7 Jahren Gefängnis. Gemäß § 1 Abs. 1 MilStGB ist also ein militärisches *Verbrechen* gegeben.

b) § 81 Abs. 2 stellt für die Mindeststrafe in Verbindung mit Abs. 1 zur Verfügung 1 Jahr 3 Monate bis 2 Jahre Gefängnis, für die Höchststrafe 5 Jahre 3 Monate bis 6 Jahre; Gesamtstrafrahmen also: 1 Jahr 3 Monate bis 6 Jahre Gefängnis, mithin wiederum ein *Verbrechen* gemäß § 1 Abs. 1.

c) Aus § 103 ergibt sich unter Umständen nur eine Erhöhung des Mindest-, nicht auch des Höchstsatzes, dann nämlich, wenn das Gesetz für das verabredete Delikt schon das gesetzliche Höchstmaß der fraglichen Strafart vorsieht, wie etwa in § 97 Abs. 1 (Gefängnis oder Festung von 3—15 Jahren). Da hier schon ein Verbrechen gegeben ist, ändert sich durch § 103 auch nicht die Deliktsart.

Strafrahmen Gebrauch machen. Sofern er das nicht tun will, wird er in § 88 eine gesetzliche Anweisung zu sehen haben, innerhalb des Grundstrafrahmens der §§ 85, 86 tief zu greifen, also Milde walten zu lassen; *insofern* kann aus § 88 ein Strafminderungsgrund herausgelesen werden.

2. Im RStGB enthält § 20 einen echten Strafzumessungsgrund, der gemäß § 2 MilStGB auch für militärische Verbrechen und Vergehen gilt. Praktische Bedeutung z. B. für § 62, 92 usw. Die im RStGB in den §§ 27a und c[1] enthaltenen Strafzumessungsgründe haben für militärische Verbrechen und Vergehen keine Bedeutung, da das MilStGB die Geldstrafe nicht verwendet. § 27b RStGB bestimmt in Abs. 2 selbst, daß die Vorschriften des MilStGB unberührt bleiben, daß es also eine Ersatzgeldstrafe für militärische Freiheitsstrafen unter 3 Monaten nicht gibt. Nur soweit Wehrmachtangehörige *gemeine Delikte* begehen und entweder Geldstrafe allein angedroht ist oder (bei wahlweiser Androhung von Geld- und Freiheitsstrafe) eine militärische Dienstpflicht nicht verletzt ist, kommen die auf die Geldstrafen bezüglichen Strafzumessungsregeln des RStGB in Betracht, ist auch für die Anwendung des § 27b Raum (vgl. oben § 11 II 2).

III. Suchen wir nach einer Maxime für die Strafzumessung, wie sie der Richter — ohne Anleitung des Gesetzgebers nach freiem Ermessen — vornehmen muß, so haben wir an den besonderen Sinn zu denken, den die Strafe im Militärstrafrecht hat. Wir haben oben § 2 gezeigt, daß der Gesetzgeber die Strafdrohungen hauptsächlich nach generalpräventiven Gesichtspunkten aufgestellt hat. Die mitunter hohen Strafmindestmaße der Strafrahmen (vgl. z. B. §§ 59, 70, 71, 81 usw.) sorgen dafür, daß auch bei der Einzelanwendung der Strafe die Generalprävention sich durchsetzt. Das ist zugleich ein Wink für den Richter hinsichtlich der Ausrichtung seiner Strafzumessungstätigkeit. Es gilt die Disziplin zu schützen, die Unerbittlichkeit soldatischer Pflichten zu bewähren, den militärischen Organismus rein zu halten von Elementen, die ihm schädlich sind und soldatisches Ehrgefühl nicht zu ertragen vermag; es gilt aber auch, soldatisches Ehrgefühl, wo es sich zeigt, zu pflegen und zu stützen. Alle diese Momente aber müssen bei der Einzelanwendung der Strafe, da auch das Militärstrafrecht nichts anderes als ein Schuldstrafrecht sein kann und darf, auf die soldatische Persönlichkeit des zu Bestrafenden bezogen und zur Bewertung dieser Persönlichkeit verwendet werden[2]. Dabei ist nicht zu vergessen, durch welches unausgesetzte Erziehungswerk die militärische Gemeinschaft den einzelnen zu dem zu machen sucht, was wir Deutschen unter einem Soldaten verstehen. Da, wo der einzelne in verantwortungsvoller Weise weder die Fähigkeit noch den Willen sich erarbeitet, diese Erziehungsarbeit in der Gestaltung und Entfaltung seiner Persönlichkeit als Soldat Früchte tragen zu lassen, und wo diese soldatische Minderwertigkeit nun in militärischen Verbrechen und Vergehen ihren Ausdruck findet, haben wir von schwerer Schuld zu sprechen und streng zu strafen. Nicht immer aber ist der Schluß von äußerer Tatschwere auf persönliche soldatische Minderwertigkeit gerechtfertigt. Die Motive des Täters, die ihn zur Tat veranlaßt haben, dürfen bei der Frage nach der Schuld nicht übersehen werden. Verdienen sie als solche vom Standpunkt soldatischen Wesens aus Nachsicht oder gar Anerkennung, so mindert sich des Täters Schuld, und auch die Strafe darf und muß gemindert werden. Der im Dienst bewährte, ehrliebende Soldat, der sich einem unsoldatischen und charakterlich haltlosen Vorgesetzten gegenüber zu einer Widersetzlichkeit hinreißen läßt, weil sein Ehrgefühl durch diesen mehrfach empfindlich verletzt worden ist, ist um seiner Persönlichkeit willen in geringerer Schuld und milder zu strafen als der ewig renitente Drückeberger im Dienst, der die gleiche Widersetzlichkeit gegen den Vorgesetzten begeht, dem endlich einmal die

[1] Vgl. dazu v. Liszt-Schmidt 26. Aufl. S. 421/2.

[2] Ob im Hinblick hierauf manche gesetzlich festgelegten Strafminima nicht zu hoch sind, kann hier nicht weiter untersucht werden. Sicher ist, daß de lege ferenda gerade die Strafrahmen des MilStGB einer besonderen Revision bedürfen.

Geduld reißt. Auch im Bereiche des Militärstrafrechts wird innerhalb der generalpräventiv orientierten Strafrahmen diejenige Strafzumessung die richtige sein, die an einem recht erfaßten Willens- oder Täterstrafrecht ausgerichtet ist. Nur so kann versucht werden, General- und Spezialprävention beide zu ihrem Recht zu bringen. In diesem Sinne darf auch für das Militärstrafrecht der Satz gelten, den die amtliche Strafrechtskommission jüngst an die Spitze ihres Grundsatzes der Strafbemessung gestellt hat: „*Die Strafe soll nach Art und Maß der Schuld des Täters entsprechen*[1].“

§ 16. Die gesetzlichen Strafschärfungsgründe.

Die gesetzlichen Strafschärfungsgründe sind entweder *allgemeine*, d.h. solche, die bei allen Delikten vom Richter zu beachten sind, oder *besondere*, denen nur bei bestimmten, vom Gesetz bezeichneten Delikten Rechnung getragen werden darf.

A. I. Das *gemeine Strafrecht* kennt nur ganz wenige allgemeine Strafschärfungsgründe. Sie sind enthalten in den §§ 20a und 27a RStGB, ferner für den Anwendungsbereich der Todesstrafe in § 2 des Gesetzes über Verhängung und Vollzug der Todesstrafe vom 29. März 1933. Von größter praktischer Bedeutung sind die beiden erstgenannten. Sie ermöglichen:

1. § 20a RStGB: bei jeder Art von Verbrechen und Vergehen den Täter unter bestimmten Voraussetzungen als *gefährlichen Gewohnheitsverbrecher* einer langen und schweren „Sicherungsstrafe“ zuzuführen und daneben (RStGB § 42e) zum Schutz der öffentlichen Sicherheit die Sicherungsverwahrung gegen ihn anzuwenden;

2. § 27a RStGB: bei Verbrechen und Vergehen der *Gewinnsucht* des Täters durch starke Erhöhung der Geldstrafe Rechnung zu tragen.

II. Im übrigen gibt das RStGB bei den *einzelnen* Vergehungen kasuistisch die Gesichtspunkte an, die eine Strafschärfung nach sich ziehen sollen (z.B. § 123 Abs. 2, 223a, 215, 243 usw.); selbst der Rückfall wird (in Verkennung seiner kriminalpolitischen Bedeutung) in den §§ 244, 250 Ziff. 5, 261, 264 RStGB so behandelt.

B. Die §§ 20a, 27a RStGB sind auch für das *Militärstrafrecht* wichtig; § 27a allerdings nur, wenn ein Wehrmachtangehöriger ein gemeines Delikt begeht, § 20a dagegen auch bei militärischen Verbrechen und Vergehen. Das MilStGB selbst verfährt bei der Aufstellung der Strafschärfungsgründe durchaus nach der im RStGB geübten Methode. Auch hier herrschen die „*besonderen*“ vor (unten I); allerdings sind die „*allgemeinen*“ (unten II), obwohl nicht sehr zahlreich, praktisch sehr bedeutungsvoll. Der Rückfall (unten III) gehört im Militärstrafrecht in beide Gruppen hinein.

I. Die besonderen Strafschärfungsgründe müssen, wie wir sahen, bei den einzelnen militärischen Verbrechen und Vergehen aufgesucht werden und sind demgemäß im Zusammenhang mit diesen zu erörtern. Einige aber, die bei mehreren Tatbeständen wiederkehren, sollen schon hier zur Darstellung kommen.

1. Die §§ 80, 132 MilStGB sehen für „*schwere Fälle*“ des in ihnen unter Strafe gestellten Verhaltens, die §§ 114, 122 Abs. 2, 142 für „*schwerere Fälle*“ Strafverschärfungen vor[2]. Ob ein Straffall schwer oder milde, schwerer oder minder schwer liegt, beurteilt moderne Kriminalpolitik, jedenfalls vom Standpunkt des Willensstrafrechts aus, nach der objektiven *und* nach der subjektiven Seite hin[3]. Alles, was zur Steigerung der „Schuld“ führt und damit den Täter belastet, „erschwert“ den Fall; alles, was die „Schuld“ verringert, läßt ihn minder schwer erscheinen. Die hier vertretene Schuldlehre sieht in der Schuld eine an die Tat anknüpfende Totalbewertung der

---

[1] Gürtner I, 2. Aufl. 1935 S. 175.

[2] Das RStGB kennt in den §§ 90a und 90h „besonders schwere Fälle“.

[3] So auch die herrschende Lehre: RMilG **1**, 35, **3**, 108, **5**, 110 (128), **7**, 173; Romen-Rissom § 58 N. 4; v. Bippen Hdwb. S. 490; Beling Z **24**, 254. Abweichend Gerland Krit. VSchr. **45**, 526. Die Auffassung ist für die „minder schweren Fälle“ entwickelt worden (s. dazu unten § 17 II 2), aber sie gilt natürlich genau so für die schwereren und schweren.

verbrecherischen Persönlichkeit. Darum sind nicht nur objektive Momente der Handlung (des Erfolges), sondern auch subjektive der Täterpersönlichkeit beim Abwägen des „Falles" zu berücksichtigen. Unbeherrschtheit, Faulheit, schlechte Führung belasten den Mann und die Tat und können ebenso wie der angerichtete Schaden, der besonders üble Eindruck der Tat bei den Kameraden u. dgl. zur Begründung eines schweren oder schwereren Falles verwendet werden. Immer aber müssen solche Umstände dazu führen, daß die Fälle erheblich („schwere Fälle") oder doch nicht unerheblich („schwerere Fälle") über dem Durchschnittsmaß[1] liegen.

2. In den „Kriegsgesetzen" (oben § 4) begegnet das bereits erörterte Tatbestandsmerkmal „im Felde" häufig[2] insofern als Strafschärfungsgrund, als eben gerade durch Kriegsgesetze eine Reihe von Grundstrafrahmen Verschärfungen erfahren. Eine weitere Verschärfung innerhalb der Kriegsgesetze wird häufig für den Fall vorgesehen, daß die Handlung „*vor dem Feinde*" begangen wird; vgl. §§ 73, 85 Ziff. 2, 95 Abs. 3, 108, 141 Abs. 2, 3. Eine Legaldefinition dieses Strafschärfungsgrundes, die freilich den Kriegsverhältnissen längst verwichener Zeit ihr Dasein verdankt und im Zeitalter des Stellungskrieges, der weittragenden Artillerie und der Luftwaffe nirgends mehr recht paßt[3], bringt § 11 MilStGB. Danach ist vor dem Feinde die Truppe, „bei welcher in Gewärtigung eines Zusammentreffens mit dem Feinde der Sicherheitsdienst gegen ihn begonnen hat". Bei der Kriegsmarine müssen gemäß § 165 MilStGB „in Gewärtigung eines Zusammentreffens mit dem Feinde ein oder mehrere Geschütze des Schiffes scharf geladen" sein. Entscheidend ist, daß der Befehlshaber, wenn auch ohne Grund, mit dem Zusammentreffen rechnet und den Sicherheitsdienst anordnet; dieser wiederum braucht nicht von der ganzen Truppe wahrgenommen zu werden, so daß natürlich auch derjenige Teil der Truppe „vor dem Feinde" ist, *für den* (durch vorgeschobene oder zurückgelassene Abteilungen) der Sicherheitsdienst erfolgt.

3. Der militärische Dienst erfordert höchste Beherrschtheit und äußerste Hingabe. Die militärische Disziplin findet in ihm ihren sichtbaren Ausdruck; ihre eiserne Wahrung ist Voraussetzung für ein Gelingen. Schwerwiegendes, bis zu verbrecherischer Tat sich steigerndes Versagen des einzelnen führt zu besonders strenger Ahndung. MilStGB § 12 leitet aus den wesentlichen Erscheinungen des militärischen Dienstes zwei Strafschärfungsgründe her, die in den §§ 95 und 97 verwendet werden, nämlich das Handeln „*vor versammelter Mannschaft*" und das Handeln „*unter den Waffen*".

a) „*Vor versammelter Mannschaft*" ist die Handlung begangen, „wenn außer dem Vorgesetzten und dem einzelnen Beteiligten noch mindestens sieben[4] andere, zu militärischem Dienste versammelte Soldaten gegenwärtig sind". Als militärischen Dienst hat das RMilG (7, 188/190) in einer vielzitierten Definition bezeichnet „jede von einer Militärperson[5] innerhalb ihrer Berufspflichten auf Grund militärischer Vorschrift oder militärdienstlichen Grundsatzes[6] oder eines besonderen auf solcher

[1] Ein solches hat auch RMilG in PE **12**, 25 im Auge. — Wird ein schwererer oder ein schwerer Fall angenommen, so kann nicht zugleich ein „minder schwerer" Fall gegeben sein. Der zu § 114 MilStGB unternommene Konstruktionsversuch Erhards Arch. **3**, 57, wonach „schwerere Fälle" im Sinne des § 114 Abs. 2 sowohl bei den normalen wie bei den „minder schweren Fällen" des Abs. 1 angenommen werden könnten, geht fehl. Gegen ihn mit Recht Romen-Rissom § 114N. 9. Für § 122 gilt das gleiche.

[2] Oben § 4 sind die einzelnen Tatbestände aufgezählt.

[3] Lehrreich Hellwig Z **38**, 198. Vgl. ferner RMilG **19**, 152; Romen-Rissom § 11 N. 1 b (Schützengraben).

[4] So nach dem VereinfGes. von 1926; früher genügten drei.

[5] Jetzt: einem Wehrmachtangehörigen.

[6] Vgl. dazu RMilG **1**, 30 (32); Erhard Hdwb 493. Es handelt sich um die ungeschriebenen Maximen militärischen Dienstes und militärischer Disziplin; z.B. der Satz, daß jeder Vorgesetzte für die Aufrechterhaltung der Disziplin zu sorgen und seinen Dienstbefehlen Geltung zu verschaffen hat. R **64**, 66 bezeichnet als „militärischen Dienst": „Die Gesamtheit der Ver-

Vorschrift oder solchem Grundsatze beruhenden Befehls vorzunehmende Verrichtung". Im Frieden gehört dazu in erster Linie „jeder befohlene Dienst, der zur Ausbildung der Mannschaften, Unteroffiziere oder Offiziere in irgendeinem Zweige militärischen Wissens und Könnens bestimmt ist" (RMilG 7 188/190); im Kriege steht in vorderster Reihe jeder befohlene Dienst, der zur Durchführung des Einsatzes der Wehrmacht zwecks Lösung ihrer kriegerischen Aufgabe dienen soll. Da aber das militärische Leben den einzelnen weit über das hinaus ergreift, was nach dem bisher Gesagten in Krieg und Frieden im Vordergrunde des militärischen Dienstes steht, so müssen zu diesem auch alle sonstigen dem soldatischen Berufskreis zugehörigen Verrichtungen gezählt werden, die auf einer militärischen Vorschrift, einem militärdienstlichen Grundsatz oder auf einem Befehl beruhen, der einer solchen Vorschrift oder einem solchen Grundsatz entspringt[1]. Zu solchem militärischen Dienst müssen nun, damit der Strafschärfungsgrund „vor versammelter Mannschaft" Platz greifen kann, sieben Soldaten versammelt sein, und *in Gegenwart dieser* müssen sich der Täter und der von der Tat betroffene Vorgesetzte bei der Handlung befunden haben, ohne daß nun auch sie selbst „im Dienst" zu sein brauchen. Ob die versammelte Mannschaft die Tat beobachtet, ihren disziplinwidrigen Sinn verstanden hat, ist gleichgültig. Aber die räumliche Beziehung zwischen ihr und der Tat muß so sein, daß eine solche Beobachtung normalerweise als möglich anzusehen ist; sonst läßt sich nicht sagen, daß die versammelte Mannschaft „gegenwärtig" gewesen ist[2].

b) „*Unter den Waffen*" ist eine Handlung begangen, „wenn der Täter im Waffendienst unter dem Befehl eines Vorgesetzten gestanden hat". An Bord der Kriegsschiffe stehen dem Waffendienst der Gefechtsdienst und die Ausübung des militärischen, seemännischen oder technischen Wachdienstes gleich (§ 12 Abs. 2 MilStGB)[3]. Nicht jeder Soldat, der bewaffnet sich im Dienst befindet, steht „unter den Waffen". Die Ordonanz, die mit Mütze und umgeschnalltem Seitengewehr eine Meldung überbringt, ist nicht „unter den Waffen". Vielmehr muß es sich bei dem zu verrichtenden Dienst eben gerade um „Waffendienst" handeln, der äußerlich durch das Tragen oder Mitführen der dazu erforderlichen Waffen kenntlich gemacht ist[4]. Gelegentliches Wegstellen der Waffe während dieses Dienstes hebt das Merkmal nicht auf. Der „Befehl, unter die Waffen zu treten" (wichtig in § 95 Ziff. 3) liegt vor, wenn es sich um einen Befehl handelt, dessen *Ausführung* den Untergebenen sofort „unter die Waffen" bringt. Beispiel: der Befehl, umzuschnallen und zum Batterie-Exerzieren auf den Kasernenhof herauszutreten[5]. Im Kriege fragt es sich, ob die besonderen Verhältnisse den Begriff „unter den Waffen" nicht abwandeln, indem sie ihn auf den Kampfdienst beschränken. Eine Neigung hierzu hat während des Krieges

---

richtungen, denen sich die Angehörigen der Wehrmacht in ihrer Eigenschaft als Soldaten zu unterziehen haben, um die Erfüllung der zu den Angelegenheiten der Wehrmacht gehörigen Aufgaben zu ermöglichen". Vgl. auch oben § 11, S. 20 bei Anm. 3 (militärische Dienstpflichten).

[1] ENGEL Hdwb. 827; ROMEN-RISSOM § 12 N. 3; RITTAU[2] § 12 N. 4; FUHSE § 12 N. 6; ferner RMilG **7**, 88, 188, **16**, 223 (231), **19**, 254, **21**, 155, **22**, 209; R **64**, 66, 293, **66**, 187 (militärische Schauvorführungen). Beispiele: alle Art Kampf- und Exerzierdienst, Wachdienst, technischer Dienst an Bord eines Fahrzeuges der Kriegsmarine, Antreten im Revier zur ärztlichen Behandlung, Abführung ins Arrestlokal, Putzstunde, Kohlenübernahme und Reinschiff, Essen unter Aufsicht eines Vorgesetzten (RMilG **14**, 128, 141), Anhören einer Ansprache des Kompagniechefs bei einer vaterländischen Feier. Das Leben an Bord nötigt zu Modifikationen (RMilG **7**, 91). Der Urlauber, der im Routineboot an Bord zurückkehrt, ist im Dienst. Dagegen ist das Einnehmen der Mahlzeiten trotz des Kommandos „Backen und Banken" kein „Dienst" an Bord. Vgl. ferner unten § 26 C II.

[2] RMilG **16**, 151.

[3] Erst durch das VereinfGes. 1926 eingefügt. Bis dahin gab es in den § 89 Abs. 2, 95 Abs. 1, 97 Abs. 1a. F. das Merkmal „unter dem Gewehr", während das bayer. MilStGB in den §§ 126, 130, 131 bereits „unter den Waffen" gesagt hatte. Gemeint ist dasselbe. RMilG. **14**, 74, **21**, 241.

[4] ELSNER v. GRONOW Arch. **5**, 359; RMilG **7**, 98, **8**, 216, **14**, 74, **21**, 239; R **66**, 187.

[5] RMilG **7**, 98.

bestanden[1]. Aber die Legaldefinition des § 12 Abs. 2, 1926 dem Gesetz eingefügt, trägt dem nicht Rechnung.

Die Abweichungen für den Dienst bei der *Kriegsmarine* sind durch deren besondere Dienstverhältnisse bedingt. Beim Gefechtsdienst erscheint das Schiff als Ganzes als Waffe, und es muß gleichgültig sein, ob der einzelne daran beteiligte Soldat selbst bewaffnet ist (was regelmäßig nicht der Fall ist!). Im Wachdienst an Bord muß zwischen den „die Wache *habenden*“ und den den Wachdienst *ausübenden* Besatzungsteilen unterschieden werden. Nur auf die letzteren ist § 12 Abs. 2 anwendbar[2]. Ob es sich aber um militärischen (Sicherheitswache), seemännischen (Ruderposten) oder technischen (Heizraumwache) Dienst handelt, ist dann des weiteren belanglos.

II. *Die allgemeinen Strafschärfungsgründe* des MilStGB.

1. § 55 MilStGB (in Verbindung mit § 53). Dieser Strafschärfungsgrund[3] hat uns schon in der Lehre von den „militärischen“ Verbrechen und Vergehen beschäftigt (oben § 3 III). Wir wissen also, daß § 55 MilStGB sowohl bei militärischen, wie bei gemeinen Delikten anwendbar ist und daß er die letzteren in militärische umwandelt; jede andere Auffassung muß als unstimmig mit dem Gedanken der militärischen Disziplin abgelehnt werden, die, auch wenn gemeine Delikte unter den Voraussetzungen des § 55 begangen werden, aufs schwerste erschüttert wird. Im übrigen zeigt § 53, daß die Straferhöhung gemäß § 55 nur bei Verbrechen und Vergehen, nicht auch bei Übertretungen[4] Platz greift. Wenn nun auch bei militärischen Verbrechen, wie wir oben (§ 9 I) gezeigt haben, abweichend vom gemeinen Strafrecht fahrlässige Begehung gegebenenfalls genügen darf, so muß sich dies doch mit Deutlichkeit aus dem anzuwendenden Rechtssatz ergeben. § 55 spricht aber nicht dafür, daß auch bei fahrlässigem Handeln seine Anwendbarkeit in Frage kommt. *Möglich* wäre es nur, soweit gemäß Ziff. 2 die Handlung „während der Ausübung des Dienstes“ ausgeführt worden ist, während alle anderen Qualifizierungsmomente des § 55 schon rein begrifflich Vorsatz voraussetzen[5]. Daß aber einem *einzelnen* der in § 55 enthaltenen Strafschärfungsgründe eine *Ausnahme*stellung eingeräumt sein soll, läßt sich nicht annehmen; auch ist ganz allgemein zu sagen, daß die in § 55 vorausgesetzte Schuldschwere nur bei (durchgängig) vorsätzlichem Verhalten anzunehmen ist[6].

§ 55 schließt seine Anwendbarkeit selbst für den Fall aus, daß „in diesem Gesetz“ — d.h. im MilStGB — „besondere Bestimmungen getroffen worden sind“. Gemeint kann damit nur sein, daß die Strafschärfungsgründe des § 55 überall da die erhöhte Strafe des § 53 nicht zur Folge haben sollen, wo sie bereits als Tatbestandsmerkmale oder als Qualifizierungsmomente in einzelnen Strafrechtssätzen des Besonderen Teils verwendet worden sind. Wer etwa einen Vorgesetzten „im Dienste“ beleidigt, ist nach § 91 Abs. 1, nicht unter Anwendung der §§ 53, 55 Ziff. 2 zu strafen. Der Straferhöhungsgrund des § 110 Ziff. 3 schließt als „besondere Bestimmung“ beim militärischen Aufruhr den § 55 Ziff. 1 aus. Seltsamerweise hat RMilG **3**, 41, 140 die Anwendung des § 55 Ziff. 2 („Mißbrauch der Waffen“) bei einer Verurteilung aus § 223a RStGB versagt; mit Unrecht; denn § 223a nimmt den Begriff „Waffe“ in einem alle „gefährlichen Werkzeuge“ mit umfassenden, nur dem zivilen Leben entsprechenden Sinn, während § 55 Ziff. 2 allein die Dienstwaffe im Auge hat, deren Mißbrauch schwerster Disziplinverstoß und damit etwas qualitativ anderes ist, als die Verwen-

---

[1] Kollmann Arch. **8**, 230 bezeugt dies und setzt sich zugleich dafür ein.

[2] Rittau [2] § 12 N. 10; Fuhse § 12 N. 10.

[3] Er berührt nur die obere, nicht auch die untere Strafgrenze. So mit Recht Romen-Rissom § 53 N. 1; M. E. Mayer I 154, StrafschärfGr. 9. Die Praxis der Militärgerichte verlangte dagegen Erhöhung auch des Strafminimums um wenigstens eine Strafzumessungseinheit, weil zu Unrecht in § 55 eine Strafzumessungsregel gesehen wurde. Auf dem gleichen Standpunkte Rittau [2] § 53 N. 3; Fuhse § 53 N. 1.

[4] Heute herrschende Lehre.

[5] Ausführlich hierzu M. E. Mayer StrafschärfGr. 13 ff.

[6] RMilG **1**, 291 weicht ab, ebenso Romen-Rissom: § 55 N. 1b.

dung eines Steins oder einer Bierflasche zur Körperverletzung[1]; außerdem ist der Gebrauch der Waffe, soweit § 223a RStGB ihn berücksichtigt, nicht „in diesem Gesetz", d.h. dem MilStGB (§ 55 Anfang!) zum Strafschärfungsgrunde erhoben.

Im einzelnen enthält § 55 folgende Qualifizierungsmomente:

a) Ziffer 1: Vorgesetzte nehmen als Mittäter (§ 47 RStGB), Anstifter (§ 48 RStGB) oder Gehilfen (§ 49 RStGB) an der strafbaren Handlung eines Untergebenen teil. Der letztere muß, da sonst die §§ 47ff. RStGB nicht anwendbar sind, vorsätzlich gehandelt haben. Hat er dies nicht getan (vgl. § 47 MilStGB), ist der Vorgesetzte also mittelbarer Täter, dann greift zwar nicht § 55 Ziff. 1, wohl aber § 115 MilStGB Platz, der ebenfalls „erhöhte Strafe" im Sinne des § 53 androht. § 115 füllt insofern eine Lücke des § 55 Ziff. 1 aus, hat sonst aber keine selbständige Bedeutung, da alle sonst von ihm gedeckten Fälle schon von § 55 Ziff. 1 mit umfaßt werden[2].

b) Ziffer 2: Strafbare Handlungen werden unter *Mißbrauch der Waffen* oder der *dienstlichen Befugnisse* oder *während der Ausübung des Dienstes* ausgeführt. Daß unter „Waffen" hier sinngemäß nur die Dienstwaffen zu verstehen sind, ist bereits festgestellt[3]. *Mißbraucht ist die Waffe*, die ihrer Zweckbestimmung zuwider Verwendung findet[4], Rechtswidrigkeit des Verhaltens immer vorausgesetzt. Die *dienstlichen Befugnisse mißbraucht,* wer von der ihm dienstlich zustehenden (nicht nur angemaßten) Befehlsgewalt einen Gebrauch macht, der dem Recht oder militärdienstlichen Grundsätzen widerspricht[5]. Zu beachten sind aber gerade bei diesem Straferhöhungsgrund die häufigen besonderen Bestimmungen, wie sie insbesondere in den §§ 114ff. („Mißbrauch der Dienstgewalt") enthalten sind. *Während der Ausübung des Dienstes* endlich handelt der Täter, der „in *Ausübung* einer besonderen, sei es durch ausdrücklichen Befehl ihm aufgegebenen, sei es kraft seiner Dienststellung ihm allgemein obliegenden Dienst*verrichtung* begriffen" ist[6]. Nicht jeder Soldat „im Dienst" befindet sich in „Ausübung" desselben. Namentlich für militärische Wachen ist diese Unterscheidung (§ 111 Abs. 2) wichtig und vom RMilG anerkannt[7].

c) Ziffer 3: Mehrere (d.h. mindestens zwei) führen strafbare Handlungen *gemeinschaftlich* aus, und zwar entweder *unter Zusammenrottung* oder *vor einer Menschen-*

---

[1] Gegen RMilG GERLAND Krit. VJSchr. **45**, 533; ROMEN-RISSOM § 55 N. 3 aγ; der Sache nach auch ROTERMUND Militärrechtl. Studien 1910, 250/1. Mit dem RMilG RITTAU [2] 55 N. 5; FUHSE § 55 N. 3b; ferner auch R **60**, 96.

[2] Ph. O. MAYER Erörterungen 47ff., sucht dem § 115 eine größere Eigenbedeutung neben § 55 Ziff. 1 zu geben. Richtig ist, daß § 115 „Mißbrauch der Dienstgewalt oder dienstlichen Stellung" des Vorgesetzten voraussetzt, während § 55 Ziff. 1 hierauf verzichtet. Aber damit ist, da § 115 zu der gleichen Straffolge führt, wie § 55 Ziff. 1, kein relevanter Unterschied begründet. Wie der Text im wesentlichen M. E. MAYER I 151, StrafschärfGr. 32; DIETZ Enz. 219; ROMEN-RISSOM § 55 N. 2b, § 115 N. 1. § 115 stellt, wie diese Schriftsteller mit Recht erklären, einen allgemeinen Strafschärfungsgrund dar und wandelt ein gemeines Delikt in ein militärisches um. RMilG **2**, 216, 284, **6**, 273, **10**, 164, **20**, 141 betrachtet dagegen § 115 als selbständiges militärisches Delikt, was bei Konkurrenzfragen Folgen trägt.

[3] Oben im Text zu Anm. 1. Zielgewehre rechnete RMilG **2**, 244 (Entsch. zu § 148) zu den Dienstwaffen, Leuchtpistolen RMilG **8**, 98 aber nicht, da sie nicht zu Angriff und Verteidigung, sondern zur Beleuchtung des Vorgeländes dienen.

[4] Über die der Rechtsprechung erwachsenden Schwierigkeiten beim Flachschlagen vgl. ROTERMUND Militärrechtl. Studien 1910, 243ff.; ROMEN-RISSOM § 55 N. 3 aβ. Bestimmungsgemäß kann nur scharf geschlagen werden (RMilG **3**, 42). Wie, wenn Täter scharf schlagen will, aber flach trifft? und umgekehrt? RMilG läßt die *Absicht des Täters* dafür entscheiden, ob ein bestimmungswidriger *Mißbrauch* der Waffe im Sinne des § 55 oder ein bestimmungsgemäßer (rechtswidriger) *Gebrauch* im Sinne des § 149 vorliegt. Dazu ROTERMUND Militärrechtl. Studien 1910, 243 ff. Über § 149 MilStGB vgl. unten § 52 II.

[5] ROMEN-RISSOM § 114 Nr. 3 bβ unterscheidet *echten* Mißbrauch (innerhalb des Befehlsrechts wird ein Befehl erteilt, der nicht erteilt werden durfte) und *unechten* Mißbrauch (Befehle, die jenseits der Dienstgewalt liegen — sie betreffen keine Dienstsachen oder sie ermangeln der Rechtmäßigkeit — werden als in der Dienstgewalt erhalten erteilt).

[6] So R **57**, 409 unter Bezugnahme auf PE **1**, 118 u. in Übereinstimmung mit RMilG **17**, 234.

[7] RMilG **20**, 260 (264). Zustimmend RITTAU [2] § 55 N. 7. Abweichend ROMEN-RISSOM § 55 N. 3c. Vgl. unten § 33 IV.

menge. Das Merkmal „gemeinschaftlich" deutet auf Mittäterschaft i. S. des § 47 RStGB. Die Mittäter aber müssen „zusammengerottet" sein. Zusammenrottung ist die durch gemeinsame rechtswidrige Absicht zusammengehaltene, nach außen als geschlossene Gruppe hervortretende, räumliche Vereinigung unbestimmt vieler Menschen[1]. Fehlt es an solcher Zusammenrottung, so führt auch das Handeln vor einer Menschenmenge, d. h. einer, wenn auch ungeordneten Mehrheit (nicht einer ungemessenen Vielheit) von Personen[2], zur Straferhöhung. Ob die Menschenmenge aus Soldaten oder Zivilisten oder beiden Arten besteht, ist natürlich völlig belanglos.

2. § 115 MilStGB, der richtiger Meinung nach ebenfalls einen allgemeinen Strafschärfungsgrund enthält, ist bereits oben im Zusammenhang mit § 55 Ziff. 1 erörtert worden.

III. Beim *Rückfall* unterscheidet das MilStGB den gleichartigen (§ 13 Abs. 1: „dasselbe" militärische Delikt „abermals") und den ungleichartigen (§ 38)[3]. Wenn im Besonderen Teil[4] wegen Rückfalls eine Strafschärfung vorgesehen wird, so ist stets der gleichartige gemeint, der demgemäß insoweit als „besonderer Strafschärfungsgrund" eine Rolle spielt. Daneben hat aber der Rückfall gemäß § 38 MilStGB eine Bedeutung als *allgemeiner* Strafschärfungsgrund, um bei *allen*[5] militärischen Delikten aus der bedenklichen Erscheinung des Rückfalls die Folgerungen für die Erhaltung der militärischen Disziplin ziehen zu können.

1. Der wiederholte gleichartige[6] Rückfall bewirkt, daß a) gegen Offiziere auf Verlust der Wehrwürdigkeit (§ 31 III), b) gegen Unteroffiziere auf Dienstentlassung (§ 37 Abs. 2 Ziff. 3) erkannt werden kann (fakultativ).

2. Der wiederholte ungleichartige Rückfall i. S. des § 38 zieht gegen Offiziere (§ 31 Abs. 3) und Unteroffiziere (§ 38) die gleichen Folgen (fakultativ) nach sich. Wichtig ist, daß § 38 Abs. 2 anstatt einer zweiten gerichtlichen Bestrafung die Vollstreckung mehrmaliger Disziplinarstrafen des höchsten Grades[7] genügen läßt.

§ 17. Die gesetzlichen Strafmilderungsgründe.

I. Das *gemeine Strafrecht* kennt *allgemeine* und *besondere* Milderungsgründe.

1. Die *allgemeinen* finden sich

a) in § 9 JugGG: Herabsetzung des Strafrahmens bei der Bestrafung *Jugendlicher;*

b) in § 44 RStGB: Strafmilderung beim *Versuch* (eine bezeichnende Erscheinung des Tatvergeltungsstrafrechts, die mit der Neuordnung grundsätzlich verschwinden wird);

c) in § 49: Strafmilderung bei der *Beihilfe* (sie wird im künftigen Strafrecht nur noch fakultativ in Frage kommen).

---

[1] v. Liszt-Schmidt 25. Aufl. S. 586. Daß auch hier *zwei* Personen genügen sollen, wie RMilG **3**, 128, **10**, 22, Rotermund Hdwb. S. 62, Rittau [2] § 55 N. 8 u. a. m. meinen, ist um der unmöglichen Folgen willen, aber auch nach dem Sprachsinn abzulehnen. Richtig Romen-Rissom § 55 N. 4. Zweifelnd Dietz: Enz. 228.

[2] v. Liszt-Schmidt 25. Aufl. S. 586. Vgl. auch R **40**, 76. Hier genügen zwei Mittäter.

[3] Rotermund Hdwb. 666/7 spricht wenig glücklich von „eigentlichem" und „uneigentlichem" Rückfall.

[4] Vgl. §§ 70, 71, 72, 114, 122 MilStGB.

[5] § 38 MilStG spricht von „militärischen *Vergehen*", meint aber Verbrechen und Vergehen im technischen Sinne des § 1. Ebenso Romen-Rissom: § 38 N. 1.

[6] „Dasselbe" Delikt ist gegeben, auch wenn erstmalig eine Verurteilung als „Täter", dann als „Teilnehmer" erfolgt. Begeht jemand eine unerlaubte Entfernung (§ 64) und später Fahnenflucht (§ 69), so liegt gleichartiger Rückfall vor, da der Tatbestand der Fahnenflucht den der unerlaubten Entfernung völlig umfaßt und in sich wiederholt. Strafschärfungs- und Strafmilderungsgründe bleiben bei der Frage des gleichartigen Rückfalls außer Betracht.

[7] Offiziere: Stubenarrest; Unteroffizier mit Portepee: Stubenarrest oder gelinder Arrest; Unteroffiziere ohne Portepee: Kasernen- oder Quartierarrest, gelinder oder geschärfter Arrest; Mannschaften: desgl.; Stabsgefreite usw.: auch Dienstgradherabsetzung. Vgl. DStO § 4.

2. *Besondere Milderungsgründe* begegnen bei den einzelnen Delikten kasuistisch in großer Zahl. Häufig wird für den Fall „mildernder Umstände“, in § 84 RStGB für „minder schwere Fälle“ eine Strafmilderung (teils obligatorisch, teils fakultativ) vorgesehen. Mildernde Umstände sind anzunehmen, wenn die Tat hauptsächlich auf Ursachen zurückzuführen ist, die dem Täter nicht zum Vorwurf gereichen, ihn also bei der Totalbewertung seiner Persönlichkeit (oben § 16 B I 1) nicht belasten[1]. Für die „minder schweren Fälle“ des § 84 RStGB muß dasselbe gelten[2]. Für ein Willensstrafrecht kann es hier keinen Unterschied geben.

II. Im *Militärstrafrecht* finden gemäß § 2 MilStGB die §§ 44, 49 hinsichtlich des Strafrahmens Anwendung. Dagegen ist § 9 JugGG durch § 50 MilStGB ausgeschlossen, allerdings nur bei Bestrafung *militärischer* Delikte[3]. Begehen jugendliche Wehrmachtangehörige[4] *gemeine* Delikte, so sind alle Bestimmungen des JugGG anwendbar; insbesondere auch § 9 Abs. 5 JugGG, der den Verlust der bürgerlichen Ehrenrechte ausschließt.

1. Im MilStGB selbst finden sich gelegentlich (vgl. §§ 75, 88, 98, 109) einige besondere benannte Strafmilderungsgründe, die wir in der Darstellung der einzelnen militärischen Delikte kennenlernen werden.

2. Häufiger aber ermöglicht das MilStGB eine Strafmilderung beim Gegebensein „*minder schwerer Fälle*“. Das RMilG[5] hat unter diesem Merkmal stets dasselbe wie die „mildernden Umstände“ verstanden und daraus die richtige und wichtige Folgerung abgeleitet, daß nicht nur objektive, sondern auch subjektive Momente seitens des Richters zu berücksichtigen sind. Es gilt also der Sache nach auch hier alles das, was oben § 16 B I 1 zu den „schweren Fällen“ ausgeführt worden ist. Zu beachten ist, daß der Richter bei strafbaren Handlungen gegen die Pflichten der militärischen Unterordnung (§§ 89—112 MilStGB) sowie bei allen in Ausübung des Dienstes begangenen strafbaren Handlungen gemäß § 49 Abs. 2 MilStGB die selbstverschuldete Trunkenheit des Täters als Straf*milderungs*grund nicht gelten lassen darf. D.h.: einen minder schweren Fall oder (bei Begehung eines gemeinen Delikts in Ausübung des Dienstes) mildernde Umstände anzunehmen, ist dem Gericht verwehrt; dagegen ist eine straf*mindernde* Berücksichtigung der Trunkenheit innerhalb des Strafrahmens nicht ausgeschlossen[6]; vgl. auch unten § 26 A I.

§ 18. Strafumwandlung. Anrechnung auf die Strafe.

I. *Strafumwandlung*, d.h. Umrechnung einer Strafart in eine andere, hat dann einzutreten, wenn die Anwendung der zunächst in Frage kommenden Strafart aus rechtlichen oder tatsächlichen Gründen nicht möglich ist[7].

1. Die Umwandlung einer *nicht beizutreibenden Geldstrafe* in eine *Freiheitsstrafe* kommt bei militärischen und solchen gemeinen Straftaten, durch die zugleich eine militärische Dienstpflicht verletzt worden ist (§ 29 MilStGB; oben § 11 II 2) nicht in

---

[1] Vgl. v. LISZT-SCHMIDT 26. Aufl., S. 431.

[2] A. M. KOHLRAUSCH StGB, 31. Aufl., § 84 N. 1. Richtig ist, daß in der früheren Fassung des RStGB (§§ 90, 94, 96) zwischen „minder schweren Fällen“ und „mildernden Umständen“ begrifflich unterschieden werden mußte, da beide Milderungsgründe nebeneinander Verwendung gefunden haben. Das ist heute aber nicht der Fall.

[3] RMilG **20**, 20.

[4] Wenn das Wehrgesetz §§ 4, 7 Abs. 2 im Gegensatz zur Wehrordnung vom $\frac{\text{28. September 1875}}{\text{22. November 1888}}$ § 4 Ziff. 3 die Wehrpflicht erst mit vollendetem 18. Lebensjahr beginnen läßt und zum Landsturm nur die über 45 Jahre alten Jahrgänge rechnet (anders die Wehrordnung 1875/88 § 20 Ziff. 2: Landsturmpflicht vom 17. bis zum vollendeten 45. Lebensjahr), so können doch gemäß §§ 6, 8 Abs. 2 auch „Jugendliche“ künftig wieder ins Heer kommen, namentlich zu Kriegszeiten.

[5] Vgl. die oben § 16 B I 1 zu Anm. 3 angegebene Judikatur und Literatur.

[6] So die durchaus herrschende Lehre; vgl. RMilG **4**, 54, **8**, 259; DIETZ Z **29**, 129, R **68**, 168 (Unanwendbarkeit des § 51 Abs. 2 RStGB).

[7] v. LISZT-SCHMIDT 26. Aufl., S. 431.

Betracht, wohl aber da, wo für sonstige gemeine Delikte die Geldstrafe nach den Grundsätzen des gemeinen Strafensystems Anwendung findet. RStGB §§ 29, 78 Abs. 2 sind maßgebend.

2. Für die Umwandlung einer *Freiheitsstrafe* in *eine der Art nach andere* muß das MilStGB, da es Freiheitsstrafarten kennt, die das gemeine Strafrecht nicht verwendet, besondere Normen aufstellen. Eine solche Umwandlung ist nötig,

a) wenn nach dem herabgesetzten Strafrahmen bei Versuch und Beihilfe oder nach MilStGB §§ 75, 88, 98 II eine geringere als einjährige Zuchthausstrafe zu verhängen wäre; in diesem Falle gilt § 17 Abs. 2 MilStGB, der die Ersetzung der Zuchthaus- durch eine *gleich lange* Gefängnisstrafe anordnet, den § 21 RStGB also nicht zum Zuge kommen läßt;

b) wenn bei der Bildung einer *Gesamtstrafe* (MilStGB § 54, RStGB § 74) ungleichartige Freiheitsstrafen (etwa Zuchthaus mit Gefängnis oder Arrest) zusammentreffen; vgl. darüber unten c) und § 19 II;

c) wenn ein gemeines Delikt infolge des Eingreifens der §§ 55, 115, 145 MilStGB zu einem militärischen wird und demgemäß das militärische Strafensystem an die Stelle des gemeinen tritt. Hier wird gemäß § 17 Abs. 1 eine Freiheitsstrafe von weniger als 43 Tagen durch Arreststrafe ersetzt. Über das dabei zu beachtende Wertverhältnis von Arrest zu Gefängnis oder Festungshaft ist schon oben § 12 II 2 gesprochen worden; daraus ergibt sich auch, unter Zuhilfenahme von § 21 RStGB, das auch für die Gesamtstrafenbildung (oben zu 2) wichtige Verhältnis von Zuchthaus zu Arrest[1].

II. *Anrechnung auf die verwirkte Strafe.* 1. RStGB § 60, der die völlige oder teilweise Anrechnung einer erlittenen *Untersuchungshaft* oder einstweiligen *Unterbringung* auf die erkannte Strafe[2] gestattet, ist auch im Militärstrafrecht anwendbar, mag wegen militärischer oder wegen gemeiner Delikte verurteilt worden sein.

2. Aus § 60 RStGB hat man folgern wollen, daß auch eine verbüßte *Disziplinar-strafe* auf die Strafe anzurechnen sei, die wegen des schon disziplinarisch geahndeten Verhaltens etwa noch verhängt wird. Diese Meinung ist schon oben § 5 S. 7 Anm. 3 zurückgewiesen worden.

3. Anrechnung einer *im Auslande vollzogenen Strafe* auf eine wegen derselben Handlung im Inlande zu erkennende richtet sich nach § 7 RStGB.

4. Die §§ 199, 233 RStGB haben im Militärstrafrecht nur mit der oben § 9 I erörterten Maßgabe im Militärstrafrecht Geltung; praktische Bedeutung wird ihnen kaum zukommen.

§ 19. Strafenhäufung. Zusammentreffen mehrerer Straftaten (Realkonkurrenz; Gesamtstrafen usw.).

Hat jemand mehrere selbständige Straftaten begangen und werden diese vom Richter gleichzeitig abgeurteilt, so findet weder im gemeinen noch im Militärstrafrecht eine einfache Addition der verwirkten Strafen statt, vielmehr wird das Kumulationsprinzip im Hinblick auf die Eigenart der Freiheitsstrafe abgeschwächt; denn die Intensität und Schwere einer Freiheitsstrafe wächst mit ihrer Dauer; auch läßt die Orientierung der Strafzumessung an der Täterpersönlichkeit nicht einfach eine Häufung der einzelnen verwirkten Strafen zu.

I. § 74 RStGB verlangt für den Fall, wo durch mehrere selbständige Verbrechen oder Vergehen mehrere zeitige Freiheitsstrafen verwirkt werden, die Bildung einer Gesamtstrafe, die in einer Erhöhung der verwirkten schwersten Strafe besteht und

---

[1] RMilG **8**, 236.

[2] Nicht nur Freiheitsstrafe, wie v. Bippen Hdwb. S. 62 meint, sondern auch Geldstrafe. Todesstrafe, lebenslange Freiheitsstrafe, Nebenstrafen können durch Anrechnung der Untersuchungshaft nicht getilgt werden. Sinkt infolge der Anrechnung der zu verbüßende Strafrest unter das gesetzliche Mindestmaß der Strafart, so findet Umrechnung (oben I) nicht statt. v. Liszt-Schmidt 26. Aufl., S. 433.

den Betrag der verwirkten Einzelstrafen nicht erreichen, bei der Gefängnisstrafe aber das gesetzliche Höchstmaß (5 Jahre) bis zur 10-Jahresgrenze übersteigen darf. Auf Haft ist stets, beim Zusammentreffen von Festungshaft und Gefängnis auf jede dieser Strafarten gesondert zu erkennen (§§ 75, 77 RStGB). Geldstrafen sind zu häufen (§ 78), desgleichen die Ersatzfreiheitsstrafen, freilich nur bis zum Gesamtbetrage von 2 Jahren (bei Haft: 3 Monaten).

II. Die vorstehenden Grundsätze will MilStGB § 54 Abs. 1 auch für das Militärstrafrecht verwendet sehen. Die gesetzlichen Höchstmaße der Freiheitsstrafarten (beim Gefängnis im Unterschied zum gemeinen Strafrecht 15 Jahre!) dürfen bei der Gesamtstrafenbildung keinesfalls überschritten werden. Da als Einsatzstrafe die verwirkte schwerste Einzelstrafe zu verwenden ist, so spielt hier das oben § 12 II 2 erörterte Wertverhältnis des Arrestes zu Gefängnis und Festungshaft u. U. eine entscheidende Rolle. Die einzelnen Arrestarten bringt § 54 Abs. 2 in ein bestimmtes Wertverhältnis zueinander, aus dem jeweils zu ermitteln ist, welche verwirkte Einzelstrafe die Einsatzstrafe darstellen muß und demgemäß die für die Gesamtstrafe maßgebende Arrest*art* abzugeben hat[1]. Für den Fall, daß militärische und bürgerliche Straftaten zusammentreffen, darf gemäß RStGB § 74 Abs. 3 der für die bürgerlichen Delikte einzusetzende Gesamtbetrag bei Gefängnisstrafe die Grenze von 10 Jahren nicht übersteigen (MilStGB § 54 Abs. 1 Satz 3), wie diese Grenze auch maßgebend ist, wenn *allein* bürgerliche Vergehen begangen und Gefängnisstrafen als Einzelstrafen verwirkt sind.

3. Abschnitt.

Das militärische Verbrechen.

A. Allgemeiner Teil.

I. Der Täter des militärischen Verbrechens.

§ 20. Die Absteckung des Täterkreises.

I. Das militärische Verbrechen stellt, wie schon oben § 1 betont worden ist, eine *Verletzung der besonderen Pflichten* dar, die die Disziplin des militärischen Gemeinschaftslebens für jeden mitbringt, der an ihm teilnimmt. Weil diese Pflichten so eigenartig, brauchen wir ein besonderes Militärstrafrecht. Täter eines militärischen Verbrechens kann daher nur sein, wer in diesem militärischen Pflichtenkreise steht und die ihm darin obliegenden Pflichten verletzt. Die militärischen Verbrechen stellen infolgedessen ein Hauptkontingent der sog. *Sonderdelikte* dar[2]; sie bedeuten immer ein rechtswidriges Durchbrechen des besonderen militärischen Pflichtenkreises, in dem der Täter steht.

Der einzelne kann nun aber an den Pflichten, die die Ordnung des militärischen Gemeinschaftslebens erzeugt, in verschiedenem Ausmaße teilhaben. Die höchste Steigerung finden sie im aktiven Wehrdienst (Wehrges. § 7 Abs. 1a). Hier ergreifen sie den ganzen Menschen. Aber auch außerhalb des aktiven Wehrdienstes, im Beurlaubtenstande (Wehrges. § 7 Abs. 1b), treten militärische Dienstpflichten an den einzelnen heran. Besonders geartet sind wieder die Pflichten, die die Stellung des Wehrmachtbeamten dank seiner Zugehörigkeit zum Organismus der Wehrmacht mit sich bringt. Und endlich sind losere Beziehungen des einzelnen zur Wehrmacht denk-

---

[1] *Beispiel*: 1. Strafe: 5 Tage gelinden Arrest; 2. Strafe: 1 Woche Stubenarrest. 5 Tage gelinden Arrest = 10 Tage Stubenarrest. Die 1. Strafe ist also die schwerste und damit die Einsatzstrafe. Diese ist also zu erhöhen. Gesamtstrafe also etwa: 1 Woche gelinder Arrest.

[2] Vgl. dazu R **56**, 151.

bar — der sog. Heerestroß, Kriegsgefangene, Schiffsangestellte usw. —, die diesen einzelnen zwar nicht zum Wehrmachtangehörigen machen, aber doch Pflichten erzeugen, die eine gewisse Gleichstellung mit den Wehrmachtangehörigen, gerade unter dem Gesichtspunkt strafrechtlicher Ahndungen, unbedingt erforderlich machen.

Es gilt nun im einzelnen den Kreis derjenigen abzustecken, die im Hinblick auf die ihnen obliegenden besonderen Pflichten „Täter" militärischer Delikte sein können. Man hat diese dogmatisch wichtige Aufgabe bisher unter dem Gesichtspunkt des „persönlichen Geltungsgebietes der militärischen Strafrechtssätze" durchgeführt. In einer Zeit, wo das Gesetz und seine Geltung ein primäres Anliegen jeder strafrechtlichen Betrachtung gewesen ist, mochte die Verwendung dieses formalen Gesichtspunktes angehen. Heute scheint es mir richtiger, an die besonderen Pflichten anzuknüpfen, deren Verletzung den Täter militärischer Delikte auszeichnet, das Wesen der letzteren selbst bestimmt und somit auch für den sog. persönlichen Geltungs- oder Anwendungsbereich der Militärstrafrechtssätze entscheidend ist.

II. *Im einzelnen.* 1. Täter der militärischen Verbrechen sind in erster Linie die „*Soldaten*", d.h. (Wehrges. § 21 Abs. 2) die im aktiven Wehrdienst stehenden Offiziere, Unteroffiziere und Mannschaften. Das wird im MilStGB nicht ausdrücklich gesagt, ist aber aus den §§ 3, 4, 6—6 d, 153, 154 zu erschließen. § 3 zeigt, daß als Täter militärischer Delikte „Wehrmachtangehörige" gedacht sind; das aber sind nach § 4 MilStGB die Soldaten und die Wehrmachtbeamten. Da nun für die letzteren die §§ 153, 154 MilStGB die Möglichkeit der Täterschaft nach Maßgabe militärstrafrechtlicher Tatbestände stark einschränken, für die Wehrpflichtigen des Beurlaubtenstandes aber, soweit sie nicht als Soldaten zu Übungen oder sonstigem aktiven Wehrdienst einberufen sind (Wehrges. § 7 Abs. 1a 4) oder die sonstigen Voraussetzungen des § 6 MilStGB zu treffen, Gleiches in den §§ 6a—6c geschieht, so erweist sich die Richtigkeit des Satzes, daß die Soldaten als die Hauptträger militärischer Pflichten in erster Reihe vom MilStGB als Täter militärischer Delikte angesprochen werden.

2. *Wehrpflichtige des Beurlaubtenstandes* (Reserve, Ersatzreserve, Landwehr: § 7 Abs. 1b Wehrges.) werden zu verschiedenen Zeiten in verschiedenem Ausmaße von den militärischen Pflichten ergriffen. So müssen wir unterscheiden:

a) Sie können Täter militärischer Delikte ohne Einschränkung sein (MilStGB § 6 Abs. 1):

α) während der Zeit, in der sie *zum aktiven Wehrdienst einberufen* sind; maßgebend ist also nicht der Zeitpunkt des Einrückens zum Dienst, sondern der des Empfanges des Einberufungsbefehls;

β) während der *Dauer einer Wehrversammlung* (Wehrges. § 19), zu der sie einberufen sind. Im Gegensatz zum früheren Recht[1] unterliegen sie den militärischen Pflichten also nur während der Dauer der Versammlung selbst, nicht während des ganzen Tages, an welchem die Versammlung stattfindet;

γ) während des *Aufenthaltes in einer militärischen Strafanstalt* (Strafhaft, Untersuchungshaft, Disziplinarstrafhaft).

b) Militärische Pflichten wirken aber auch in das Leben außerhalb des aktiven Wehrdienstes hinüber; demgemäß können Wehrpflichtige des Beurlaubtenstandes auch außerhalb der unter a erwähnten Zeiten unter bestimmten Voraussetzungen Täter militärischer Verbrechen sein. Diese Voraussetzungen regeln im einzelnen die §§ 6a—6c MilStGB. Der ausgehobene, aber vorläufig in die Heimat beurlaubte Wehrpflichtige, der sich durch Selbstverstümmelung zur Erfüllung der Wehrpflicht untauglich macht, wird nicht nach § 142 RStGB, sondern nach § 81 MilStGB bestraft; er begeht also ein *militärisches* Vergehen[2]. *Begehung der Tat in Wehrmachtuniform* oder *im dienstlichen Verkehr* ist nach §§ 6b, 6c MilStGB mehrfach, aber nicht immer

[1] Reichsmilitärgesetz vom 2. Mai 1874 § 38 B 1 in Verbindung mit Wehrordnung vom 28. September 1875 § 115.

[2] Also militärisches Strafensystem, militärischer Strafvollzug: § 15 Abs. 2 MilStGB.

(Ungehorsam, Widersetzung) Voraussetzung für die Anwendbarkeit militärstrafrechtlicher Tatbestände. Über die Ehrenstrafenbestimmung des § 6d vgl. oben § 13 III.

3. *Wehrmachtbeamte* gehören nach § 4 MilStGB zwar zu den Wehrmachtangehörigen; aber Täter militärischer Delikte können sie nur mit folgender Maßgabe sein:

a) „*Im Felde*"[1] finden die §§ 57—80, 89—112[2], 127—136 gemäß § 153 auf ihre Handlungen Anwendung, sofern Beamte überhaupt „Täter" (vgl. oben I) sein können, was freilich bis auf § 63 MilStGB stets der Fall ist.

b) Sonst ist der Wehrmachtbeamte nur Beamter, nicht Soldat. Aus seiner Beamteneigenschaft ergeben sich die seine strafrechtliche Täterschaft begründenden Pflichten; seine Delikte sind gemeine, für die gemeines Strafrecht (insbesondere RStGB §§ 331ff.) anzuwenden ist.

4. Die besonderen Verhältnisse an Bord eines *Fahrzeuges der Kriegsmarine* (§ 163 MilStGB) bringen es mit sich, daß nicht nur die Wehrmachtangehörigen, sondern auch die *Angestellten des Schiffes* (Friseure, Offiziersstewards) Täter militärischer Delikte sein können (§ 166 Abs. 1 MilStGB); allerdings ist von Fall zu Fall zu prüfen, ob und inweiweit solche Personen in den militärischen Pflichtenkreis eingetreten sind, dessen Verletzung Strafbarkeit nach militärstrafrechtlichen Sätzen nach sich zieht[3].

Befindet sich ein Fahrzeug der Kriegsmarine im Kriegszustand (§ 164), so sind die Kriegsgesetze (oben § 4 I) anwendbar auf *alle dienstlich eingeschifften*[4] *Personen*, etwa an Bord kommandierte Zivilbeamte (MilStGB § 166 Abs. 2).

5. In *Kriegszeiten* ist in verschiedenen Beziehungen eine Erstreckung des militärischen Pflichtenbereichs erforderlich:

a) § 155 MilStGB unterwirft das *Heeresgefolge* (auch *Armeetroß* genannt) den Strafvorschriften des MilStGB, insbesondere den Kriegsgesetzen (oben § 4 I), erweitert also die Möglichkeit militärstrafrechtlicher Täterschaft. Dem Täterkreise, den das Heeresgefolge bilden kann, gehören alle Personen zu, welche sich

α) in irgendeinem (privat- oder öffentlichrechtlichen) *Dienst- oder Vertragsverhältnisse bei der kriegführenden Wehrmacht* befinden. Zur kriegführenden Wehrmacht gehören alle Wehrmachtteile, die zum Kampf gegen den Feind, sei es auf feindlichem oder heimischem Kriegsschauplatz, sei es in heimischen Festungen, bestimmt sind. Je mehr die Kriegstechnik die gesamten, in den Krieg verwickelten Länder, namentlich infolge des Einsatzes der Luftwaffe, zum Kriegsschauplatz macht, desto größer ist die Ausdehnung des Begriffes der kriegführenden Wehrmacht. Mit dieser muß nun den Täter ein *rechtliches und* ein *räumliches* Verhältnis verbinden. Der Heereslieferant in der Heimat, der an die Front zu liefern hat, die in Reservelazaretten der Heimat beschäftigten Zivilärzte, -pfleger, -schwestern gehören nicht zum Heeresgefolge i. S. des § 155, wohl aber das Sanitätspersonal vom Roten Kreuz, das in der Etappe oder im Operationsgebiet Dienst tut[5], die Marketender bei den kämpfenden Truppen, Armierungsarbeiter in Festungen[6], Zivilärzte, die im Kriegs- oder Feldlazarett beschäftigt werden, usw.

β) sonst bei der kriegführenden Wehrmacht aufhalten oder ihr folgen (Zeitungs-

---

[1] § 9 MilStGB; dazu oben § 4 I.

[2] Soweit in den §§ 89—112 von „Vorgesetzten" gesprochen wird, sind stets militärische Vorgesetzte, also Soldaten gemeint. RMilG **11**, 128, **19**, 170; ROMEN-RISSOM § 153 N. 4 d; FUHSE § 114 N. 1 (streitig). Den übergeordneten Wehrmachtbeamten gegenüber begangene Handlungen fallen also nicht unter die §§ 89ff.

[3] Näheres darüber im Besonderen Teil.

[4] Vgl. dazu R **61**, 403: maßgebend „Kommandierung zu dem organisierten selbständigen Schiffsverband eines in Dienst gestellten Schiffes"; gelegentliches Verweilen an Land hebt das „Eingeschifftsein" nicht auf.

[5] BOETHKE Arch. **1**, 407, **7**, 167.

[6] Vgl. RMilG **19**, 172, 265, **20**, 96, 143, **22**, 242. Über feindliches Sanitätspersonal, das gemäß Art. 9, 12 Genfer Abk. im deutschen Etappenlazarett Dienst tut, vgl. Warschauer Arch. **8**, 242.

berichterstatter, Lieferanten, Marketender, aber z.B. auch der zu Unrecht wieder ins Heer eingestellte, mit Dienstentlassung zuvor bestrafte Offizier[1]).

Wenn § 155 MilStGB die zu a und b genannten Personen „den Strafvorschriften des MilStGB unterwirft", so bedarf es doch bei jedem einzelnen Tatbestand der Prüfung, ob es Sinn hat, ihn auf das Verhalten einer solchen Person anzuwenden, diese also als „Täter" des in Frage kommenden militärischen Verbrechens anzusehen. Eine Marketenderin kann keine Fahnenflucht begehen; die Selbstverstümmelung des freiwilligen Krankenpflegers vom Roten Kreuz fällt nicht unter § 81. Wichtig ist auch die Feststellung, daß ein Angehöriger des Heeresgefolges niemals militärischer Vorgesetzter sein kann[2], womit ganze Deliktsgruppen der täterschaftlichen Begehung durch ihn entzogen sind.

b) § 157 MilStGB stellt die zur kriegführenden Wehrmacht zugelassenen *ausländischen Offiziere* (vorbehaltlich besonderer Bestimmungen des Führers und Reichskanzlers) den deutschen Offizieren gleich, während ihr Gefolge zum Hereesgefolge gerechnet wird (§ 157 Abs. 2).

c) Sehr bedeutsam ist § 158, nach dem die *Kriegsgefangenen*[3] nach Maßgabe ihres Militärranges dem MilStGB unterstehen. Dabei bezieht sich § 158 ganz offenbar auf die nach der Gefangennahme begangenen strafbaren Handlungen, während sich für die sehr schwierige Frage, ob und inwieweit strafbare Handlungen, die vor der Gefangennahme, sei es gegen deutsche, sei es gegen fremde Interessen begangen worden sind, aus § 158 nichts entnehmen läßt[4]. Auch im Anwendungsbereich des § 158 muß genau geprüft werden, ob ein Kriegsgefangener nach dem Sinn des in Rede stehenden Tatbestandes überhaupt als Täter denkbar ist. Mit Recht hat RMilG (Plenarbeschluß)[5] im Hinblick auf das Merkmal „entsprechend" in § 158 die Anwendung des § 79 (Selbstbefreiung des Gefangenen)[6] für ausgeschlossen erklärt; das gleiche gilt für §§ 64, 69. Der Rang des Kriegsgefangenen ist nur für die Verwendung des Arrestes, sonst nicht[7] von Bedeutung. Der gefangene französische Korporal, der sich an seinem mitgefangenen Leutnant tätlich vergreift, fällt nicht unter § 97.

6. Gegen Landes-(Kriegs-)Verrat (RStGB §§ 88ff.; MilStGB §§ 57, 59—61) und gegen das schwere Delikt des § 134 MilStGB gewährt § 160 MilStGB einen besonderen Schutz: Die einschlägigen gemein- und militärstrafrechtlichen Bestimmungen finden gegen jeden Ausländer und Deutschen Anwendung, der in Kriegszeit auf dem inländischen oder ausländischen Kriegsschauplatz eine solche Handlung begeht.

7. Endlich ist auf § 35 Wehrges. hinzuweisen. Bestimmt hiernach der Reichskriegsminister, daß Zivilpersonen, die im Bereich der Wehrmacht angestellt sind, den für Soldaten geltenden gesetzlichen Vorschriften ganz oder teilweise unterworfen seien, so kann damit natürlich auch die Unterstellung unter das MilStGB (in allen oder einzelnen Beziehungen) verbunden sein.

III. Die Frage nach der Absteckung des Täterkreises erfährt bei den sog. *unechten Unterlassungsdelikten* eine gewisse Erschwerung. Die unechten Unterlassungsdelikte bestehen darin, daß jemand einen eine *Verbots*norm enthaltenden Tatbestand durch Nichtabwendung des tatbestandsmäßigen Erfolges erfüllt. Soldat S unterläßt es, die Beschädigung eines Dienstgegenstandes zu verhindern, indem er ihn gegen Unwettereinflüsse nicht sichert: Erfüllung des § 137 MilStGB (Verbot der Beschädigung eines Dienstgegenstandes) durch Nichtabwendung des tatbestandsmäßigen Erfolges. Die Frage nach der Täterschaft bei dieser besonderen Begehungsform darf unmöglich gegenüber *jedem* gestellt werden, der es unterlassen hat, den schädigenden

[1] RMilG **20,** 100. — Vgl. zu § 155 MilStGB auch § 156 ebendort.
[2] Vgl. zum Ganzen ROMEN-RISSOM §155 N.9, im einzelnen besonders RMilG **19,** 168, 178, 271.
[3] RISSOM Z **36,** 588 (mit weiterer Literatur) und GA **62,** 379.
[4] ROMEN-RISSOM § 158 N. 4. [5] RMilG **20,** 110.
[6] § 79 MilStGB ist durch das VereinfGes. vom 30. April 1926 gestrichen.
[7] RMilG **19,** 138. Dazu MilStGB § 20. M. E. MAYER I, 47.

Erfolg abzuwenden; vielmehr ist hier von vornherein eine sinnvolle Beschränkung der Möglichkeit täterschaftlicher Haftung vorzunehmen. Nur derjenige kann als Täter in Frage kommen, der eine Rechtspflicht gehabt hat, im konkreten Fall den schädigenden Erfolg abzuwenden[1]. Quelle für diese Rechtspflichten ist vor allem das Gesetz, aber darüber hinaus (vgl. oben § 8) der Inbegriff sittlich-sozialer Wertanschauungen der Volksgemeinschaft. Auf diese letzte Rechtsquelle ist in Wahrheit schon das Reichsgericht zurückgegangen, wenn es als angeblich gewohnheitsrechtliche Bildung den Satz ausgibt: „Wer durch eine vorhergegangene Tätigkeit die Gefahr des Eintritts eines rechtsverletzenden Erfolges herbeigeführt oder die schon vorhandene Gefahr nähergerückt hat, ist rechtlich verpflichtet, den Erfolg abzuwenden, wenn er die Macht dazu hat[2]."

Die damit angedeuteten Grundsätze gelten unverändert auch im Militärstrafrecht. Eine ergiebige Quelle für die Begründung von Rechtspflichten zur Abwendung rechtsverletzender Erfolge sind die dienstlichen Befehle und Instruktionen, sowie die militärdienstlichen Grundsätze, die sich im militärischen Lebensbereich als Emanation gesunder soldatischer Wertanschauungen entwickelt haben[3].

§ 21. Das Wesen der Täterschaft.

A. In § 20 haben wir aus dem Gesetz ableiten können, für wen die besonderen militärischen Pflichten in Betracht kommen, deren Verletzung Voraussetzung militärstrafrechtlicher Täterschaft ist. Wie sich aber einer verhalten muß, um Täter eines militärischen Verbrechens zu werden, das ist daneben eine besondere Frage. Sie führt zu den bekannten Problemen von Täterschaft und Teilnahme. Das MilStGB hat in dieser Hinsicht gemäß § 2 die Regelung übernommen, die das RStGB für Täterschaft und Teilnahme in den §§ 47—50 vorgesehen hat. Es kann daher kein Zweifel bestehen, daß auch den Verfassern des MilStGB jener enge, an der „Ausführungshandlung" der gesetzlichen Tatbestände orientierte „Täter"-Begriff vorgeschwebt hat, von dem aus die Mittäterschaft des § 47, die Anstiftung des § 48 und die Beihilfe des § 49 als „Strafausdehnungsgründe" haben angesehen werden müssen. Aber ebensowenig darf bezweifelt werden, *daß für das Militärstrafrecht die Entwicklung des Täterschaftsbegriffes maßgebend ist, die sich schon de lege lata unter dem sichtbaren Einfluß der materiellen Rechtsauffassung seit 1930 vollzogen und zum sog. „extensiven" Täterbegriff geführt hat*[4]. Täter ist danach nicht nur derjenige, der eigenhändig die im gesetzlichen Tatbestande beschriebene (oder ihr analog gleich-

---

[1] Daß bei den unechten Unterlassungsdelikten kein *Kausal*problem gegeben ist (vgl. dazu SCHAFFSTEIN Das Verbrechen als Pflichtverletzung, 1935, S. 36ff.), habe ich in v. LISZT-SCHMIDT 26. Aufl. § 30 ausführlich erörtert. Selbstverständlich ist es also, daß das Gegebensein einer Rechtspflicht zur Erfolgsabwendung nicht etwa die Kausalität des unterlassenden Verhaltens begründet; vielmehr begründet diese Rechtspflicht die *Haftung* des Unterlassenden als Täter des in Frage kommenden Delikts. Im allgemeinen hat die neuere Strafrechtsdogmatik die Rechtspflicht zur Erfolgsabwendung im Zusammenhang mit der tatbestandsmäßigen Rechtswidrigkeit des zu prüfenden Verhaltens behandelt (so auch v. LISZT-SCHMIDT 26. Aufl., § 32 C); aber es will mir richtiger erscheinen, als gehöre die Rechtspflicht zur Erfolgsabwendung zum Täterproblem; sondern wir doch mit ihrer Hilfe aus der unübersehbaren Zahl der „Unterlassenden" diejenigen aus, für die wir uns unter dem Gesichtspunkt täterschaftlicher Haftungsmöglichkeiten sinnvollerweise interessieren dürfen.

[2] R **64,** 273 (276). Dazu v. LISZT-SCHMIDT 26. Aufl. S. 191/2.

[3] Vgl. RMilG **9,** 12, 260, **14,** 111 u. sonst. Bedenklich RMilG **2,** 94; gegen diese Entscheidung GERLAND Krit. VJSchr. **45,** 556. Vgl. aber auch ROMEN-RISSOM § 143 N. 5a.

[4] Es ist bezeichnend, wie 1930 von verschiedenen Seiten und unabhängig voneinander aus der materiellen Verbrechensauffassung der extensive Täterbegriff abgeleitet worden ist. Im Sommer 1930 erschien mein Beitrag zur Frank-Festschrift (die mittelbare Täterschaft); im Oktober 1930 ergingen die bahnbrechenden Entscheidungen R **64,** 316, 370. Gleichzeitig arbeitete MEZGER an der ersten Auflage seines Lehrbuchs, in der er mit gleicher Methode zu ganz ähnlichen Ergebnissen gelangte. Vgl. EB. SCHMIDT Zeitgeschichtliche Strafrechtsprobleme, in Österr. Richterzeitung 1932 S. 198 ff., sowie die unten S. 41 Anm. 2 zitierte Schrift von RICHARD LANGE.

wertige) „Ausführungshandlung" setzt; vielmehr ist *Täter grundsätzlich jeder, der rechtswidrig und schuldhaft bewirkt, daß eine Friedensstörung im Sinne eines Tatbestandes oder seines Grundgedankens herbeigeführt wird.* Von diesem Begriff aus ist die unmittelbare Alleintäterschaft ebensowenig problematisch wie die sog. „mittelbare Täterschaft"; Anstiftung (§ 48) und Beihilfe (§ 49) sind als positiv-gesetzliche *Ausschnitte* aus dem allgemeinen Täterbegriff zu respektieren, dem sie im Grunde genommen mit unterfallen. Aus §§ 48, 49 RStGB ergibt sich de lege lata zwingend, daß überall da, wo jemand vorsätzlich durch einen *vorsätzlich schuldhaft Handelnden* den Tatbestand verwirklichen läßt, nur dieser letztere der „Täter" ist, während der „Veranlassende" entweder als Anstifter oder als Gehilfe in Anspruch genommen werden muß. Dagegen liegt (mittelbare) Täterschaft vor, wenn jemand durch einen nicht vorsätzlich schuldhaft Handelnden in einer ihm selbst zurechenbaren Weise die in der Tatbestandserfüllung liegende Friedensstörung (Rechtsgutverletzung) bewirkt. Aus welchem Grunde bei der Mittelsperson die vorsätzliche Schuld entfällt[1], ist dabei völlig gleichgültig.

Es ist neuester Lehre[2] zuzugeben, daß der hier zum Ausgangspunkt genommene extensive Täterbegriff einer gewissen „Maß"-Gebung bedarf, soll er nicht zu einer (mit ihm nie gemeint gewesenen) Zusammenwerfung von Verursachung und strafrechtlicher Haftbarmachung führen. Wie diese Maßgebung zu erfolgen hat, bedarf noch sehr der Klärung. Der Adäquanzgedanke wird bei der objektiven Bewertung des Verhaltens Dienste leisten können. Vor allem aber wird gerade in einem Sonderstrafrecht, wie es das Militärstrafrecht darstellt, der Gedanke der besonderen militärischen Pflichtverletzung zu jener Maßgebung heranzuziehen sein. Aus dem Sinn der einzelnen Verbrechenstatbestände ist zu erschließen, inwieweit der eine oder der andere Gedanke dem extensiven Täterbegriff den dem einzelnen Verbrechenstypus angemessenen Inhalt gibt. Daß die Eltern, die den Mörder zeugten, eine Bedingung zum Tode des Ermordeten gesetzt haben, ist ebenso sicher, wie es sicher ist, daß sie nicht „getötet" haben (mangelnde Adäquanz!). Fahnenflucht begeht nur der, der mit seiner Entfernung von der Truppe ein *ihn selbst an diese fesselndes Pflichtenband* zertrennt[3], nicht aber der, der ohne in solcher rechtlichen Bindung zu stehen oder ohne diese für sich selbst zu zertrennen, einen andern zur Fahnenflucht bestimmt. MilStGB § 78 zeigt (in ungeschicktester Fassung) selbst diesen Gedanken an (vgl. dazu unten § 37 B II).

B. *Besondere militärstrafrechtliche Fragen.* I. Das dienstliche Verhältnis des Vorgesetzten zum Untergebenen führt, dank seiner Eigenart gerade unter dem Gesichtspunkt militärischer Pflichten, zu militärstrafrechtlichen Besonderheiten hinsichtlich der Lehre von Täterschaft und Teilnahme. Das ergibt sich aus MilStGB § 47, der

---

[1] Verschiedene Möglichkeiten sind gegeben:
a) Die Mittelsperson ist nicht schuldfähig;
b) die Mittelsperson handelt (etwa infolge Irrtums) nicht vorsätzlich (sondern etwa nur fahrlässig);
c) die Mittelsperson kann sich ihrerseits auf einen entschuldigenden Notstand berufen (sie handelt nicht pflichtwidrig);
d) die Mittelsperson handelt, da sich die Norm des Tatbestandes nicht auf sie bezieht, nicht rechtswidrig *im Sinne des anzuwendenden Tatbestandes* (der Extraneus bei Sonderdelikten!).
Vgl. hierzu eingehend v. Liszt-Schmidt Lehrb. 26. Aufl. S. 327—333.

[2] Vgl. insbesondere Kohlrausch Z **55**, 392ff., vor allem aber Richard Lange Der moderne Täterbegriff und der deutsche Strafgesetzentwurf, 1935 (Abhandl. des Kriminalist. Instituts an der Universität Berlin (4. Folge, 3. Bd., 1. Heft); Lange behandelt erschöpfend die Literatur zur Entwicklung des Täterbegriffs und setzt sich mit den Gesetzgebungsvorschlägen der Amtlichen Kommission auseinander.

[3] Also nicht, daß er „mit eigenen Beinen läuft" (Binding) ist das Entscheidende. Es war eine Resterscheinung des positivistischen Naturalismus, daß man die Kategorie der „eigenhändigen" Delikte ersann, anstatt mit normativer Methode auf die entscheidenden Rechtsbeziehungen (Pflichten) abzustellen, von denen in den gesetzlichen Tatbeständen ausdrücklich oder stillschweigend ausgegangen wird.

zwar von der „Verantwortung" des Vorgesetzten spricht und somit (namentlich soweit es sich um die Verantwortungsentlastung zugunsten des pflichtgemäß gehorchenden Untergebenen handelt) zweifellos in die Lehre von der Schuld weist, wo wir auf ihn zurückkommen werden (unten § 26 C II), der aber nicht erschöpfend ausgewertet wird, wenn man ihn nicht auch mit dem „*Täter*"-Problem zusammenbringt[1].

Freilich müssen wir die beiden Ziffern dieses § 47 gesondert betrachten:

1. In Ziff. 1 wird von dem Fall gesprochen, wo der Untergebene einen „Befehl in Dienstsachen"[2] mit dem Ergebnis einer Strafgesetzverletzung *überschreitet.* In diesem Fall aber kann unmöglich von einer „Ausführung" des Befehls in Dienstsachen gesprochen werden[3], so daß die den ganzen § 47 beherrschende Voraussetzung des ersten Satzes in Ziff. 1 preisgegeben und ein unlöslicher Widerspruch in die Bestimmung hineingetragen wird. Es ist denn auch anerkannt, daß bei der Überschreitung des Befehls eine Haftung des Vorgesetzten und eine Entlastung des Untergebenen keinen Sinn hat[4], daß demgemäß aber auch die Täterschafts- und Teilnahmeverhältnisse im konkreten Fall nicht durch Rücksichten auf den ergangenen Befehl modifiziert werden können. Das Ergebnis ist: Der Untergebene ist Täter unter eigener Verantwortung; der Vorgesetzte hat mit der Sache nichts zu tun. Es ist also ein durch vernünftige Auslegung zu beseitigender gesetzestechnischer und juristischer Fehler, wenn § 47 Ziff. 1 *auch hier* eine Bestrafung des Untergebenen als „Teilnehmer" vorsieht, also offenbar — das kann ja allein der Sinn sein — an eine Abstufung der Strafe des Untergebenen unter Teilnahmegesichtspunkten denkt im Vergleich zu einer Bestrafung des Vorgesetzten, die hier gar nicht in Betracht kommen kann.

2. Anders bei Ziff. 2[5]. Hier wird der Fall behandelt, wo eine Bestrafung sowohl des Vorgesetzten wie des Untergebenen möglich und erforderlich ist. Der Sinn der besonderen Regelung, die § 47 MilStGB im Hinblick auf das Autoritätsverhältnis zwischen dem Vorgesetzten und dem Untergebenen vorzunehmen einen durchaus begründeten Anlaß hat, kann im Widerspruch zur herrschenden Meinung m. E. nur darin gesehen werden, daß zwar beide strafrechtlich haftbar sein sollen, der Vorgesetzte aber schärfer zu treffen ist als der Untergebene. Ersterer ist Täter; denn die Strafgesetzverletzung, die er mit seinem Befehl bezweckte und durch den Einsatz seiner Autorität ja auch herbeiführte, ist *seine Tat.* So hat das MilStGB einen völlig richtigen Gesichtspunkt getroffen, wenn es den Untergebenen als „Teilnehmer" bezeichnet. Ich vermag das aber nur so zu deuten, daß das Gesetz hier die „Teilnahme" im vollen Gegensatz zur Täterschaft sieht und demgemäß, da ja eine Anstiftung seitens des Untergebenen nicht in Frage kommt, die *Gehilfenschaft* im Sinne des § 49 RStGB meint. Die Berechtigung für diese Auffassung sehe ich darin, daß infolge des autoritativen Einflusses des Vorgesetzten der den Befehl ausführende Untergebene in eine Nebenrolle als (strafrechtlich freilich ebenfalls verantwortliches) „Werkzeug" (bildlich gesprochen) versetzt wird; die Tat ist nicht die „seine", sondern eine für ihn „fremde", nämlich die des Vorgesetzten[6]. Wäre es anders, so ließe

---

[1] A. M. RISSOM Hdwb. S. 738; M. E. MAYER I 102.

[2] Über die Bedeutung dieses Begriffs ausführlich unten § 26 C II.

[3] Ebenso mit Recht ROMEN-RISSOM § 47 Note 10, RITTAU[2] § 47 N. 6, sowie eine kurze Bemerkung des RMilG **13,** 184.

[4] Vgl. ROMEN-RISSOM § 47 N. 4a.

[5] Näheres zur Auslegung dieser Ziff. 2 unten in § 26 C II.

[6] Abweichend die durchaus herrschende Lehre seit RMilG **1,** 61. Vgl. etwa ROMEN-RISSOM § 47 N. 10; FUHSE § 47 N. 3. Die von FUHSE herangezogenen Entscheidungen RMilG **10,** 86, **11,** 76, 182 betreffen gar nicht Fälle, bei denen das Problem des § 47 MilStGB akut wird. — Wenn der den Scheibendienst leitende Schießunteroffizier dem ihm beigegebenen Schützen befiehlt, falsche Treffergebnisse anzuzeigen, so erfüllt der gehorchende Untergebene zwar den vollen Tatbestand des § 139 MilStGB (darin hat RMilG **1,** 61 völlig recht); aber die volle *täterschaftliche* Verantwortung darf nur den Vorgesetzten und nicht den Untergebenen treffen. Eigenartig können die Dinge beim militärischen Ungehorsam liegen. Hat der Vorgesetzte V_1 dem

sich nicht einsehen, warum unter der durchaus sinnvollen Überschrift „Teilnahme“ eine Regelung des Zusammenwirkens von Vorgesetzten und Untergebenen unternommen wird.

Der Irrtum darüber, ob man Täter oder Teilnehmer (insbesondere Gehilfe) ist, ist grundsätzlich belanglos[1]; aber im Hinblick darauf, daß die in die Grundsätze von Täterschaft und Teilnahme tief eingreifende Sonderregelung des § 47 MilStGB zugleich einen Schuldausschließungsgrund enthält, hat RMilG **13**, 180 mit Recht eine Ausnahme von diesem Satze anerkannt: „Ist ein Befehl im Sinne des Abs. 1 des § 47 in Wahrheit nicht erteilt, ein solcher von dem Untergebenen vielmehr aus tatsächlichem Irrtume nur angenommen, so genügt zur Anwendbarkeit der Ziff. 2 des Abs. 2 auch die subjektive Annahme des Untergebenen von dem Vorhandensein der Voraussetzung dieser Ziffer.“

II. Die militärischen Verbrechen und Vergehen stellen — so sahen wir oben § 20 I — ein Hauptkontingent der sog. *Sonderdelikte* dar. Es sollte keinem Zweifel unterliegen, daß auch bei Zugrundelegung eines extensiven Täterbegriffs Täter dieser Sonderdelikte nur der dem Pflichtenkreise angehörende Intraneus, niemals dagegen ein Extraneus sein kann. Wohl aber besteht die Möglichkeit, daß ein Extraneus Anstifter oder Gehilfe im Sinne der §§ 48, 49 RStGB ist. Daher kann auch eine Zivilperson Anstifter oder Gehilfe bei einem eigentlichen militärischen Delikt eines Wehrmachtangehörigen sein[2]. § 50 RStGB steht gewiß nicht im Wege; die Bestimmungen über den sog. „persönlichen Geltungsbereich“ des MilStGB[3] stecken, ohne den Wirkungsbereich der §§ 48, 49 RStGB beeinträchtigen zu wollen, lediglich die *täterschaftlichen*[4] Begehungsmöglichkeiten bei den militärischen Delikten ab; denn aus ihnen ergibt sich ja ganz allgemein der Charakter dieser Delikte als Sonderdelikte; aus den §§ 112, 141 RStGB endlich den allgemeinen Satz herauszulesen, daß Zivilpersonen nicht strafbare Teilnehmer bei militärischen Delikten sein können[5], bedeutet eine erhebliche Überschätzung dieser vereinzelten Umwandlungen von Teilnahmeerscheinungen in selbständige Deliktstypen. Ein Widerspruch aber ist es, bei den Beamtendelikten die Strafbarkeit des teilnehmenden Extraneus anzuerkennen, sie dagegen bei den militärischen Delikten zu leugnen[6]. Richtigerweise ist die Strafbarkeit im einen wie andern Falle unmittelbar und bedenkenlos aus den §§ 48, 49 RStGB abzuleiten[7].

III. Eine in die Lehre von Täterschaft und Teilnahme tief eingreifende Sondernorm enthält MilStGB § 143. Danach werden Befehlshaber einer militärischen Wache, eines Kommandos oder einer Abteilung sowie Wachposten, wenn sie eine strafbare

---

Untergebenen U einen Befehl erteilt und befiehlt nun der Vorgesetzte V_2 dem Untergebenen U, diesen Befehl nicht auszuführen, so fragt es sich, ob V_2 nach Lage des Falles (Verhältnis zu V_1) berechtigt ist, den Befehl des V_1 abzuändern oder aufzuheben. Wenn ja, so begeht U keinen Ungehorsam gemäß § 92 MilStGB, und auch den V_2 trifft keine strafrechtliche Haftung. Wenn nein, so ist es m. E. nur in der Ordnung, wenn den V_2 die täterschaftliche Ungehorsamshaftung trifft und U ohne Verantwortung bleibt oder allenfalls, wenn die Voraussetzungen des § 47 Ziff. 2 vorliegen, als Gehilfe bestraft wird.

[1] Näheres darüber bei v. LISZT-SCHMIDT 26. Aufl. S. 327 N. 2 (dort auch Literatur).

[2] Bei uneigentlichen militärischen Delikten regelt sich die Teilnahme der Zivilpersonen durch § 50 RStGB. Also: Der Zivilist, der den Soldaten zum Diebstahl gegen einen Vorgesetzten oder Kameraden überredet, wird, während der Soldat aus § 138 MilStGB zu bestrafen ist, nach §§ 242, 48 RStGB bestraft. Vgl. dazu oben § 3 III 2.

[3] Im Hinblick hierauf lehnt M. E. MAYER: I 103/4 die Strafbarkeit teilnehmender Zivilpersonen ab, desgl. auch ROMEN-RISSOM § 47 N. 9.

[4] Vgl. dazu oben § 20 I. Ganz richtig ROTERMUND Hdwb S. 514.

[5] So ROMEN-RISSOM § 47 N. 9; M. E. MAYER I 104; FRANK 3. Abschn. IV 1 (dort weitere Literatur). Dagegen ROTERMUND Hdwb. S. 515.

[6] So verfahren M. E. MAYER I 103; MEZGER Lehrb. [2] S. 452; FRANK 3. Abschn. IV 1; ROTERMUND Hdwb. S. 514/5.

[7] RMilG **16**, 136 in Übereinstimmung mit R **6**, 414, **27**, 157, **38**, 417, **50**, 135, **56**, 151, RITTAU [2] § 47 N. 1, v. LISZT-SCHMIDT 26. Aufl. S. 348.

Handlung wissentlich begehen lassen, welche sie verhindern konnten und zu verhindern dienstlich verpflichtet waren, ebenso bestraft, als ob die Handlung von ihnen selbst begangen wäre. Wäre § 143 nicht vorhanden, so würde in dem von ihm beschriebenen Falle eine negative Beihilfe des Befehlshabers oder Wachpostens anzunehmen sein, falls die nicht verhinderte Handlung vorsätzlich begangen wäre; mittelbare Täterschaft läge vor, wenn der Täter der strafbaren Handlung unvorsätzlich zu Werke ginge. § 143 begründet demgegenüber nunmehr durchgängig eine *täterschaftliche Haftung*[1] des die Handlung dienstpflichtwidrig nicht hindernden Befehlshabers oder Wachpostens. Die Folge ist, daß die in § 49 RStGB vorgesehene Strafrahmensenkung entfällt, daß die den Ausführenden betreffenden Schuldfeststellungen für die Beurteilung des nicht hindernden Befehlshabers usw. gleichgültig sind, daß die dienstpflichtwidrigen Unterlassungen *militärische* Verbrechen und Vergehen werden[2], daß demgemäß das militärische Strafensystem Platz greift. Die Nichthinderung im Sinne des § 143 MilStGB kann zugleich unter § 115 fallen. Ist der Befehlshaber dann gemäß § 115 Anstifter zu der von dem Dritten begangenen Tat, so würde diese Anstiftung durch die aus § 143 herzuleitende Täterschaft nach allgemeinen Grundsätzen konsumiert werden[3]; freilich nur so lange, als sich nicht etwa aus § 115 in concreto gerade die höhere Strafe ergäbe; in diesem Falle wäre nur mit einer Bestrafung aus § 115 der ganzen Strafwürdigkeit gerecht zu werden, weswegen der Konsumtionsgesichtspunkt zurückzutreten hätte[4]. Daß zu den „strafbaren Handlungen" im Sinne des § 143 auch die Übertretungen gehören, wird trotz entgegenstehender Bedenken[5] angenommen werden müssen.

IV. Die auf Teilnahmegrundsätzen aufgebauten Strafschärfungsgründe der §§ 55 Ziff. 1, 115 sind bereits oben § 16 B II erörtert worden.

V. Sonstige besondere Teilnahmevorschriften im MilStGB §§ 72, 78, 83 Abs. 2. Vgl. darüber den Besonderen Teil.

II. Das Wesen des militärischen Verbrechens.

§ 22. Das Verbrechen im allgemeinen und seine Elemente.

A. I. Da das Verbrechen vom Verbrecher nicht getrennt gedacht werden kann, so ist mit den Ausführungen über den „Täter" (oben §§ 20, 21), namentlich soweit der Gedanke an die besonderen militärischen Pflichten dabei eine Rolle gespielt hat, bereits etwas „Wesentliches" über das militärische Verbrechen ausgesagt worden.

Aber um das Wesen des Verbrechens ganz zu verstehen, muß es auf die beiden Wertgesichtspunkte zurückgeführt werden, die mit starker Betonung und *in synthetischer Verbindung* dem Verbrechensbegriff eignen: Rechtswidrigkeit und Schuld. Jedes Verbrechen ist Unrecht und als solches Einbruch in den rechtlich geordneten Frieden der Volksgemeinschaft durch Verletzung von Gemeinschaftsanforderungen. An diese Wertung, die der Tat als solcher, d. h. eben der Friedensstörung gilt, knüpft die Kategorie der materiellen Rechtswidrigkeit an. Damit aber der Täter solchen Unrechts als „Verbrecher" bestraft werden kann, muß die unrechte Tat seiner Persönlichkeit zugerechnet, muß sie ihm „vorgeworfen" werden können. Hier setzt die wichtige Kategorie der Schuld ein. In dem einheitlichen Verbrechensbegriff erfahren Tat und Täter eine stark unterstrichene negative Bewertung[6].

---

[1] Romen-Rissom § 143 N. 6; Rittau[2] § 143 N. 10; Dietz Enz. 219; Fuhse § 143 N. 1, R 59, 28 (sehr deutlich).

[2] R 59, 28; Fuhse § 143 N. 1. [3] Richtig R 59, 28.

[4] Zutreffend R 59, 28/9 unter Zustimmung von Rittau[2] § 143 N. 10. Bedenken bei Fuhse § 115 N. 8.

[5] Vgl. etwa Romen-Rissom § 143 N. 2.

[6] Ich bin mir bewußt, wie bestritten in jüngster Zeit die Richtigkeit einer Unterscheidung von Rechtswidrigkeit und Schuld ist. Daß die früher vorgenommene Trennung nach den Gesichtspunkten „objektiv" — „subjektiv" falsch ist, ist heute völlig sicher. Der Wert einer Tat hängt

Aber nicht jedes schuldhaft begangene Unrecht ist ein Verbrechen, vielmehr nur dasjenige, das Bestrafung verdient. Ob dies der Fall, muß sich aus einem Strafgesetz als solchem oder aus seinem Grundgedanken und gesundem Volksempfinden ergeben. Diese unentbehrliche Zurückführbarkeit des Werturteils „Verbrechen" auf ein Strafgesetz mag in alter Weise als „Tatbestandsmäßigkeit" bezeichnet sein, da ja der Tatbestand eines Strafrechtssatzes („wer das und das tut" ...) es ist, der selbst oder seinem Grundgedanken nach das Werturteil des Richters hinsichtlich der Verbrechensqualität zu leiten hat. Die Tatbestandsmäßigkeit ist kein selbständiges Verbrechenselement[1], vielmehr wird mit ihr nur die (zur Strafe als Unrechtsfolge führende) strafrechtliche *Erheblichkeit* der in concreto festgestellten Rechtswidrigkeit und Schuld bezeichnet. Nur auf dem Wege über feststellbare Tatbestandsmäßigkeit kann der Richter zur Annahme strafbaren Unrechts und strafbarer Schuld, mit anderen Worten: eines Verbrechens gelangen. Wir vergegenwärtigen uns dabei, daß die Befreiung vom bisherigen strengen Zwange der gesetzlichen Tatbestandsformulierungen (nullum crimen sine lege) zu einer durchgängigen Entformalisierung des Verbrechensbegriffs geführt hat. Die materielle Verbrechensauffassung beherrscht schon heute das Feld und äußert sich ebensosehr in einer materiellen Rechtswidrigkeits-(Unrechts-)Lehre wie in einer materiellen Schuldauffassung und Täterlehre. Sinn und Wesen dieser materiellen Verbrechensauffassung ist, daß unser Blick nicht nur gerichtet sein soll auf das, was nach den Formeln der Gesetze juristisch wesentlich ist, daß vielmehr Tat und Täter in ihrer ganzen sozialen Werthaftigkeit unter voller Berücksichtigung der Lebenswirklichkeit und der lebendigen Gemeinschaftsordnung erfaßt werden. Nur ein so ausgerichtetes Strafrecht kann, weil es der Lebenswirklichkeit angepaßt ist, als „Selbstreinigungsapparatur" der Volksgemeinschaft arbeiten und „den Typus Friedensstörer im Volke, den Träger des asozialen Prinzips im Volke überhaupt"[2] bekämpfen und unterdrücken.

Verbrechen ist diejenige Handlung[3], deren materielle Rechtswidrigkeit auf ein

in sehr erheblichem Maße von Momenten aus dem seelischen Bereich des Täters ab; das hat die Lehre von den „subjektiven Unrechtselementen", zu deren wichtigsten der zum Versuch gehörende „Entschluß" (RStGB § 43) gehört, klar ergeben. Dennoch läßt sich m. E. heute noch kein klares Ergebnis der Bemühungen feststellen, die auf eine Aufhebung der Unterscheidung von Rechtswidrigkeit und Schuld abzielen. Vielmehr steht m. E. noch immer 1. die Notwendigkeit, 2. die Brauchbarkeit der Unterscheidung fest. Notwendig ist die Unterscheidung, um in der Kategorie der Rechtswidrigkeit die Idee der Gemeinschaftsanforderungen festzuhalten, deren „Soll" m. E. unabhängig bleiben muß davon, ob ein einzelner ihnen überhaupt nicht oder nur in Auswirkung bestimmter Lagen nicht zu folgen vermocht hat. Gerade das militärische Gemeinschaftsleben würde diese vom Einzelnen zunächst einmal völlig absehende Betonung seines Sollens, seiner Anforderungen nicht entbehren können. Aber auch im Leben der Volksgemeinschaft überhaupt hat gleiches zu gelten. So ist es nur zu billigen, daß die amtliche Strafrechtskommission an der Kategorie des „Unrechts" und des „Gesetzesverstoßes", d.h. also allgemein der Rechtswidrigkeit festhält und davon deutlich das Wissen des Täters um dieses Unrecht, sein Verantwortlichsein für dasselbe als zur „Schuld" gehörig unterscheidet. Auch sonst begegnet in den Gesetzesvorschlägen und in den begründenden Ausführungen der amtlichen Strafrechtskommission auf Schritt und Tritt die Unterscheidung von Rechtswidrigkeit und Schuld. Vgl. die Ausführungen über den Notstand von KLEE (bei GÜRTNER I ² S. 92). Es dürfte auch kaum dem gesunden Volksempfinden entsprechen, wenn zwischen dem Wert einer in *wirklicher* Notwehr begangenen Tötungshandlung und dem Wert einer in *bloß eingebildeter* Notwehrlage begangenen Tötungshandlung nicht ein ganz wesentlicher Unterschied gemacht werden würde, mag im übrigen im letzten Falle den Täter ein Schuldvorwurf oder keiner treffen. Die *Unterscheidung* zwischen Rechtswidrigkeit und Schuld soll natürlich *nicht den einheitlichen Verbrechensbegriff zerreißen;* soweit sie *dazu* in einzelnen Fällen der Rechtsanwendung geführt hat, ist sie *unrichtig angewendet* worden.

[1] Demgemäß habe ich (v. LISZT-SCHMIDT Lehrb. 26.Aufl. S. 145) das Verbrechen nicht als die „tatbestandsmäßige, rechtswidrige und schuldhafte Handlung", sondern als die „tatbestandsmäßig rechtswidrige, schuldhafte Handlung" bestimmt.

[2] FREISLER bei GÜRTNER I, 2. Aufl., S. 14.

[3] Auf das Handlungsproblem, insbesondere die Kausalitätsfragen in dieser Darstellung einzugehen, würde zu weit führen. Besonderheiten im Militärstrafrecht können uns bei diesen Fragen schon deshalb nicht begegnen, da es sich hierbei gar nicht um juristische, also Wertungsfragen handelt.

Strafgesetz oder seinen Grundgedanken zurückführbar und die schuldhaft begangen worden ist.

II. Keines der unter I erörterten Begriffsmerkmale darf fehlen, andernfalls von einem Verbrechen nicht gesprochen werden könnte. Herkömmlicherweise werden die juristisch wesentlichen Umstände, die ein Begriffsmerkmal des Verbrechens aufheben, als „*Deliktsausschließungsgründe*“ bezeichnet. Wir werden sie als „*Rechtfertigungsgründe* (unten §§ 23, 24) und als *Entschuldigungsgründe* (unten §§ 25, 26) genauer kennenlernen[1].

Von den Deliktsausschließungsgründen sind scharf zu scheiden:

1. die *persönlichen Strafausschließungsgründe*. Sie führen dazu, daß trotz Vorliegens eines „Verbrechens“ (infolge Gegebenseins sämtlicher Begriffsmerkmale) das Gesetz dem Täter, aber auch nur ihm gegenüber, von einer Bestrafung absieht. Das MilStGB kennt keine besonderen persönlichen Strafausschließungsgründe. Im gemeinen Strafrecht bilden Beispiele die §§ 247 Abs. 2[2], 209 RStGB.

2. die *Strafaufhebungsgründe*. Sie treten *nach* begangener Straftat ein und beseitigen nachträglich die Bestrafungsmöglichkeit. Beispiele: bestimmte Fälle tätiger Reue, Verjährung, Begnadigung. Vgl. darüber unten §§ 29, 30, 31. Die Strafaufhebungsgründe haben mit den persönlichen Strafausschließungsgründen das gemein, daß sie (anders als die Deliktsausschließungsgründe) den deliktischen Charakter der Tat unberührt lassen und nur zugunsten dessen wirken, in dessen Person sie gegeben sind.

B. Die schuldhaft begangene Handlung, deren materielle Rechtswidrigkeit auf ein Strafgesetz oder seinen Grundgedanken zurückführbar ist, löst in aller Regel den Eintritt der Straffolge aus. Jedoch steht es dem Gesetzgeber frei, die Strafbarkeit und damit den Verbrechenscharakter noch von weiteren Umständen abhängig zu machen, die mit der „tatbestandsmäßigen“ *Handlung* als *solcher* nichts zu tun haben, daher weder ihre Rechtswidrigkeit mit konstituieren noch zu den vom Täter verursachten Veränderungen der Außenwelt zu gehören brauchen, sondern unabhängig von alledem zur Handlung hinzutreten müssen: *objektive Bedingungen der Strafbarkeit*[3]. Sie begegnen im Militärstrafrecht wie im gemeinen Strafrecht und haben hier wie dort die gleiche juristische Bedeutung. Beispiele bieten die §§ 60, 77, 78 MilStGB. Unterlassene Anzeige einer bevorstehenden Fahnenflucht, die Verleitung zur Fahnenflucht und ihre Beförderung sind nur strafbar, „wenn die Fahnenflucht begangen worden ist“. Indem dieser Bedingungssatz das Verhalten *eines anderen als des Täters* zur Voraussetzung für die Strafbarkeit erhebt, stellt er deutlich ein Erfordernis auf, das zu der tatbestandsmäßigen Handlung des Täters (Nichtanzeige, Verleitung, Beförderung) nicht gehört, sondern als äußerer Umstand zu ihr hinzutreten muß[4].

Handelt es sich aber um einen für den Charakter der Handlung als einer rechtswidrigen wesentlichen Umstand, so liegt immer ein Tatbestandselement und keine

---

[1] Ihre Unterscheidung ist heute aus den oben S. 44 Anm. 6 dargelegten Gründen problematisch. Ich verweise auf SCHAFFSTEIN Z **55**, 31; —: Das Verbrechen als Pflichtverletzung, 1935; vgl. auch KLEE bei GÜRTNER I [2] S. 90ff. Die Dinge sind wissenschaftlich noch nicht abgeklärt; aber m. E. wird es auch für ein Willensstrafrecht immer ein wesentlicher Unterschied bleiben, ob im gegebenen Falle bestimmte Anforderungen der Volksgemeinschaft zu einem bestimmten Handeln gar nicht bestehen (Rechtfertigungsgrund) oder ob sie zwar bestehen, bei ihrer Nichtbefolgung aber in concreto ein auf die Täterpersönlichkeit bezogener Tadel pflichtwidriger innerer Einstellung zum Recht aus besonderen Gründen nicht statthaft ist (Entschuldigungsgrund).

[2] Ich kann DAHM: Verbrechen und Tatbestand, 1935, S. 36 nicht darin beitreten, daß der Ehemann, „der seiner Frau etwas wegnimmt“ (sc. natürlich in rechtswidriger Zueignungsabsicht) „von vornherein überhaupt keinen Diebstahl“ begeht. § 247 II RStGB hat m. E. durchaus recht, wenn es dieses Verhalten des Ehemannes ausdrücklich als „Diebstahl“ bezeichnet. Denn auch Eheleute haben die Pflicht, gegenseitig ihr Eigentum zu achten. Leben Eheleute getrennt, so führt DAHMs Auffassung m. E. zu unerträglichen Ergebnissen.

[3] Vgl. hierzu v. LISZT-SCHMIDT 26. Aufl., S. 293. Dort auch Näheres über die Literatur und die grundsätzlichen Streitfragen, die an den Begriff anknüpfen.

[4] Übereinstimmend ROMEN-RISSOM § 77 N. 2 in Verb. mit § 60 N. 5.

objektive Bedingung der Strafbarkeit vor. Im einzelnen herrscht viel Streit, so etwa darüber, ob in MilStGB § 92 die Eigenschaft des nicht befolgten Befehls als *eines solchen in Dienstsachen* Tatbestandsmerkmal oder objektive Bedingung der Strafbarkeit ist. RMilG 7, 176 nimmt letzteres an[1]; aber ist nicht gerade das Wesentliche des militärischen Ungehorsams darin zu sehen, daß der Soldat sich gegen die *dienstliche* Gehorsamspflicht auflehnt? Muß nicht also gerade der Charakter des Befehls als eines Befehls in Dienstsachen von ihm erkannt und dieser Erkenntnis zum Trotz sein Ungehorsam erfolgt sein?

Denn *das* ist ja die Folge, die sich an die Abstempelung eines Strafgesetz-Bestandteils als einer objektiven Bedingung der Strafbarkeit anknüpft: Die Schuld des Täters hat diese Strafbarkeitsbedingungen nicht mit zu umfassen, da sie ja eben die Rechtswidrigkeit nicht mit bestimmen, sondern abseits des Unrechtscharakters der Tat als solcher stehen[2]. Ob also der Täter ihr Vorliegen kennt oder nicht, ist belanglos. Weitere Folgen: Solange die objektive Bedingung der Strafbarkeit fehlt, ist eine strafbare Handlung, auch als versuchte, nicht gegeben, ist strafbare Teilnahme und Begünstigung nicht möglich.

§ 23. Die Rechtswidrigkeit.

Was das Unwerturteil „rechtswidrig" bedeutet, ist oben § 22 gezeigt worden. Wie es im einzelnen Falle gewonnen werden kann, ist hier zu erörtern.

I. Genau wie im gemeinen Strafrecht ist auch im Militärstrafrecht der „Tatbestand" eines Strafrechtssatzes[3], vor allem also der §§ 57ff. MilStGB, Ausgangspunkt für die Feststellung der Rechtswidrigkeit. Denn nur eine auf einen Tatbestand oder seinen Grundgedanken zurückführbare Rechtswidrigkeit kann nach dem oben §§ 3, 8, 22 Ausgeführten militärstrafrechtlich von *Erheblichkeit* sein. Wir dürfen aber dabei nie vergessen, daß die militärstrafrechtlichen Rechtssätze mit ihren Tatbeständen nur einen *Ausschnitt* aus der Rechtsordnung darstellen, das *Urteil „rechtswidrig"* (oder *„rechtmäßig"*), aber *stets von der ganzen Rechtsordnung aus* gefällt werden muß. Darum dürfen wir Rechtssätze aus anderen Teilen der Rechtsordnung, die für die Beurteilung des gegebenen Falles bedeutungsvoll sein können, niemals aus den Augen lassen. Wenn also eine Handlung einem strafrechtlichen Tatbestande entspricht, so kann damit allein die Rechtswidrigkeit noch niemals als festgestellt gelten; denn es ist durchaus denkbar, daß aus andern Teilen der Rechtsordnung sich für diese Handlung im Hinblick auf konkrete Einzelzüge, die von dem Handlungstypus des Tatbestandes nicht mit gedeckt werden, ein erlaubender, rechtfertigender Rechtssatz ergibt. Mag die Tötung eines Menschen dem Tatbestandstypus der §§ 211, 212 RStGB unterfallen, handelt es sich um eine Tötung in Notwehr oder um die Tötung des Feindes im Felde, so greifen im Hinblick auf die damit aufgezeigten, wesentlichen Einzelzüge dieser konkreten Tötungen erlaubende Rechtssätze des § 53 RStGB oder des Kriegsrechtes Platz, und es zeigt sich sofort, daß von rechtswidrigem Verhalten keine Rede sein kann, da ein Rechtfertigungsgrund dem Handelnden zur Seite steht. Läßt in solchem Falle der Rechtfertigungsgrund einem voll tatbestandsmäßigen Handeln gegenüber das Unwerturteil „rechtswidrig" nicht aufkommen, so kann es in andern Fällen auch so sein, daß ein erlaubender Rechtssatz, ein Rechtfertigungsgrund, *von vornherein* schon *der Feststellung der Tatbestandsmäßigkeit* entgegenwirkt[4]. Eine

[1] Romen-Rissom § 92 N. 9 bγ; Ph. O. Mayer Erörterungen, S. 61; Rissom Hdwb. S. 716, 770 stimmen zu.

[2] Rissom Hdwb. S. 716 in Übereinstimmung mit der gemeinen Meinung der Strafrechtswissenschaft.

[3] Vgl. dazu oben § 8 und § 22 I.

[4] Diese Erscheinung ist von mir in v. Liszt-Schmidt Lehrb., 26. Aufl. § 32 nicht beachtet worden. Dagegen habe ich ihr in meiner Erläuterung des § 312 HGB (Staubs Kommentar zum HGB, herausg. von Pinner u. a., II. Band 1933) eingehend Rechnung getragen; in der Tat darf sie nicht übersehen werden. Der Satz M. E. Mayers, die Tatbestandsmäßigkeit indiziere die

erzieherisch einwandfreie Züchtigung (vgl. BGB § 1631 Abs. 2) ist von vornherein kein „Mißhandeln" im Sinne des § 223 RStGB; von einer sachgemäß ausgeführten ärztlichen Operation sollte das gleiche gelten; der Vorgesetzte, der gemäß § 124 MilStGB gegen einen Untergebenen vorgeht, handelt im Sinne der §§ 122, 123 MilStGB gewiß nicht tatbestandsmäßig, und ein dem § 130 MilStGB entsprechendes Verhalten ist jedenfalls keine „Plünderung" im Sinne des Tatbestandes des § 129 MilStGB.

Diese Beobachtungen führen zum richtigen Verständnis des Verhältnisses zwischen Tatbestandsmäßigkeit und Rechtswidrigkeit. Es ist ganz unrichtig, tatbestandsmäßiges Verhalten als „an sich rechtswidrig" zu bezeichnen[1]. Tatbestandsmäßigkeit und Rechtfertigungsgrund stehen zu einander auch nicht im Verhältnis der Regel zur Ausnahme oder des Allgemeinen zum Besonderen. Vielmehr ist die Tatbestandsmäßigkeit für den Bereich des Strafrechts, und somit auch des Militärstrafrechts, nichts anderes als diejenige *Qualifizierung* des Rechtswidrigkeitsurteils, die dieses als *strafrechtlich erheblich* erscheinen läßt, weswegen der Kriminalist an der Feststellung einer nicht tatbestandsmäßigen Rechtswidrigkeit kein Interesse haben kann. *Vom Ganzen der Rechtsordnung aus* wird das Unwerturteil „*rechtswidrig*" gefällt; *strafrechtlich relevant* aber ist dieses Urteil nur dann, wenn die Rechtswidrigkeit sich auf einen strafrechtlichen Tatbestand oder seinen Grundgedanken zurückführen läßt, in diesem Sinne also „tatbestandsmäßige" Rechtswidrigkeit ist[2].

II. Die für das Militärstrafrecht wesentlichen Tatbestände lernen wir unten in den §§ 34ff. im einzelnen kennen. Wie wir sie im Wege der Analogie mittels materiellen Rechtsdenkens aus der ursprünglichen Rechtsquelle der völkischen Sittenordnung ergänzen können, ist schon oben § 8 gezeigt worden. Von den wichtigsten Rechtfertigungsgründen wird in § 24 berichtet werden. Daß materielles Rechtsdenken auch bei der Suche nach Rechtfertigungsgründen nicht auf das im Gesetz niedergelegte Rechtsmaterial beschränkt werden darf, sollte nicht zu bezweifeln sein. Ein Verhalten, das vom Standpunkte der völkischen Sittenordnung zu billigen ist, weil es sich darstellt als die Verfolgung eines richtigen, vernünftigen, sozial einwandsfreien Zieles mit richtigen, vernünftigen, sozial einwandsfreien Mitteln[3], darf mit dem Unwerturteil „rechtswidrig" auch dann nicht belegt werden, wenn eine positiv-gesetzliche Rechtfertigungsmöglichkeit nicht zur Verfügung steht.

Rechtswidrigkeit, wird damit naturgemäß hinfällig; das Verhältnis von Tatbestandsmäßigkeit und Rechtswidrigkeit ist vielmehr, wie der Text weiter oben zeigen wird, ein anderes. Vgl. dazu DAHM Verbrechen und Tatbestand 1935.

[1] Das habe ich bereits in v. LISZT-SCHMIDT 26. Aufl. S. 186 mit Nachdruck abgelehnt, desgleichen erneut in meinen Erläuterungen zu § 312 HGB (vgl. oben S. 47 Anm. 4). Vgl. dazu neuerdings die anregende Arbeit von DAHM Verbrechen und Tatbestand, 1935, der gegen die Auseinanderreißung von Tatbestandsmäßigkeit und Rechtswidrigkeit mit Recht angeht und alle „Rechtswidrigkeit *an sich*" scharf bekämpft. Wenn er aber „Begriff und Wort des Tatbestandes aus der Strafrechtsdogmatik" überhaupt „verschwinden" lassen will (S. 32), so geht das m. E. weiter, als nach RStGB § 2 n. F. zulässig. Auch ist der methodische Wert der Tatbestandsmäßigkeit doch wohl höher zu veranschlagen, als DAHM dies tut. Vor einem verzerrten „Trennungsdenken" wird sich der einer materiellen Verbrechensauffassung huldigende Kriminalist m. E. ohne Schwierigkeit zu bewahren wissen.

[2] Vgl. dazu oben S. 45 Anm. 1.

[3] Sog. „Zwecktheorie"; vgl. dazu v. LISZT-SCHMIDT 26. Aufl. S. 187. Mit „Utilitarismus" und „Materialismus" hat die Zwecktheorie nichts zu tun, da in ihr das Moment der Zweckgerichtetheit und Zweckgemäßheit nur unter Hinzunahme einer von unserer völkischen Sittenordnung aus erfolgenden *Bewertung* Bedeutung hat. Daß die „Zwecktheorie" als Wegweiser für das juristische Denken eine *formale Maxime* darstellt, habe ich stets betont, desgleichen aber auch, daß es eben deshalb jeweils auf ihre Ausfüllung ankommt. Gerade die Frage dieser *Ausfüllung* (zur Gewinnung und Erarbeitung eines konkreten Entscheidungsobersatzes) stellt den Hauptgegenstand der Erörterung dieser Theorie dar. Vgl. EB. SCHMIDT Z 49 S. 370ff., insbesondere 376—384, ferner MittJKV. 1931 S. 148 ff., endlich „Juristisches Denken und Politik", Hamburger Rektoratsrede 1933 passim. Angesichts solcher, auch von anderer Seite erfolgten Bemühungen will es mir nicht richtig erscheinen, wenn SCHAFFSTEIN Z **55**, 27 meint, die Lehre

§ 24. Die Rechtfertigungsgründe im einzelnen.

Wir können auf sie hier nur insoweit eingehen, als sie durch militärrechtliche Grundsätze abgewandelt oder vom Militärrecht selbst zur Verfügung gestellt werden.

A. Daß die Rechtfertigungsgründe des RStGB, des BGB, HGB und anderer Rechtsteile auch im Militärstrafrecht Beachtung verdienen, ergibt sich aus der Einheit der Rechtsordnung, ergibt sich für den wichtigen § 53 RStGB (*Notwehr*) überdies *formal* aus § 2 MilStGB. Aber wir sahen schon oben (§ 9 I), daß § 53 RStGB vom militärstrafrechtlichen Grundwert der Disziplinerhaltung her Einschränkungen erfährt. Nur dann ist eine Notwehrhandlung gerechtfertigt, wenn sie mit der militärischen Zucht und Ordnung verträglich ist, wenn sie sich also als eine Handlung darstellt, deren Ziel unter diesem militärischen Gesichtspunkt zu billigen und die auch in der Art ihrer Durchführung keiner Beanstandung ausgesetzt ist. Nur von Fall zu Fall ist eine Entscheidung möglich, ein deutliches Zeichen, daß wir von der materiellen Rechtswidrigkeitsauffassung an das Problem herangehen[1].

Auch die Bestimmungen über den *rechtfertigenden*[2] *Notstand* (BGB §§ 228, 904) finden *nicht ohne weiteres* im Militärstrafrecht als Rechtfertigungsgründe Anwendung. Hier ergeben sich aus §§ 49 Abs. 1, 87 MilStGB ganz wesentliche Einschränkungen. Der Soldat darf aus Besorgnis vor persönlicher Gefahr keine militärische Dienstpflicht verletzen. Soweit dies nicht in Frage kommt, steht auch dem Soldaten das Notstandsrecht der §§ 228, 904 BGB ungeschmälert zu[3].

B. *Besondere militärstrafrechtliche Rechtfertigungsgründe* ergeben sich aus dem Zweck der Landesverteidigung und dem Wesen des militärischen Dienstes.

I. Die Tötung des Feindes im Kriege, seine Schädigung an Leben, Leib, Hab und Gut ist im Rahmen kriegsrechtlicher Befugnisse rechtmäßig. Die Einzelheiten ergeben sich aus völkerrechtlichen Normen, die durch Anerkennung Bestandteil deutschen Rechts geworden sind.

II. Eine im Kriegsfall wichtige Rechtsfertigungsmöglichkeit bietet § 130 MilStGB[4]. Hiernach ist der *Tatbestand*[5] der „Plünderung" (§ 129) ausgeschlossen, mithin auch *im Sinne dieses § 129* keine Rechtswidrigkeit gegeben, wenn der Soldat im Felde sich Lebensmittel od. dgl. aneignet und diese Aneignung „nicht außer Verhältnis zu dem vorhandenen Bedürfnis steht". Selbst wenn die Aneignung „unter Benutzung des Kriegsschreckens" oder „unter Mißbrauch der militärischen Überlegenheit" erfolgt, ist Rechtswidrigkeit *im Sinne des Plünderungstypus* nicht gegeben. Freilich wäre es denkbar, daß gerade die Anwendung dieser Begehungsmittel die Handlung unter dem Gesichtspunkt der Nötigung od. dgl. rechtswidrig erscheinen läßt, soweit nicht in concreto auch diesen Tatbeständen gegenüber ein Rechtfertigungsgrund durchgreift.

III. Daß die Grenzen des Notwehrrechts (oben A) von besonderen militärischen Rücksichten bestimmt werden, beweist die wichtige Norm des § 124 MilStGB, dem richtigerweise im Allgemeinen Teil sein Platz anzuweisen gewesen wäre. Das *Not-*

---

sei „über eine formale Inhaltsbestimmung der Rechtswidrigkeit nicht herausgekommen". Was die politische Erarbeitung einheitlicher Wertanschauungen hinsichtlich der unser völkisches Leben bewegenden Grundfragen und Grundwertungen in diesem Zusammenhang und für das materielle Rechtsdenken überhaupt bedeutet, habe ich in meiner Hamburger Rektoratsrede S. 19/20 herauszuarbeiten gesucht.

[1] Lit. oben § 9 S. 15 Anm. 4.

[2] RStGB §§ 52, 54 gehören als Entschuldigungsgründe nicht hierher. Das ist in der früheren militärstrafrechtlichen Literatur meist noch verkannt; vgl. etwa GRÜTZMACHER Hdwb S. 582.

[3] So mit Recht DIETZ Enz. 220.

[4] In v. LISZT-SCHMIDT 26. Aufl. S. 288 habe ich § 130 MilStGB unter die Entschuldigungsgründe gereiht. Das kann ich nicht mehr für richtig halten. Zutreffend GRÜTZMACHER Hdwb. S. 584; ROMEN-RISSOM § 130 N. 8 d u. e; M. E. MAYER I 142, Allg. Teil 1915 S. 303 N. 7. In der juristischen Würdigung undeutlich RITTAU[2] § 130 N. 3 u. FUHSE § 130.

[5] Vgl. dazu oben § 23 I.

wehrrecht des Vorgesetzten[1] gegenüber Tätlichkeiten und Gehorsamsversagungen von Untergebenen findet hier seine Regelung. § 124 unterscheidet in Abs. 1 zwei Fälle und gibt zu beiden in Abs. 2 ein Beispiel:

1. Der Vorgesetzte wehrt einen tätlichen Angriff des Untergebenen ab. Der Angriff wird wenigstens unmittelbar bevorstehen müssen und darf nicht beendigt sein[2]; tätlich ist er, wenn er sich irgendwie gegen den Körper des Vorgesetzten richtet.

Deutlich wird das subjektive Rechtfertigungselement der Abwehrabsicht vom Gesetz hervorgehoben[3]. Aber diese Absicht allein rechtfertigt nicht alle Abwehrhandlungen; vielmehr wird man nach den Grundsätzen des Notwehrrechts, übrigens auch im Hinblick auf die vorsichtige Ausgestaltung der 2. Alternative des § 124, die objektive Erforderlichkeit der Abwehrmaßnahmen[4], gemessen an der Intensität des Angriffs, verlangen müssen.

2. Der Vorgesetzte nimmt dem Untergebenen gegenüber verletzende Handlungen vor, „um seinen Befehlen im Falle der äußersten Not und dringendsten Gefahr Gehorsam zu verschaffen". Das Gesetz verlangt mit der betonten Häufung[5] von Not und Gefahr eine höchst kritische und für den Bestand der militärischen Disziplin gefährliche Lage[6]. Nicht notwendig muß der Vorgesetzte selbst seitens des Untergebenen einer persönlichen Gefahr (etwa durch Tätlichkeiten) ausgesetzt sein; gemeint sind vielmehr auch Lagen, wo ein Ungehorsam im Begriffe steht, um sich zu greifen, oder (etwa in Gegenwart von Manöverzuschauern) eine Bloßstellung des militärischen Standes heraufbeschwört oder Nachteie im Gefecht besorgen läßt usw. Stets müssen die Gefahren dieser Art unmittelbar gegeben sein („äußerste" Not; „dringendste" Gefahr)[7].

Daß in Lagen, wie sie in § 124 Abs. 1 dargestellt werden, dem Vorgesetzten oft genug nur die Waffe helfen wird, daß es ihm mithin verstattet sein muß, von dieser den der Lage angemessenen Gebrauch zu machen, sollte eigentlich selbstverständlich sein. § 124 Abs. 2 hebt diese rechtliche Möglichkeit aber besonders hervor, wobei sich aus dem *Wortlaut* eine unnötige und durch verständige Auslegung unschädlich zu machende Beschränkung auf „Offiziere" ergibt. Aber auch der Unteroffizier, wie jeder andere Vorgesetzte (militärische Wache!) hat das Recht, von der Waffe Gebrauch zu machen, wenn Gefahr im Sinne von § 124 Abs. 1 besteht[8].

IV. Wichtige militärische Rechtfertigungsmöglichkeiten ergeben sich aus dem *Recht zum Waffengebrauch*, das (abgesehen von § 124) auf allgemeiner Grundlage in folgenden Bestimmungen geregelt ist:

1. in der Vorschrift über den Waffengebrauch des Militärs und seine Mitwirkung zur Unterdrückung innerer Unruhen vom 19. März 1914, jetzt ersetzt durch die VO über den Waffengebrauch der Wehrmacht vom 17. Januar 1936 (RGBl. I. 39),

2. in der Standortdienstvorschrift vom 25. August 1934 und entsprechenden militärdienstlichen Vorschriften. Auf Einzelheiten kann hier nicht eingegangen werden.

3. in der Verfügung des Reichswehrministers über Polizei und Wehrmacht (unter I) vom 15. Februar 1935[9].

---

[1] M. E. MAYER I 109 spricht von „Notstand der Disziplin", betrachtet aber (S. 110 N. 1) jedenfalls die Abwehr des tätlichen Angriffs als Notwehrfall im Sinne des § 53 RStGB; darum hält er den § 124 *insofern* für überflüssig. M. E. handelt es sich *durchweg* um Notwehrsituationen (Abwehr schweren militärischen Unrechts); unnötig ist § 124 nicht, weil § 53 RStGB nur mit der oben zu A bezeichneten Maßgabe anwendbar ist. Das Gesetz tat recht daran, zu den kritischen Fällen des § 124 ausdrücklich Stellung zu nehmen. Unrichtig ist, daß § 124 auf die schmale Basis des Ausschlusses des „Mißbrauchs der Dienstgewalt" gestellt ist. Daß dies zu eng, zeigt schon Abs. 2 in Verbindung mit § 149.

[2] Hierzu RMilG **1**, 69 (zu RStGB § 53). [3] Dazu RITTAU[2] § 124 N. 4.

[4] Vgl. RMilG **17**, 58. [5] RMilG **4**, 138.

[6] RMilG **1**, 90; BELING Z **24**, 251. [7] RMilG **4**, 138.

[8] Richtig FUHSE § 124 Abs. 5; zu eng ROMEN-RISSOM § 124 N. 5a; unrichtig RITTAU[2] § 124 N. 9. Vgl. § 125 Abs. 2 MilStGB.

[9] Vgl. MITZSCHKE Das Waffengebrauchsrecht im Reich und in Preußen, 1935 (in der Einleitung S. VIII ff. auch rechtsgeschichtliches).

§ 25. Die Schuld, ihre Voraussetzungen und ihre Arten.

An die einzelne tatbestandsmäßig-rechtswidrige Tat knüpfen wir an, wenn wir um ihretwillen dem Täter als dem „Verbrecher" einen Vorwurf machen und ihm die Tat zur „Schuld" zurechnen. Aber dieser Vorwurf als das schwerstwiegende, persönlichkeitsbezogene Unwerturteil, das seitens der Volksgemeinschaft gegen eines ihrer Glieder ergehen kann, trifft die ganze Persönlichkeit dessen, gegen den er gerichtet ist. Rechtsdogmatisch bedeutet das, daß der Schuldbegriff alle Momente enthalten muß, die jenes persönlichkeitsbezogene Unwerturteil begründen. Nur so wird der Schuldbegriff vor psychologistischem Formalismus bewahrt und fruchtbar gemacht für die Bestimmung der strafrechtlichen Unrechtsfolgen, insbesondere für die Bemessung der Strafe (vgl. oben § 15 III). Alle für die Persönlichkeitsbewertung erforderlichen Momente sind daher für den Inhalt des Schuldbegriffs dogmatisch wichtig und maßgebend. Dabei ist sich der Jurist klar darüber, daß es bei solcher Persönlichkeitserfassung um eine vom Standpunkt der Anforderungen der Volksgemeinschaft aus vorzunehmende *Wertung* geht, nicht etwa um ein psychologisch-charakterologisches *Erklären* der Tat mit dem Ziele des rechtszerstörenden „Alles verstehen heißt alles verzeihen". Unzulänglichkeiten aller Art, Anlagefehler, Charakterschwächen mögen vieles verstehbar und begreiflich machen; dennoch können sie den Täter belasten und das Unwerturteil über seine Persönlichkeit, damit aber auch die gegen ihn festzusetzenden Straffolgen verschärfen und erschweren. Vom Standpunkte eines Täterstrafrechts aus ist das unabweislich; eine materielle Schuldauffassung kann von keinem anderen Grundsatz ausgehen. Von hier aus treten wir an das Schuldproblem heran.

Den Schuldvorwurf erheben wir, wenn wir von einem rechtswidrig handelnden Täter ein rechtmäßiges Handeln erwarten dürfen, weil der Täter die Möglichkeit gehabt hat, sich die tatsächliche und rechtliche Tragweite seines Verhaltens richtig vorzustellen und nach Maßgabe dieser Vorstellung die an ihn als „Pflichten" sich wendenden rechtlichen Anforderungen in sich wirksam werden zu lassen. In diesem Sinne ist Schuld die Vorwerfbarkeit einer rechtswidrigen Handlung im Hinblick auf die Pflichtwidrigkeit (Fehlerhaftigkeit) des sie verursachenden psychischen Vorganges.

Wir prüfen nun im einzelnen, was hierzu unter besonderer Berücksichtigung des Militärstrafrechts zu bemerken ist.

I. Schuld setzt Schuldfähigkeit (sog. Zurechnungsfähigkeit) voraus. Das aber ist die Fähigkeit, „das Unrecht der Tat einzusehen und nach dieser Einsicht zu handeln"[1], und zwar gedacht als eine *allgemeine* Fähigkeit des Täters zu einem richtigen, einwandsfreien Verhalten in der Volksgemeinschaft. Nichts steht im Wege, auch im Militärstrafrecht Schuldfähigkeit in diesem Sinne zu fordern. Daß diese allgemeine Schuldfähigkeit im Augenblick der Tatbegehung, genauer: der Willensbetätigung vorhanden gewesen sein muß, gilt wie im gemeinen Strafrecht, weshalb auch für die sog. actiones liberae in causa nichts Besonderes zu sagen ist.

II. Ist Schuldfähigkeit vorhanden, so ist für die Möglichkeit eines Schuldvorwurfs im Hinblick auf die konkrete rechtswidrige Tat ein Doppeltes erforderlich:

1. In psychologischer Hinsicht muß der Täter

a) entweder die tatsächliche und rechtliche Tragweite seines Verhaltens erkannt haben; oder

b) wenn er sie in einer mit der Wirklichkeit übereinstimmenden Weise nicht erkannt hat, so muß festgestellt werden können, daß er diese tatsächliche und rechtliche Tragweite hätte erkennen sollen und können.

---

[1] So die Formulierung in der 2. Lesung der amtlichen Strafrechtskommission (GÜRTNER I [2] S. 72). RStGB § 51 Abs. 1 n. F. spricht von der Fähigkeit, „das Unerlaubte der Tat einzusehen und nach dieser Einsicht zu handeln". Ein sachlicher Unterschied ist damit nicht gegeben. JugGG § 3 hat noch von der Einsicht in das „Ungesetzliche" der Tat gesprochen. Diese Formel erscheint bei der heute anerkannten Unterscheidung von „Gesetz" und „Recht" sachlich als bedenklich.

2. Unter Berücksichtigung des zu 1. Gesagten muß die Motivierung zur rechtswidrigen Tat jeweils als pflichtwidrig, der konkrete Motivationshergang also als ein nicht-sein-sollender, als fehlerhafter angesprochen werden können.

III. Damit haben wir uns den Zugang zu den beiden zu unterscheidenden *Schuldarten* erschlossen. Wir unterscheiden:

1. den *Vorsatz* als schwerere Schuldart. Vorsätzlich handelt, wer, die tatsächliche und rechtliche Tragweite seines Verhaltens richtig erkennend, pflichtwidrig handelt, oder, wie es in der Formulierung der amtlichen Strafrechtskommission nunmehr heißt: „Wer die Tat mit Wissen und Willen begeht und sich dabei bewußt ist, Unrecht zu tun oder gegen ein Gesetz zu verstoßen“, sofern — fügen wir hinzu — darin eine Pflichtwidirgkeit zu sehen ist, was meistens, aber nicht notwendig immer der Fall sein wird. (Vgl. unten § 26 C.)

Nur eine Spielart innerhalb der vorsätzlichen Schuld ist der sog. bedingte Vorsatz (dolus eventualis): Der Täter (so heißt es in der Formulierung der amtlichen Strafrechtskommission) „hält es zwar nur für möglich, nimmt also in Kauf, daß er den (sc. tatbestandsmäßigen) Erfolg herbeiführt und damit Unrecht tut oder gegen ein Gesetz verstößt“. Auch bei dieser Gestaltung des inneren Befundes muß, damit von *Schuld* gesprochen werden darf, inneres pflichtwidriges Verhalten gegeben sein.

2. die *Fahrlässigkeit* als minder schwere Schuldart. Sie ist pflichtwidrige Motivation zur rechtswidrigen Tat im Hinblick auf ein pflichtwidriges Sich-gehen-lassen, einen pflichtwidrigen Sorgfalts- oder Rücksichtsmangel. Der Täter „sieht“ (so formuliert die amtliche Strafrechtskommission) „aus Mangel an der pflichtgemäßen Sorgfalt entweder nicht voraus, daß er den (sc. tatbestandsmäßigen) Erfolg herbeiführt“ (oder — so müssen wir hinzusetzen — daß er damit Unrecht tut oder gegen ein Gesetz verstößt) „oder, obwohl er das für möglich hält, vertraut er aus gleichem Sorgfaltsmangel darauf, daß der Erfolg ausbleibt“ (oder — so ergänzen wir — daß mit seinem Verhalten ein Verstoß gegen das Recht oder das Gesetz nicht gegeben sein werde). So unterscheiden wir nach der tatsächlichen wie nach der rechtlichen Seite hin die *unbewußte* und die *bewußte Fahrlässigkeit*. Es liegt auf der Hand, daß die letztere an den bedingten Vorsatz angrenzt; aber es wäre falsch, daraus zu folgern, daß die bewußte Fahrlässigkeit stets die schwerere Fahrlässigkeitsart darstelle. Gerade der immer unbekümmerte Leichtfuß, der gegebene Möglichkeiten stets verkennt, kann mit schwererer Schuld beladen sein, daher auch einer strengeren Zurechtweisung bedürfen, als der immerhin Nachdenkende, der einmal nicht vorsichtig genug gewesen, um die tatsächlichen und rechtlichen Folgen seines Verhaltens, die ihm als Möglichkeiten aufgegangen sind, mit voller Sicherheit abzuschätzen.

Daß der gemeinstrafrechtliche Grundsatz, wonach die fahrlässige Begehung eines Verbrechens oder Vergehens nur bei ausdrücklichem Gesetzesbefehl zu bestrafen sei, im Militärstrafrecht keine unbedingte Geltung beanspruchen kann, ist schon oben § 9 I erwähnt worden. Im Zweifel wird freilich auch im Bereich des Militärstrafrechts nur die vorsätzliche Begehung bestraft. Wenn sich aber „aus dem Zusammenhang der gesetzlichen Bestimmungen oder aus dem Grunde und Zwecke der einzelnen Norm mit Sicherheit ergibt“, daß auch die fahrlässige Begehung mit Strafe bedroht sein soll, dann hat der Richter hiernach sich zu richten, ohne sich am Fehlen einer ausdrücklichen Strafbarkeitserklärung bezüglich der fahrlässigen Begehung stoßen zu müssen[1].

IV. Ob nun die innere psychologische Einstellung des Täters zur Tat und zum Recht in die eine oder andere der zu III erörterten Schuldmöglichkeiten weist, stets muß, damit eben von *Schuld* gesprochen, also ein die Täterpersönlichkeit erfassender *Vorwurf* erhoben werden kann, die Feststellung möglich sein, der Täter habe pflichtwidrig gehandelt, d. h. gegen das im Recht an ihn persönlich sich wendende „du

---

[1] Vgl. RMilG **1**, 290, **2**, 200, **5**, 3; Rotermund Arch. **1**, 102; Dietz Arch. **1**, 191, Enz. 218.

sollst" verstoßen. Die §§ 52, 54 RStGB sind der Beweis dafür, daß jemand sehr wohl eine rechtswidrige Tat in voller Erkenntnis ihrer tatsächlichen und rechtlichen Tragweite begehen kann, ohne daß der Vorwurf der Pflichtwidrigkeit möglich ist. Denn es gibt Lagen mit einer von außen an den Täter herantretenden Gefahr von solcher Wucht und Bedrängnis, daß vom Standpunkt der Volksgemeinschaft aus es sinnlos erscheinen muß, mit einer Beachtung jenes „du sollst" seitens des Täters zu rechnen. Das sind dann Fälle, wo angesichts der rechtswidrigen Tat nicht mehr von einer Pflichtwidrigkeit gesprochen werden darf. Das „Soll", das im Schuldbegriff enthalten, verliert hier seinen Sinn. Man hat diese Fälle mit dem Begriff der „Zumutbarkeit" rechtmäßigen Verhaltens zu meistern gesucht. Dieser vielumstrittene Begriff ist unbedenklich, wenn man ihn jedes individualistischen und psychologistischen Einschlages entkleidet und an der Idee der von der Volksgemeinschaft, vom Recht ausgehenden „Pflicht" als dem an den inneren Menschen sich wendenden „du sollst" ausrichtet[1]. Wir werden sehen, daß im militärischen Leben die außerordentliche Strenge der Pflichtidee selbst in gefahrvollsten Lagen nur ganz selten gestatten wird, die innere Verpflichtung jenes „du sollst" zu leugnen; aber auch im Militärstrafrecht begegnen Fälle, denen wir nur mit Hilfe der Berücksichtigung dieses (neben den zu III erörterten psychologischen Momenten) selbständig zu erfassenden normativen Schulelements gerecht werden können (die Fälle des rechtswidrigen, aber verbindlichen Befehls in Dienstsachen; vgl. unten § 26 C II).

§ 26. Die Entschuldigungsgründe.

A. Mangelnde Schuldfähigkeit. I. RStGB § 51 gilt auch für das Militärstrafrecht. Eine die Schuldfähigkeit ausschließende Bewußtseinsstörung kann auch durch einen Rauschzustand[2] bedingt sein; ob dieser verschuldet ist oder nicht, ist dann belanglos (vgl. aber RStGB § 330a)[3]. § 49 Abs. 2 MilStGB verbietet die Berücksichtigung eines Rauschzustandes unter dem Gesichtspunkt des § 51 RStGB nicht[4], setzt vielmehr für sein eigenes Anwendungsgebiet die Schuldfähigkeit und Strafbarkeit des Täters voraus und untersagt nur, die selbstverschuldete Trunkenheit als Strafmilderungsgrund — etwa im Sinne von § 51 Abs. 2 RStGB — sich auswirken zu lassen (vgl. dazu oben § 17 II 2).

II. Das gemeine Strafrecht verlangt bei *jugendlichen Tätern* eine besondere Prüfung der Schuldfähigkeit (JugGG § 3). Auch ohne Vorliegen des § 51 (oder 58) RStGB entfällt beim Jugendlichen die Schuldfähigkeit, wenn er zur Zeit der Tat nach seiner geistigen oder sittlichen Entwicklung unfähig war, das Ungesetzliche der Tat einzusehen oder seinen Willen dieser Einsicht gemäß zu bestimmen". § 50 MilStGB schließt die Anwendung dieses § 3 JugGG aus, soweit *militärische* Verbrechen oder Vergehen in Betracht kommen, nicht dagegen bei gemeinen Delikten[5]. Für Wehrmachtangehörige ist die Bedeutung dieser Bestimmung nicht sehr groß[6]; sie bewirkt aber, daß nach Militärstrafrecht in Kriegszeiten auch Zivilpersonen (§§ 155, 160, 161 MilStGB) ohne Rücksicht auf ihr Alter bestraft werden können.

B. Der Irrtum als Entschuldigungsgrund. I. Zum Vorsatz gehört, wie oben § 25 III 1 gezeigt, ein auf die tatsächliche und rechtliche Tragweite des Verhaltens bezo-

[1] Darum habe ich mich in MittJKV. n. F. Bd. 5 S. 133/4, 151, 152 (!), 162/3 (!), 165/6 bemüht, was von den Kritikern der Zumutbarkeitslehre wohl übersehen worden ist. Im übrigen kann hier auf den in die Tiefen der Schuldlehre führenden Streit nicht eingegangen werden. Mit der nunmehr noch schärfer erfolgten Betonung des von der Volksgemeinschaft ausgehenden Pflichtgedankens hoffe ich die wesentlichen Bedenken zerstreut zu haben.

[2] Vgl. R **63,** 46, **67,** 149.

[3] MilStGB § 151 ist durch das VereinfG vom 30. April 1926 gestrichen worden.

[4] RMilG **2,** 92, **4,** 54; Beling Z **24,** 251; Dietz Z **29,** 123, Enz. 218/9, Arch. **6,** 299; Romen-Rissom § 49 N. 3 c, d.

[5] Die Bedeutung des § 50 MilStGB für die Straffolgen ist schon oben § 17 II erörtert worden.

[6] Vgl. dazu oben § 17 II zu Anm. 4; Senftleben Deutsches Wehrrecht 1935 S. 103.

genes Wissen des Täters. Irrt also der Täter über das Vorliegen der für das in Betracht kommende Delikt wesentlichen Tatbestandsmerkmale[1], oder hat er unrichtige rechtliche Vorstellungen, die ihn verkennen lassen, daß er gegen Gemeinschaftsanforderungen verstößt, so kann er nicht als Gegner der Rechtsordnung angesprochen werden, was ja doch der Sinn des Vorwurfes vorsätzlicher Schuld wäre. Liegt nun ein Irrtum der angegebenen Art vor, so muß es belanglos sein, wie der Täter zu seiner irrigen Vorstellung gekommen ist, namentlich, ob ihm dabei irrige Tatsachenvorstellungen (er verwechselt einen ihm gehörigen Privatgegenstand mit einem Dienstgegenstand — § 137 MilStGB! —) unterlaufen sind oder ob er in unrichtiger Weise falsche Wertbeurteilungen vorgenommen hat (er hält sich auf Grund irriger Auslegung einer Dienstvorschrift für den Vorgesetzten einer Wache). Insbesondere muß die irrige Annahme des Täters, zur Handlung berechtigt zu sein, regelmäßig den Vorsatz ausschließen[2].

Diese Irrtumslehre, die in der Wissenschaft im ganzen längst anerkannt ist und die sich auf Grund der Beschlüsse der Amtlichen Strafrechtskommission de lege ferenda durchsetzen dürfte[3], macht jede Unterscheidung zwischen Tatsachenirrtum und Rechtsirrtum überflüssig. Auch ein Problem des Subsumtionsirrtums kann es nicht geben[4]. Die entscheidende Frage für den Richter ist immer die: Ist der Wille des Täters unter Zugrundelegung seiner tatsächlichen und rechtlichen Vorstellungen als gegen das Recht gerichtet anzusehen oder nicht? Von Vorsatz darf im letzteren Falle niemals gesprochen werden.

Das RMilG hat leider unter grundsätzlicher Anerkennung der reichsgerichtlichen[5] Irrtumslehre diesen klaren und einfachen Standpunkt nicht geteilt. Es hat nur dem Irrtum über Tatsachen und dem über außerstrafrechtliche Rechtssätze, nicht aber dem Irrtum über strafrechtliche Rechtssätze vorsatzausschließende Bedeutung beigemessen, sich aber bei der Abgrenzung dieser drei Irrtumskategorien in unlösliche Widersprüche verwickelt[6]. Dieser Irrtumslehre hier im einzelnen kritisch nachzugehen, hat keinen Zweck, da sie in der weiteren Entwicklung unseres Militärstrafrechts, und zwar auch noch unter der Geltung des MilStGB von 1872, keine Bedeutung mehr haben darf. Sie ist vom Standpunkte der materiellen Verbrechensauffassung und des Willensstrafrechts aus unmöglich.

Um aber Mißverständnisse zu beseitigen, sei noch auf folgendes hingewiesen:

1. Es ist nicht zu besorgen, daß mit dem Erfordernis des Bewußtseins, Unrecht zu tun, bedenkliche und für die Strafrechtspflege gefährliche Entschuldigungsmöglichkeiten frei gegeben werden. Juristische Subsumtionen unter formale Gesetzes-

---

[1] Vgl. § 59 RStGB: „Irrtum über die zum gesetzlichen Tatbestande gehörenden Tatumstände.“ Tatbestandsmerkmale sind teils deskriptiver, sehr oft aber auch normativer Natur. Um ihr Gegebensein zu erkennen, sind also Werturteile nötig. Schon bei den Tatbestandsmerkmalen beginnt also das Problem des Rechtsirrtums. Vgl. dazu ausführlich v. Liszt-Schmidt 26. Aufl. S. 254ff. Auch auf die Vorsatz- und Irrtumslehre wirkt natürlich die Aufhebung des Analogieverbotes ein. Nimmt der Täter irrig eine Lage an, die weder einem Tatbestande noch seinem Grundgedanken entspricht, so kommt Vorsatz nicht in Betracht; dagegen genügt es zum Vorsatz, daß der Täter ein dem Grundgedanken eines Tatbestandes entsprechendes Vorhaben vor Augen hat; ist er sich dann des Unrechten seiner Tat bewußt, so liegt (psychologisch) Vorsatz vor.

[2] Einschränkungen dieses Satzes unten zu 2. [3] Vgl. Schäfer bei Gürtner I² S. 64.

[4] Vgl. hierzu v. Liszt-Schmidt 26. Aufl. S. 264ff.

[5] Über sie genaue Nachweise in v. Liszt-Schmidt 26. Aufl. S. 255 Note 6.

[6] Vgl. RMilG **1**, 198, **2**, 212, **3**, 27, 245, **5**, 33, 298, **6**, 268, **7**, 93, 247, **9**, 259, **10**, 144, **13**, 97, **20**, 183 (gegen **3**, 28, **6**, 268). Ph. O. Mayer Erörterungen 44ff.; Beling Z **24**, 252; Dietz Enz. 221. — *Besonders bemerkenswert:* Den Irrtum über die Vorgesetzteneigenschaft hat RMilG **3**, 28, **6**, 267 als Strafrechtsirrtum, und somit als belanglos behandelt, da die die Vorgesetzteneigenschaft begründenden Militärverwaltungsrechtsätze Ergänzungen des Militärstrafrechts seien und mit dem Begriff „Vorgesetzter“ in das Strafgesetz aufgenommen worden seien. Wie unmöglich das ist, ist noch vom RMilG selbst in der vortrefflichen Entscheidung **20**, 183 erkannt worden.

bestimmungen und Begriffe werden nicht verlangt; es genügt das Bewußtsein, daß militärische Disziplin mit dem Verhalten des Täters nicht vereinbar sei, daß der Soldat sich anders verhalten müsse. Und nun ist zu bedenken, wie dem Soldaten durch fortgesetzte Belehrungen, durch Instruktionen, Übungen, Anweisungen das, was seiner Pflicht entspricht, vertraut gemacht wird[1]. Auf diese Weise erfährt er, was er über normative Begriffe (Dienstbefehl, Vorgesetzter, Wache usw.), die in zahlreichen Tatbeständen von Bedeutung sind, wissen muß. Die Sollensvorstellungen, wie sie beim Vorsatz vorausgesetzt werden, werden ihm reichlich und sicher vermittelt. Die Folgerung, daß der Soldat sich auf die ihm erteilten Belehrungen und Instruktionen muß verlassen dürfen, daß also ein Handeln, das falscher Instruierung entspricht, ihm nicht vorgeworfen werden darf, ist mit dem RMilG[2] durchaus anzuerkennen. Mißverständnisse hinsichtlich des Sinnes einer Belehrung können natürlich ebenfalls vorsatzausschließend wirken, indem sie einen Irrtum über die tatsächliche oder rechtliche Tragweite des Verhaltens hervorrufen.

2. Eins kann dem Soldaten nicht erlaubt sein: Daß er sich über seine militärischen Pflichten hinwegsetzt, weil ihm seine Privatmoral oder religiöse Vorschriften, die er anerkennt, dies als geboten erscheinen lassen (MilStGB § 48). Wenn er dabei die militärische Pflicht bewußt verletzt, so ist ein juristisches Problem überhaupt nicht gegeben. § 48 MilStGB braucht insoweit nicht herangezogen zu werden, um den Vorsatz-Vorwurf zu begründen. Dagegen scheint mir § 48 gerade für den Fall von Bedeutung zu sein, wo der Täter unter Hinweis auf religiöse Normen den Einwand erhebt, er habe geglaubt, recht zu tun. Wie im gemeinen Strafrecht ein Rechtsirrtum, der auf einer mit der gesunden Volksanschauung über Recht und Unrecht unvereinbaren Einstellung beruht, unbeachtlich sein muß[3], da jedermann die Pflicht hat, sich vor „Rechtsblindheit“ zu hüten[4], so ist der Soldat verpflichtet, sich von den Sollensgesetzen des militärischen Lebensbereiches durch Anerkennung kontrastierender Gebote oder Verbote nicht abdrängen zu lassen. Rechtsirrtümer kann er damit jedenfalls nicht entschuldigen.

3. Rechtserheblich kann immer nur ein Irrtum sein, der dem Täter das Unrecht seiner Tat verschleiert, also ein Irrtum über das Vorliegen von Tatbestandsmerkmalen (oder solchen, die diesen im Sinne des § 2 RStGB per analogiam gleichstehen) oder die irrige Annahme eines Rechtfertigungsgrundes. Belanglos dagegen ist der Irrtum über die strafrechtlichen Unrechtsfolgen, insbesondere die Strafbarkeit, sowie ein Irrtum über die die subjektive Verantwortung begründenden Gesichtspunkte. Wer sich irrig als durch § 51 RStGB gegen Strafe geschützt glaubt, hat davon so wenig Vorteil, wie dem Geisteskranken der irrige Glaube an seine geistige Gesundheit und seine Schuldfähigkeit zum Nachteil gereichen kann.

II. Ein Irrtum, der den Vorsatz ausschließt, steht der Annahme der Fahrlässigkeit nur dann im Wege, wenn er selbst entschuldbar ist, d.h. nicht auf pflichtwidriger Unaufmerksamkeit oder Sorglosigkeit beruht.

C. Mangelnde Pflichtwidrigkeit. I. Wir haben oben § 25 IV gesehen, daß der eigentliche Kern des Schuldvorwurfs das normative Moment der inneren Pflichtwidrigkeit, der Fehlerhaftigkeit des Motivationsherganges ist, der den Täter zur rechtswidrigen Tat hat gelangen lassen. Die §§ 52, 54 RStGB betrachteten wir als gesetzliche Auswirkungen dieses Gedankens. Sie lassen die Schuld entfallen, weil von dem Täter, der in der dort beschriebenen Not sich befindet, nicht erwartet werden darf, daß er die Übermacht des Selbsterhaltungstriebes bekämpft und dem vom Recht an ihn gerichteten

---

[1] Vgl. z.B. unten § 33 III: Dienstliche Bekanntgabe der Übertragung der Vorgesetzteneigenschaft.

[2] RMilG **2**, 244, **7**, 94, 248, **12**, 241. [3] Schäfer bei Gürtner I[2] S. 71.

[4] Kohlrausch: Z **55**, 391. Diese Rechtsblindheit ist es, um derentwillen der Täter Strafe verdient.

„du sollst“ gehorcht. Pflichtwidrigkeit fehlt, da Pflichtgehorsam nicht mehr „zumutbar“[1]. Der Streit um die Frage, ob die an diesem Gedanken orientierte Entschuldigungsmöglichkeit über die gesetzlich festgelegten Fälle hinaus erweitert werden darf[2], kann jedenfalls für das Militärstrafrecht auf sich beruhen. Denn solche Entschuldigungsmöglichkeiten sind, wie die §§ 52, 54 RStGB zeigen, höchstens da gegeben, wo sich der Täter unter einen *von außen her* an ihn herantretenden übermächtigen seelischen Druck gestellt sieht und sein Selbsterhaltungstrieb in höchster Not ihn zur rechtswidrigen Tat hinreißt[3]. Aber da für den Soldaten die Selbstverleugnung, ja der heroische Mut höchste Pflicht ist und Furcht vor persönlicher Gefahr ihn im Hinblick auf die militärischen Gemeinschaftsanforderungen nicht entschuldigen darf, so liegt es auf der Hand, daß die mit dem Gesichtspunkt der Nichtzumutbarkeit angedeuteten Entschuldigungsmöglichkeiten im Militärstrafrecht keinen Platz haben können. Das zeigt § 49 Abs. 1 MilStGB! Wer unter Verletzung einer Dienstpflicht einen Straftatbestand erfüllt, darf sich auf Notstand für Leib und Leben nicht berufen; RStGB §§ 52, 54 bieten keine Entschuldigungsmöglichkeit, und ebensowenig könnte der Gesichtspunkt der Nichtzumutbarkeit als solcher zur Entschuldigung herangezogen werden. Auch der beim sog. Notwehrexzeß durch § 53 Abs. 3 RStGB gegebene Entschuldigungsgrund greift dem § 49 MilStGB gegenüber nicht durch[4]: dem Soldaten wird es nicht nachgesehen, wenn er aus Bestürzung, Furcht oder Schrecken eine mit Dienstpflichtverletzung verbundene strafbare Handlung begeht.

II. Wird in den bisher erörterten Fällen sozusagen vermutet, daß rechtgemäßes Verhalten dem Soldaten zuzumuten gewesen ist, so kennt doch gerade das Militärstrafrecht im Hinblick auf die Eigenart der militärischen Befehlsgewalt einerseits, der militärischen Unterordnung andererseits Fälle, wo eben wegen der Nichtzumutbarkeit rechtmäßigen Handelns der Schuldvorwurf verstummen muß. *Das sind die Fälle, wo ein Untergebener einem auf Vornahme einer rechtswidrigen Handlung gerichteten, verbindlichen dienstlichen Befehl Folge leisten muß.* Wir stehen damit vor einer der schwierigsten Fragen des Militärstrafrechts. Ist ein verbindlicher, d. h. Gehorsamspflicht erzeugender, rechtswidriger Befehl überhaupt möglich?

1. *Der militärische Befehl überhaupt.* Das MilStGB spricht nicht vom militärischen Befehl, sondern entweder (§§ 6b, 47, 92, 94, 95) vom „Befehl in Dienstsachen“ oder (§ 96) vom „Dienstbefehl“. Hier fragt sich zunächst, was mit diesen Ausdrücken gemeint ist, insbesondere ob mit ihrer Verschiedenartigkeit eine sachliche Unterscheidung angedeutet wird. Letzteres ist namentlich von M. E. Mayer (I 70 ff.) behauptet worden. Jedoch hat das RMilG in ständiger Rechtsprechung[5] „Befehl in Dienstsachen“ und „Dienstbefehl“ gleich geachtet. M. E. mit vollem Recht. Will man mit M. E. Mayer im „Dienstbefehl“ den in *dienstlicher Form* ergehenden Befehl sehen, gleichgültig, ob er eine dienstliche oder eine Privatangelegenheit zum Gegenstand hat, im „Befehl in Dienstsachen“ dagegen den, gleichgültig in welcher Form ergangenen, Befehl *dienstlichen Inhalts*, so verwendet man, um eine Unterscheidung zu erzwingen, zwei Momente, die dem Militärrecht durchaus fremd sind. Denn einmal wird in ihm nirgends eine bestimmte *Befehlsform* vorausgesetzt oder angeordnet[6],

---

[1] So auch R **61,** 242, **62,** 137, **64,** 30, **66,** 397.

[2] Dafür bin ich vom Standpunkte einer materiellen Verbrechens- und damit Schuldauffassung eingetreten: v. Liszt-Schmidt 26. Aufl. § 42. Das Reichsgericht hat (R **58,** 97, 226, **60,** 103, **63,** 233) ebenfalls dazu geneigt, dagegen in R **66,** 397 jede „übergesetzliche“ Entschuldigungsmöglichkeit abgelehnt, ohne jedoch damit den Gedanken der Zumutbarkeit rechtmäßigen Verhaltens (Pflichtwidrigkeit, Fehlerhaftigkeit des Motivationsherganges) als Grundlage der Schuld aufzugeben.

[3] Auf diese Maßgabe habe ich in meiner Lehre von den Entschuldigungsgründen stets entscheidendes Gewicht gelegt. Vgl. MittJKV n. F. Bd. 5 S. 162/3, Lehrb. S. 284.

[4] Richtig R **63,** 421; dazu v. Liszt-Schmidt Lehrb. 26. Aufl. S. 293.

[5] RMilG **1,** 105, **2,** 74, **7,** 178, **8,** 142.

[6] v. Ammon 37/8.

vielmehr kommt es immer nur sachlich-inhaltlich auf den an die Adresse des Untergebenen gerichteten, fordernden Willen des Vorgesetzten an. Sodann sind Befehle in Privatangelegenheiten militärrechtlich ein Widerspruch in sich. Das Militärrecht und namentlich auch das MilStGB denkt, wenn es von Befehlen spricht, immer nur an den militärischen Dienst. Das Privatleben ist eine Welt für sich und vom militärischen Bereich getrennt. Daß es durch den den ganzen Menschen beanspruchenden und fordernden militärischen Dienst mitunter beinahe unsichtbar gemacht und wertmäßig stark verdrängt wird[1], ändert nichts daran, daß es militärisch dienstlichen Befehlen unzugänglich ist. Der Vorgesetzte hat dem Untergebenen nicht zu befehlen, wen er lieben, für welche Kunstrichtung er sich begeistern, was er in sein Testament schreiben soll. Aber auch in *seinen eigenen Privatangelegenheiten* hat der Vorgesetzte keine Befehle zu erteilen. Selbst wenn es eine bestimmte dienstliche Form gäbe, in der etwas derartiges geäußert würde: Das Geäußerte würde nicht den Wert einer fordernden Willensäußerung haben, weil das Recht ihm diesen Wert versagt. Ein „dienstlicher Befehl in Privatangelegenheiten" ist, wie ein nicht „zur Sache" ergehendes Gerichtsurteil, „unbeachtlich"; zugleich ist er als Übergriff in eine dem Befehlenden unzugängliche Sphäre rechtswidrig[2].

Entfallen nun aber somit die beiden von Mayer zur begrifflichen Trennung von „Dienstbefehl" und „Befehlen in Dienstsachen" verwendeten Unterscheidungsmomente, so ergibt sich die gleiche Sinnbedeutung für beide vom MilStGB verwendeten Ausdrücke und damit zugleich die Richtigkeit der herrschenden Lehre[3]. Mit beiden Ausdrücken meint das Gesetz die allein auf den militärischen Dienstbereich bezogene, Gehorsam fordernde Willenserklärung auf Grund des militärischen Verhältnisses der Über- und Unterordnung. Damit ist der militärisch-dienstliche Befehl seinem Wesen nach bestimmt.

2. Bei der Frage nun, inwieweit ein solcher Befehl für den Untergebenen verbindlich ist, gehen die Meinungen weit auseinander.

a) Sicher sollte sein, daß der Befehl des militärischen Vorgesetzten in Privatangelegenheiten unverbindlich ist, und zwar seiner oben zu 1. dargelegten *Unbeachtlichkeit* wegen[4]. Was vom Untergebenen nicht beachtet zu werden braucht, kann keine Gehorsamspflicht erzeugen.

b) Sehr fraglich aber ist es, ob *Rechtmäßigkeit* des Befehls Voraussetzung für seine Verbindlichkeit ist. Rechtmäßig ist der Befehl, der von einem örtlich und sachlich

[1] Über „militärischen Dienst" vgl. oben § 16 BI 3a. Angelegenheiten, die scheinbar rein privater Natur sind, können durch die allgemeinen Dienstverhältnisse in Dienstsachen umgewandelt werden. Wo Soldaten ihre „Extrasachen" kaufen, kann für eine Kommandobehörde dienstlich sehr wichtig sein (DStrafr. Z **1**, 365). Der Befehl, den Mund zu halten, kann in der Eisenbahn oder in einem Lokal genau so, wie in der Kasernenstube, ein Befehl in Dienstsachen sein (RMilG **1**, 105). Die allgemeinen Dienstverhältnisse, die durch die unbedingte Notwendigkeit der Erhaltung von militärischer Zucht und Ordnung mit bestimmt werden, reichen weit hinaus über den militärischen Dienst im engeren technischen Sinn. Richtig Rissom Hdwb. S. 102. Vgl. auch R **66**, 187 (Schauvorführungen als militärischer Dienst).

[2] Unter diesem Gesichtspunkt ist auch die schwierige Frage zu beantworten, wie ein Befehl zur Duldung einer ärztlichen Operation zu beurteilen ist, die wegen ihrer Gefährlichkeit und Tragweite über das hinausgeht, was der Soldat nach militärischen Grundsätzen zur Erhaltung seiner körperlichen Diensttauglichkeit an ärztlichen Behandlungen und Eingriffen dienstlich auf sich nehmen muß. Was darüber hinausgeht, greift in die Privatsphäre des Soldaten über. Die Literatur über diese Frage ist sehr groß. Vgl. Weimann DStrafr. Z 1915 S. 529; Arch. **7**, 15 ff.; Berliner Klinische Wochenschrift 1915 S. 478; Ebermayer Deutsche Medizinische Wochenschrift 1916, S. 261; Rissom Arch. **6**, 345; Zellner Arch. **7**, 75, 263; Hoeniger DJZ 1916 S. 173; RMilG **8**, 288, **16**, 223, **19**, 251; Fuhse § 92 N. 9e.

[3] Dem RMilG stimmen zu Rissom Hdwb. 100, sowie in Militärrechtl. Studien 1910, S. 197 ff.; Romen-Rissom § 47 N. 11; Rittau [2] § 47 N. 2; Dietz Enz. 221; v. Ammon 57.

[4] Dieser Gesichtspunkt hat bisher nirgends Beachtung gefunden. Die „Unbeachtlichkeit" ist nicht nur eine Wertkategorie des Prozeßrechts (vgl. dazu Goldschmidt: Prozeß als Rechtslage, 1925, S. 498 ff.), sondern auch eine solche des materiellen Rechts, soweit es sich um dynamische Rechtsgestaltungsvorgänge handelt.

zuständigen Vorgesetzten[1] erteilt wird und eine Handlung fordert, die dienstlich sachgemäß und rechtlich zulässig ist[2]. Die Logik verlangt anscheinend ein Korrespondieren zwischen Rechtmäßigkeit und Verbindlichkeit[3]. Aber das Rechtsleben hat sich mitunter der Logik zu entziehen, da in ihm Interessengegensätze und Wertüberschneidungen einen maßgeblichen Rang zu beanspruchen haben und durch Wertentscheidungen überwunden werden müssen. Eine solche Situation aber ist angesichts eines rechtswidrigen Befehls gegeben. Folgendes ist zu bedenken: Die Grenzen zwischen Rechtmäßigkeit und Rechtswidrigkeit sind nicht immer leicht zu erkennen. Ob also Verbindlichkeit des Befehls gegeben ist, mit andern Worten gehorcht werden muß, diese militärisch entscheidende Frage würde, wenn die Verbindlichkeit durch die Rechtmäßigkeit bedingt wäre, oft nur nach subtiler Untersuchung und langwieriger Überlegung zu beantworten sein. Oft genug sind die gerichtlichen Instanzen über diese Frage verschiedener Ansicht gewesen! Das militärische Leben aber verlangt absolute Promptheit der Befehlsausführung im Interesse eines ohne jede Reibung vor sich gehenden Funktionierens der Befehlsapparatur und damit zugleich im Interesse der Unentwegtheit und steten Sicherheit der militärischen Disziplin. Das aber führt zur Anerkennung der *Gehorsamspflicht auch gegenüber rechtswidrigen Befehlen, soweit nicht das Gesetz klar und deutlich etwas anderes bestimmt.* Das MilStGB aber spricht hier eine deutliche Sprache. Die unbedingte Gehorsamspflicht als rechtliche Grundlage der militärischen Disziplin überhaupt wird im MilStGB §§ 92ff. mit größtem Nachdruck betont. § 47 Ziff. 2 aber bringt eine, militärischem Denken durchaus einleuchtende Ausnahme, nachdem zunächst in den Eingangsworten des § 47 auf einen auch für unsere Frage entscheidenden Gesichtspunkt hingewiesen worden ist. Indem davon gesprochen wird, daß durch die Ausführung eines Befehls in Dienstsachen ein Strafgesetz verletzt wird, wird die juristische ***Möglichkeit*** eines rechtswidrigen Befehls völlig klargestellt. Was aber die Gehorsamspflicht solchen Befehlen gegenüber betrifft, so findet sich im Gesetz nicht die geringste Andeutung, daß sie etwa schlechthin entfallen solle; im Gegenteil: indem § 47 Abs. 1 in Fällen des rechtswidrigen Befehls die alleinige Verantwortung des befehlenden Vorgesetzten festsetzt, wird, altem militärischem Herkommen entsprechend, die unbedingte Befolgung vorausgesetzt, zugleich aber der Untergebene von aller Verantwortung für die Folgen entlastet. Eine *einzige Ausnahme* ergibt sich *für einen ganz krassen Fall* aus § 47 Ziff. 2: Wenn die anbefohlene Handlung ein Verbrechen oder Vergehen darstellt, der Vorgesetzte dies bezweckt und dem Untergebenen dies mit Sicherheit bekannt ist (Kennenmüssen genügt nicht!), dann hört die Gehorsamspflicht des Untergebenen auf, ja der Untergebene macht sich der „Teilnahme" an der strafbaren Handlung schuldig, wenn er den Befehl ausführt. *Hier haben wir den einzigen Fall des rechtswidrigen Befehls, in dem die Rechtswidrigkeit die Unverbindlichkeit nach sich zieht.* Sonst bleibt, die Beachtlichkeit des dienstlichen Befehls vorausgesetzt, die Verbindlichkeit auch im Fall der Rechtswidrigkeit gewahrt[4]. Dieses Ergebnis dürfte den militärischen Lebensverhältnissen und Notwendigkeiten besser entsprechen, als die

---

[1] Sog. abstrakte Zuständigkeit. Der Vorgesetzte muß zu Befehlen „*dieser Art*" zuständig sein. Vgl. v. Ammon 38; Rittau[2] § 47 N. 2; R **59,** 335.

[2] Bei der dienstlichen Sachgemäßheit spielt das Ermessen eine große Rolle. Ist ein objektiv richtiges oder ein subjektiv-pflichtgemäßes Ermessen zu fordern? Die herrschende Lehre vertritt im allgemeinen den letzteren Standpunkt. Es handelt sich um die gleiche Frage, die bei § 113 RStGB hinsichtlich der Rechtmäßigkeit der Amtsausübung entstanden ist. Vgl. v. Liszt-Schmidt 25. Aufl. S. 791 N. 7 (dort auch Rechtsprechung und Literatur).

[3] So RMilG **20,** 67, **22,** 78 und ihm folgend R **59,** 330. Früher vertrat RMilG einen andern, dem Text mehr entsprechenden Standpunkt: **13,** 180, **19,** 190. In der Literatur sind die Meinungen sehr geteilt. Durch M. E. Mayer ist der logizistische Standpunkt sehr in Aufnahme gekommen. Vgl. die Literaturnachweise bei v. Ammon S. 56 N. 1.

[4] Gehorsamspflicht also insbesondere auch, wenn der Vorgesetzte eine Übertretung befiehlt und der Untergebene den Übertretungscharakter der Handlung erkennt. Richtig v. Ammon 64 (gegen M. E. Mayer).

juristischen Konstruktionen, mit denen man sonst dem Problem des rechtswidrigen Befehls beizukommen sucht[1]. Man leugnet die Verbindlichkeit, gibt aber dem Untergebenen nicht nur kein Prüfungsrecht, sondern verlangt von ihm, daß er sich auf die Rechtmäßigkeit des Befehls verlasse, und läßt eine etwaige Gehorsamsverweigerung auf seine Gefahr gehen, d.h. also: wenn der Untergebene aus bestem Glauben die Rechtswidrigkeit und damit nach herrschender Lehre die Unverbindlichkeit annimmt, der Richter aber zu einem anderen juristischen Ergebnis gelangt und die Rechtmäßigkeit feststellt, so wird der Untergebene, ungeachtet seines guten Glaubens, wegen Ungehorsams bestraft. Auf der Basis der Voraussetzungen der herrschenden Lehre halte ich dieses Ergebnis für eine grobe Ungerechtigkeit; und dem im militärischen Leben notwendigen einfach-geradlinigen Denken entspricht die gekünstelte Konstruktion m. E. nicht. Sie will einerseits erreichen, daß Befehle möglichst prompt erfüllt werden, will andererseits die juristisch-logische Gleichung „Rechtswidrigkeit — Unverbindlichkeit" retten und sieht sich darum genötigt, die fragwürdige Vertrauenshypothese einzuschalten, die Rechtmäßigkeit des Befehls als objektive Bedingung der Strafbarkeit (oben § 22B) zu behandeln und außerdem die Ungehorsamsgefahr auf den Untergebenen abzuwälzen. Da halte man lieber an der Verbindlichkeit des rechtswidrigen Befehls, der Verantwortlichkeit des befehlenden Vorgesetzten und der Verantwortungsfreiheit des Untergebenen fest. Damit ist die Sicherheit der Befehlsapparatur unter sachgemäßer Verteilung der Verantwortung gewahrt und eine klare und einfache rechtliche Situation geschaffen.

3. Was bedeutet nun juristisch die Entlastung des Untergebenen, wenn er einem rechtswidrigen verbindlichen Befehl gehorcht? Ein Rechtfertigungsgrund kann für ihn nicht bestehen; denn was nach der Rechtsordnung rechtswidrig ist, kann nicht dadurch, daß es ein Vorgesetzter kraft Befehlsgewalt anordnet, rechtmäßig werden[2]. Auch läßt sich das Problem nicht dadurch lösen, daß man unter Leugnung der Gehorsamspflicht[3] die Problematik der Fälle in dem durch den Befehl hervorgerufenen irrigen Glauben des Untergebenen sieht, er sei rechtlich verpflichtet, das Befohlene zu tun[4]. Vielmehr verdient die Meinung Billigung, welche dem zum Gehorsam verpflichteten Untergebenen einen Entschuldigungsgrund gewährt, weil das seinen Gehorsam verlangende Recht von ihm ein rechtmäßiges Verhalten nicht erwarten oder anders ausgedrückt): ihm ein rechtmäßiges Verhalten nicht zumuten darf. Ein die Persönlichkeit des Untergebenen treffender Vorwurf ist nicht möglich. Pflichtwidrig hat der gehorchende Untergebene unter keinen Umständen gehandelt.

§ 27. Anhang: Einheit und Mehrheit der Verbrechen.

Wir haben oben in § 19 die Grundsätze kennen gelernt, die für die Strafzumessung maßgebend sind, wenn es wegen mehrerer selbständiger Delikte zu einer sie alle umfassenden Aburteilung kommt. Die Frage, ob es der Richter im bestimmten Falle mit mehreren selbständigen Handlungen und demgemäß einer Mehrheit von Delikten zu tun hat oder ob sich das zu beurteilende Verhalten als *ein* Delikt darstellt, ist im Militärstrafrecht nach genau den gleichen Gesichtspunkten zu beantworten, die sich aus den §§ 73ff. RStGB für das gemeine Strafrecht ergeben. Wir unterscheiden daher auch im Militärstrafrecht:

I. *Verbrechenseinheit.* Eine solche, die immer eine einheitliche Strafe nach sich zieht, liegt vor:

1. bei Gegebensein einer natürlichen Handlungseinheit: *ein* Willensakt als *einzelnes* psychophysisches Phänomen erweist sich im Sinne eines bestimmten Tatbestan-

---

[1] Einzelerörterung hier nicht möglich. Vgl. v. AMMON 53 ff.; RISSOM Hdwb. 102ff.; ROMEN-RISSOM § 47 N. 13ff.; RITTAU[2] § 47 N. 2.

[2] A. M. SAUER Grundlagen des Strafrechts 322; v. HIPPEL Lehrb. II 263; v. AMMON 82 ff.

[3] S. dazu oben 2.

[4] So vor allem M. E. MAYER, Der rechtsw. Befehl, 121ff.

des als strafrechtlich relevant. *Ein* Schuß tötet *einen* Menschen. Aber auch eine Mehrheit tatbestandsmäßiger Erfolge steht der Annahme einer Handlungseinheit nicht im Wege, wenn *ein* einheitlicher Willensakt sie verursacht hat: *ein* Schuß tötet den A, verletzt den B, beschädigt eine Sache und verursacht ruhestörenden Lärm.

2. bei Gegebensein einer durch *juristische* Betrachtung gewonnenen Handlungseinheit. Wenn A den B durch eine Serie von Revolverschüssen tötet, X den Y durch eine Flut von Schimpfworten beleidigt, dann drängt die Einheit des tatbestandsmäßigen Schlußerfolges zur Annahme einer in mehrere Einzelakte aufgespalteten Handlungseinheit mit der Folge, daß ohne weiteres auch nur von einer Verbrechenseinheit zu sprechen ist. Aber bei der Abgrenzung solcher Fälle von denen einer ausgesprochenen Handlungs- und Verbrechensmehrheit ergeben sich oft Schwierigkeiten, für deren Lösung stets nur normative Gesichtspunkte maßgebend sein müssen.

3. wenn kraft Gesetzes mehrere Handlungen zu einer Verbrechenseinheit zusammengefaßt werden müssen; das ist der Fall:

a) wenn das Gesetz selbst im Tatbestande auf eine Mehrheit von Willensakten hinweist, diese aber zu einer Verbrechenseinheit zusammenfaßt: „unzüchtige Handlungen", „Mißhandlung", „Zweikampf", „Bedrückungen" usw.

b) beim zusammengesetzten Verbrechen, dessen Tatbestand aus mehreren verschiedenartigen Einzelhandlungen gebildet ist: Plünderung setzt sich aus Mißbrauch der militärischen Überlegenheit und Abnötigung von Sachen zusammen.

c) beim sog. „fortgesetzten Verbrechen", einer aus RStGB § 74 zu erschließenden Rechtsfigur, bei der nicht mehrere *selbständige*, sondern mehrere *unselbständige* Handlungen gegeben sind, so daß eine Verbrechensmehrheit, wie sie in § 74 RStGB aus der Mehrheit *selbständiger* Handlungen hergeleitet wird, nicht in Frage kommen kann. Wann aber dürfen wir von der Unselbständigkeit mehrerer Handlungen sprechen und diese demgemäß zu einer Verbrechenseinheit zusammenziehen? Das ist bekanntlich bestritten. RMilG **6**, 216, **13**, 293 verlangt im engsten Anschluß an die Rechtsprechung des Reichsgerichts neben Gleichartigkeit der Begehungsform und Einheit des angegriffenen Rechtsguts einen *einheitlichen*, von vornherein alle Einzelakte umspannenden *Vorsatz*.

d) beim sog. *Kollektivdelikt* (gewerbsmäßiges, gewohnheitsmäßiges, geschäftsmäßiges Verbrechen).

Die juristische Folgerung aus dem Gegebensein einer Verbrechenseinheit ist immer *die:* Der Täter hat eine einheitliche Strafe verwirkt; eine Mehrheit von Strafen, die zu häufen oder nach bestimmten Gesichtspunkten zusammenzuziehen wären, kommt nicht in Betracht. Hier entstehen nun Schwierigkeiten, wenn auf die Verbrechenseinheit mehrere Strafgesetze passen. Die Schußhandlung, die den A tötet, den B verletzt und die Fensterscheibe des C zertrümmert, läßt sich unter § 212, § 223a und § 303 RStGB subsumieren. Welche dieser drei Gesetzesbestimmungen trägt im Wettstreit miteinander den Sieg in *dem* Sinne davon, daß *aus ihr* die konkrete einheitliche Strafe zu entnehmen ist? Diese Frage beantwortet § 73 RStGB. Aber wohl verstanden: § 73 setzt stets einen solchen echten Wettstreit, eine echte Konkurrenz der zur Subsumtion sich anbietenden Strafgesetze („Idealkonkurrenz") voraus; das macht sein Wortlaut völlig deutlich. Wo wir also aus logischen oder aus Wertgesichtspunkten zu dem Ergebnis kommen, daß mehrere Strafgesetze *nur scheinbar* in eine solche Konkurrenz treten, da ist für die Anwendung des § 73 RStGB kein Raum. Die bekannten hierher gehörigen Fälle sind die Spezialität (lex specialis derogat legi generali), und die Konsumtion (lex consumens derogat legi consumtae). Das Spezialitätsverhältnis entscheidet sich nach rein logischen Gesichtspunkten; der Gegensatz Allgemeines — Besonderes steht zur Debatte. Bei der Konsumtion vergleichen wir die sich anbietenden Strafgesetze unter Wertgesichtspunkten bei gleichzeitiger Mitberücksichtigung der besonderen Fallgestaltung. Innerhalb der Konsumtion (im weiteren Sinne) müht man sich um weitere Unterscheidungen: Konsumtion im engeren

Sinne (z. B.: § 243 Ziff. 2 RStGB konsumiert den § 303, sofern im einzelnen Fall —! — das Erbrechen der Behältnisse deren Beschädigung bewirkt hat); Subsidiärität (Verhältnis von Versuch zur Vollendung); Alternativität (Verhältnis von Diebstahl und Unterschlagung); aber die Grenzen dieser Unterscheidungen sind flüssig.

II. Soweit mehrere Handlungen vorliegen, aber *nicht* nach dem zu I. Ausgeführten zu einer Verbrechens*einheit* zusammenzuziehen sind, stellen sie eine Mehrzahl von Verbrechen dar. Eine einheitliche, aus *einem* Strafgesetz zu wählende Strafe ist dann nicht mehr möglich. Wie die Strafe in solchen Fällen zu bilden, ist oben § 19 gezeigt worden.

III. Der Umfang der strafrechtlichen Haftbarkeit.

§ 28. Vollendung und Versuch.

I. Das MilStGB stellt hinsichtlich der Frage, wann bei unvollständiger Tatbestandserfüllung ein strafbarer *Versuch* anzunehmen sei, keine besonderen Rechtssätze auf, übernimmt also insofern gemäß § 2 MilStGB die Regelung des gemeinen Strafrechts (RStGB §§ 43ff.), damit natürlich auch zugleich die bekannten Streitfragen, die sich an das Wesen des Versuchs, seine Abgrenzung gegenüber den Vorbereitungshandlungen, die Frage des untauglichen Versuchs usw. anknüpfen. Das alles kann hier nicht erörtert werden. In der Rechtsprechung des RMilG hatten sich im wesentlichen die vom RG anerkannten Grundsätze bei der Auslegung der §§ 43ff. RStGB eingebürgert. RMilG **18**, 41 anerkennt die Rechtsprechung des RG zur Frage des untauglichen Versuchs, übernimmt demgemäß die grundsätzlich *subjektive* Interpretation des § 43[1]. Auch die (mit der subjektiven Grundauffassung so eigenartig kontrastierende) objektive Unterscheidung von Ausführungs- und Vorbereitungshandlungen sucht RMilG **10**, 253, **11**, 90, **17**, 3 (und öfters) ganz im Sinne des RG durchzuführen. Die Entwicklung zum Willensstrafrecht wird auch im Bereiche des Militärstrafrechts die Ausgestaltung der Versuchslehre bestimmen und die folgerichtige Durchführung der subjektiven Auffassung bringen.

II. Bei militärischen Vergehen wird die Strafbarkeit des Versuchs angeordnet in MilStGB §§ 70, 78, 81; in den Fällen der §§ 137, 138 MilStGB ergibt sie sich nach richtiger Auffassung aus den §§ 303, 242, 246 RStGB in Verbindung mit § 2 MilStGB[2].

Mitunter stellt das MilStGB das „Unternehmen" einer Handlung unter Strafe: vgl. §§ 96, 97, 102, 106, 116. Die herrschende Lehre setzt das Unternehmen dem Versuch gleich, so daß bloße Vorbereitungshandlungen auch hier die Strafbarkeit nicht begründen. § 117 MilStGB stellt in der Tatbestandsfassung noch deutlicher auf den Versuch ab.

III. Was die Bestrafung des Versuchs betrifft, so gelten alle Regeln des gemeinen Strafrechts; nur bezüglich der Ehrenstrafen stellt MilStGB § 46 eine Sondernorm auf. Nach RStGB § 45 ist die Verhängung einer Ehrenstrafe beim Versuch *geboten*, wenn sie es beim vollendeten Delikt ist, dagegen *zulässig*, wenn sie auch beim vollendeten Delikt nur zugelassen wird. Die militärischen Ehrenstrafen dagegen (gleichgültig ob sie für ein militärisches oder ein gemeines Verbrechen oder Vergehen zu verhängen sind) sind beim Versuch immer nur „*zulässig*", auch wenn sie für das vollendete Delikt obligatorisch angeordnet sind.

IV. Strafaufhebungsgründe[3].

§ 29. Tätige Reue.

I. Hat jemand durch sein Verhalten alle Voraussetzungen eines bestimmten Verbrechensbegriffs erfüllt, ist er also mit seinem Handeln in den Bereich des Strafbaren

[1] Bedenklich demgegenüber freilich RMilG **4**, 230 mit stark objektivem Einschlag.
[2] Vgl. dazu oben § 9 I. [3] Vgl. im allgemeinen oben § 22 A II 2.

hineingeraten, so läßt sich an dem Vorhandensein eines Verbrechens nichts mehr ändern; wohl aber kann der Gesetzgeber dem Täter eine „goldene Brücke zum Rückzug" bauen und ihn dadurch anreizen, die vielleicht noch nicht sichtbar gewordene Friedensstörung, den mit dem Verbrechen zu erwartenden Schaden abzuwenden oder den eingetretenen wieder gut zu machen.

II. Dieser Gedanke hat in kasuistischer Weise in der Strafrechtsordnung Berücksichtigung gefunden.

1. Im RStGB ist von Wichtigkeit (und zwar auch für das Militärstrafrecht) vor allem der Rücktritt vom Versuch im Sinne des § 46; aber auch an die §§ 204, 310 (neue Fassung durch Gesetz vom 28. Juni 1935) ist zu erinnern.

2. Das MilStGB hat in §§ 61 und 105 einen obligatorischen, in § 88 einen fakultativen Strafaufhebungsgrund unter dem Gesichtspunkt der Reue und des Wiedergutmachens statuiert. In den §§ 75, 88, 109 verwendet es dagegen denselben Gesichtspunkt als Strafmilderungsgrund (vgl. dazu oben § 17 II 1).

§ 30. Die Verjährung.

Die gemeinstrafrechtliche Unterscheidung von *Verfolgungs-* und *Vollstreckungsverjährung* ist auch für das Militärstrafrecht maßgebend. Auch haben hier für die Fragen nach dem Beginn, der Unterbrechung und dem fristmäßigen Ablauf der Verjährung beider Arten keine Besonderheiten zu gelten mit zwei Ausnahmen: Der Beginn der Strafverfolgungsverjährung bei der Fahnenflucht ist in § 76 MilStGB abweichend von RStGB § 67 Ziff. 4 besonders geregelt worden (vgl. dazu unten § 37). Ferner besteht eine Sonderregelung für die *Vollstreckungsverjährung bei Arreststrafen.* Hier werden für die Berechnung der Verjährungs*frist* die Arreststrafen den Haftstrafen gleich geachtet: MilStGB § 52[1]. Für die Verfolgungsverjährung hat früher (bis 1926) die gleiche Besonderheit gegolten, und zwar auf Grund eines allseitig als solchen anerkannten Redaktionsfehlers. Nunmehr ist das Gesetz berichtigt. Bei allen militärischen Delikten, für die Arrest als Strafe in Frage kommt, handelt es sich nach § 1 Abs. 2 MilStGB stets um Vergehen; militärische Vergehen sind aber nie mit Arrest *allein* bedroht, vielmehr kommt stets auch Gefängnis, und zwar von mehr als drei Monaten in Frage. Die Frist für die Verfolgungsverjährung ist also immer fünf Jahre (RStGB § 67 Abs. 2)[2].

Das MilStGB hätte für die dem gemeinen Recht unbekannte lebenslange Gefängnisstrafe und für die Gefängnisstrafe von 5—15 Jahren eine Sondernorm bezüglich der Verjährungsfristen aufstellen sollen, hat dies aber unterlassen. Man nimmt einhellig an, daß bei lebenslangem Gefängnis die Verfolgung in 20, die Vollstreckung in 30 Jahren verjährt (§ 67 Abs. 1; § 70 Abs. 1 Ziff. 1 RStGB)[3]. Bei den Gefängnisstrafen von 5 bis zu 15 Jahren dürften sich im Hinblick auf RStGB §§ 67 Abs. 1 (15 bzw. 10 Jahre) und 70 Ziff. 3 gar keine Schwierigkeiten ergeben können.

§ 31. Die Begnadigung.

I. Begnadigung ist, strafrechtlich gesprochen, Beseitigung der Straffolgen durch Verfügung der Staatsgewalt, sei es, daß die Straffolgen ganz oder teilweise beseitigt, sei es, daß strengere Strafen in mildere umgewandelt werden. Die Straftat als solche bleibt dagegen unberührt; sie kann daher trotz erfolgter Begnadigung auch weiterhin, etwa zur Rückfallbegründung, in Betracht gezogen werden. Sichernde Maßnahmen sollten ihrem ganzen Wesen nach Gegenstand eines Gnadenaktes nicht sein können; indessen scheint dieser bisher herrschend gewesene Satz neuerdings an Geltung zu verlieren[4].

[1] Verjährungsfrist nach RStGB § 70 Ziff. 6: 2 Jahre. [2] Fuhse § 52 N. 2.

[3] Fuhse § 52 N. 4; Rittau [2] § 52 N. 2 in Übereinstimmung mit der auch früher herrschenden Lehre.

[4] Vgl. § 3 der Gnadenordnung des Reichsministers der Justiz vom 6. Februar 1935.

II. Die Begnadigung bezieht sich als sog. „*Begnadigung im engeren Sinne*“ auf einen einzelnen *individuell* bestimmten Fall, als sog. *Amnestie* auf eine *generell* bezeichnete Vielheit von Fällen. Je nach dem ist die Persönlichkeit des Täters und die Besonderheit der Handlungssituation in *seinem* bestimmten Fall oder die soziologische Bedeutung der gesamten in Frage kommenden Fallgruppe für Anlaß und Ausdehnung des Gnadenaktes maßgebend. Jedenfalls müssen bei beiden Arten der Begnadigung (im weiteren Sinne) rechtskräftig festgesetzte Strafen gegeben sein, deren Milderung oder Wegfall nun herbeigeführt wird. Wird dagegen ein schwebendes Verfahren zum Stillstand gebracht oder der Beginn eines Verfahrens verhindert, um dem in Verdacht Geratenen den strepitus fori zu ersparen, so wird die dahin gehende Anordnung *Niederschlagung* oder *Abolition* genannt. Auch sie kann sich auf einen individuell bestimmten Fall beziehen (Einzelabolition) oder auf eine generell bezeichnete Vielheit von Fällen, in welch letzterem Fale ebenfalls von Amnestie gesprochen zu werden pflegt.

III. Nach dem Reichsstatthaltergesetz vom 30. Januar 1935 steht das Gnadenrecht dem Führer und Reichskanzler zu, der es selbst ausübt oder die Ausübung anderen Stellen mit dem Rechte der Weiterübertragung übertragen kann. Das Nähere regelt der Erlaß des Führer und Reichskanzlers über die Ausübung des Gnadenrechts vom 1. Februar 1935. Vom früheren Rechte unterscheidet sich die heutige Regelung durch die geradlinige Einfachheit, die nach dem Übergang der Justiz an das Reich an die Stelle des komplizierten Nebeneinanders des Gnadenrechtes des Reichs und der einzelnen Länder getreten ist.

1. Der Führer und Reichskanzler hat sich selbst vorbehalten:

a) die Entschließung über die Ausübung des Begnadigungsrechts

α) bei Todesstrafen,

β) bei Strafen wegen Hoch- und Landesverrats,

γ) bei Strafen gegen Soldaten und Wehrmachtbeamte, wenn auf Freiheitsstrafe von mehr als sechs Monaten erkannt ist,

δ) bei anderen Strafen, wenn er den Vorbehalt allgemein oder im Einzelfall ausspricht;

b) die Niederschlagung von Strafverfahren, die zur Zuständigkeit der Gerichte gehören, und von Dienststrafverfahren, die bei Dienststrafgerichten bereits anhängig sind.

2. Die Befugnis zu Gnadenerweisen und -verweigerungen ist im übrigen (mit dem Rechte der Weiterübertragung) dem *Reichskriegsminister* für die zur Zuständigkeit der Militärgerichte gehörigen Sachen übertragen worden; mitumfaßt werden dabei auch die Strafen, die gegen Soldaten und Wehrmachtbeamte vor dem Inkrafttreten der MilStGO von allgemeinen Gerichten verhängt worden sind.

B. Besonderer Teil.

I. Einleitung.

§ 32. Die Systematik der militärischen Verbrechen und Vergehen.

Wir bezeichneten oben § 1 die Disziplin als den Inbegriff aller spezifisch soldatischen Pflichten und nannten diese im allgemeinsten und weitesten Sinne genommene Disziplin das allgemeine Schutzobjekt des Militärstrafrechts. In der Tat kann nicht bestritten werden, daß jedes von einem Soldaten begangene und vor allem natürlich jedes militärische Delikt eine Verletzung der Disziplin, des Grundwertes militärischen Lebens, bedeutet. Aber eben darum ist der Gedanke der Disziplin in diesem weiten Sinne unbrauchbar für die Systematik, mit der wir zu einer Beherrschung des Stoffes des Militärstrafrechts zu kommen suchen. Wir müssen von dem allgemeinen Grundwert zu konkreteren Wertgesichtspunkten aufsteigen, um so die Schutzobjekte genauer zu erfassen, die der Gesetzgeber bei der Aufstellung der einzelnen militärischen Deliktstypen im Auge gehabt hat. Dabei müssen wir freilich den Glauben ablegen, als könne eine in diesem Sinne gewonnene Systematik jemals scharfe Einteilungsgesichtspunkte bieten. Die für das soldatische Sein maßgebenden Werte greifen übereinander und ineinander und bilden zusammen eine Ganzheit, die nicht einfach aus addierten Einzelwerten besteht. Wer seinen Kameraden bestiehlt, verletzt seine Kameradschaftspflicht, aber zugleich auch die Treuepflicht gegenüber Führer, Volk und Staat, denen er sich zu ehrlichem, bis ins letzte treuem und sich selbst überwindendem Soldatentum verbunden hat; er tut seiner soldatischen Ehre Abbruch und stört des weiteren auch die militärische Zucht, denn böses Beispiel steckt an, und eine Erschütterung des gegenseitigen Vertrauens lockert Zucht und Ordnung. Wollen wir also unsere Gedanken über die militärischen Delikte ordnen, indem wir diese in Gruppen zusammenfassen, so haben wir uns zu bescheiden, indem wir die Gruppenbildung danach orientieren, welcher militärische Wert *vornehmlich* und *hauptsächlich* durch die einzelnen Delikte verneint oder beeinträchtigt wird; auch müssen wir die einzelnen Werte in der Bedeutung einsetzen, die sie für eine ungekünstelte, lebensnahe und natürliche Betrachtung haben. So lassen sich wohl, ohne daß damit andere Möglichkeiten systematischer Gruppierungen geleugnet werden sollten, die vier Gruppen unterscheiden, die im folgenden den Gang unserer Untersuchung bestimmen sollen. Die „Treue“ ist dabei durch den Zusatz „gegen Führer, Volk und Staat“ in eine speziellere Beziehung gerückt, so daß die Treupflichtverletzungen die allerschwersten Verstöße des Soldaten darstellen und den Täter als „Verräter“ oder wenigstens als Verleugner der im „bedingungslosen Einsatz für Volk und Vaterland“ liegenden höchsten „Ehre des Soldaten“[1] erscheinen lassen[2]. In ähnlicher Weise setzen wir den Gesichtspunkt der Disziplin in die besondere Beziehung zum militärischen Gemeinschaftsleben, das seiner organischen Struktur nach von dem Verhältnis der Überordnung und Unterordnung beherrscht wird und eben darum existentiell davon abhängig ist, daß „Autorität von oben“ und „Gehorsam von unten“ als lebendige Werte wirksam sind und unerschüttert bleiben.

§ 33. Vorgesetzter und Untergebener.

I. Die Beziehungen zwischen Vorgesetzten und Untergebenen sind für eine große Anzahl militärstrafrechtlicher Tatbestände von grundlegender Bedeutung. Es empfiehlt sich daher, soweit das zum Verständnis dieser Tatbestände erforderlich ist, auf die Begriffe „Vorgesetzter“ und „Untergebener“ näher einzugehen. Das MilStGB setzt sie allenthalben als bekannt voraus, und zwar mit Recht; denn was „Vorgesetzter“ bedeutet und wer die Funktion eines Vorgesetzten auszuüben berechtigt und verpflichtet ist, das alles sind Fragen militärischer Organisation, die das Militärverwaltungsrecht zu klären hat[3]; das Militärstrafrecht *bezieht sich* mit seinen Schutz-

[1] Vgl. Nr. 2 der Pflichten des deutschen Soldaten vom 25. Mai 1934.

[2] Man könnte, wie beim gemeinen Strafrecht, so gerade auch beim Militärstrafrecht jedes militärische Delikt „auf den Nenner der Treupflichtverletzung“ (Freisler) bringen; aber m. E. hat Freisler (bei Gürtner: I, 2. Aufl. S. 47/8) völlig recht, wenn er meint, es sei lebensvoller und zweckmäßiger“, „das einzelne kriminelle Unrecht ... unter dem typischen und der natürlichen Betrachtung zunächst in die Augen fallenden sittlichen Unrechtswert anzusehen, der ihnen gerade eigen ist“, um damit zugleich den Gedanken der Treulosigkeit vor „rechtspolitischer Entwertung“ und Banalisierung zu bewahren. Davor warnt mit Recht auch Dahm Z. f. d. ges. Staatsw. **95**, 283ff. (287, 293). M. E. Mayer, dem Dietz Enz. 227 N. 1 das Verdienst einräumt, die richtige Systematik gewonnen zu haben, hat den Gesichtspunkt der Treupflichtverletzung viel zu sehr verallgemeinert, was sich etwa darin zeigt, daß nicht nur Kriegsverrat und Fahnenflucht, sondern auch Heirat ohne Erlaubnis, falsche Meldungen und unvorsichtiger Waffengebrauch diesem Gesichtspunkt untergeordnet werden. Das ist eine Verflüchtigung des Gedankens bis zur Unbrauchbarkeit.

[3] RMilG **20**, 230; Rotermund Hdwb S. 853; Senftleben Deutsches Wehrrecht 1935, S. 61ff.

normen hierauf und weist insofern die sog. „sekundäre“ Natur aller Strafrechtssätze auf.

II. In der Verordnung über Rang- und Vorgesetztenverhältnis der Soldaten des Heeres vom 29. Juni 1932[1] werden die Offiziere in vier[2], die Unteroffiziere in drei Rangklassen[3] eingeteilt; unter den Mannschaften gibt es dagegen verschiedene Rangklassen nicht. Innerhalb der Rangklassen werden Dienstgrade unterschieden. Oberst, Oberstleutnant, Major sind Dienstgrade der zweiten Rangklasse der Stabsoffiziere; Stabsgefreiter, Obergefreiter, Gefreiter, Schütze sind Dienstgrade unter den Mannschaften. Eine streng gegliederte und geordnete, die Grundlage der ganzen Heeresorganisation, des militärischen Dienstes und seiner Disziplin darstellende Stufenleiter der Dienstgrade und Rangklassen führt vom Schützen bis hinauf zum Generalfeldmarschall.

Ein *Vorgesetztenverhältnis* kann innerhalb dieses Aufbaues auf dreifache Weise zustande kommen:

1. Das *allgemeine Vorgesetztenverhältnis* beruht zunächst auf der Gliederung in Offiziere, Unteroffiziere, Mannschaften. Offiziere sind in und außer Dienst Vorgesetzte aller Unteroffiziere und Mannschaften; Unteroffiziere sind Vorgesetzte aller Mannschaften. Unter den Offizieren wird nun aber des weiteren ein allgemeines Vorgesetztenverhältnis durch die Rangklassen gebildet, d. h.: Offiziere einer höheren Rangklasse sind in und außer Dienst ohne weiteres Vorgesetzte aller Offiziere der niederen Rangklasse. Bei den Unteroffizieren wiederholt sich dies nicht. Hier ist der Angehörige der niedrigeren Rangklasse nicht Untergebener des im Dienstrang Höheren; aber er ist dem letzteren Achtung schuldig, genau wie dies innerhalb der Offiziersrangklasse bezüglich des dienstjüngeren Offiziers gegenüber dem dienstälteren der Fall ist.

2. Das *Vorgesetztenverhältnis auf Grund besonderer Dienststellung* (direktes Vorgesetztenverhältnis). Die Durchführung des militärischen Dienstes bringt es mit sich, daß für einen bestimmten Kreis von Diensthandlungen bestimmten Soldaten durch allgemeine Dienstvorschriften oder durch besondere Anordnung der Befehl über andere Soldaten übertragen wird. Zumeist werden die auf diese Weise mit Befehlsgewalt ausgestatteten Soldaten schon auf Grund des allgemeinen Vorgesetztenverhältnisses Vorgesetzte ihrer Untergebenen sein. Man denke an den mit der Führung der Kompagnie betrauten Hauptmann im Verhältnis zu den Leutnanten, Unteroffizieren und Mannschaften der Kompagnie. Aber nötig ist dies zur Begründung des direkten Vorgesetztenverhältnisses nicht. Vielmehr kann auch der einer niedrigeren Rangklasse angehörende Soldat durch allgemeine Dienstvorschriften oder besondere Anordnung für eine bestimmte Dienststellung Vorgesetzter von Soldaten werden, die einer höheren Rangklasse angehören. Die Grenzen der Befehlsgewalt und der Gehorsamspflicht ergeben sich solchenfalls aus der militärischen Art der Dienststellung. Aus Gründen der Disziplin dürfen übrigens Unteroffiziere niemals zu Vorgesetzten über Offiziere, Mannschaften niemals zu Vorgesetzten über Unteroffiziere bestellt werden; auch sind zur Übertragung einer *dauernden* Befehlsbefugnis an Mannschaften über Mannschaften für gewisse Dienststellungen[4] nur die mit Disziplinarstrafgewalt versehenen Vorgesetzten[5] berechtigt, während jeder Vorgesetzte für *einzelne* Dienst-

[1] Abdruck bei RITTAU [2] S. 173ff. Dazu SENFTLEBEN Deutsches Wehrrecht 1935, S. 63ff., der in Anm. 21 darauf hinweist, daß die VO sinngemäß für alle drei Wehrmachtteile gilt.

[2] 1. Generale, 2. Stabsoffiziere, 3. Hauptleute und Rittmeister, 4. Leutnante. Bei der Kriegsmarine: 1. Flaggoffiziere, 2. Stabsoffiziere, 3. Kapitänleutnante, 4. Leutnante.

[3] 1. Musikmeister (die aber militärstrafrechtlich zu der nächsten Rangklasse der Unteroffiziere mit Portepee rechnen), 2. Unteroffiziere mit Portepee, 3. Fähnriche und Unteroffiziere ohne Portepee.

[4] Korporalschaftsführer, Stubenältester, Unteroffizier vom Dienst, Gruppen-(Geschütz-) Führer, Rekrutengefreiter usw.

[5] Vgl. dazu DStO §§ 8ff., insbesondere §§ 12ff.

verrichtungen einem zum Mannschaftsstande gehörenden Soldaten eine *vorübergehende* Befehlsbefugnis über andere Mannschaften übertragen darf.

3. Endlich kann zwischen einem dienstälteren Offizier und einem dienstjüngeren Offizier ein *Vorgesetztenverhältnis auf Grund eigener Erklärung* des ersteren entstehen, und zwar dann, wenn ein Anlaß besteht, den Dienstjüngeren wegen seines außerdienstlichen Verhaltens zurechtzuweisen. Hier ist eine Erklärung des Offiziers erforderlich, „daß er als Vorgesetzter anzusehen ist“; in diesem Augenblick beginnt das Vorgesetztenverhältnis.

III. Der Vorgesetzte hat das Recht, Befehle in Dienstsachen[1] zu erteilen und Gehorsam der Untergebenen zu verlangen[2]. Bei der außerordentlichen Wichtigkeit des Vorgesetztenverhältnisses ist es notwendig, daß bezüglich seiner größtmögliche Klarheit herrscht, daß also der Untergebene weiß, wem er als seinem Vorgesetzten Gehorsam schuldet. Das allgemeine Vorgesetztenverhältnis ist aus den Rangabzeichen, die jeder Soldat genau lernt, leicht erkennbar. Erfolgt die Begründung des Vorgesetztenverhältnisses durch Übertragung einer besonderen Dienststellung, so ist dies allen Beteiligten dienstlich bekanntzugeben, soweit es sich um eine *dauernde* Befehlsbefugnis handelt. Bei Übertragung einer vorübergehenden Befehlsbefugnis schreibt die unter II erörterte Verordnung Bekanntgabe „in geeigneter Weise“ vor. Wenn der den Schießdienst beaufsichtigende Leutnant einen Gefreiten vor die Front einer Abteilung ruft und ihm befiehlt, die Abteilung zur Kaserne zurückzuführen, so erkennt jeder Soldat die Übertragung einer vorübergehenden Befehlsbefugnis an den Gefreiten; die Bekanntgabe ist „in geeigneter Weise“ erfolgt.

IV. Die §§ 111, 125 MilStGB setzen den „Vorgesetzten“ in wichtigen Beziehungen strafrechtlichen Schutzes und strafrechtlicher Verantwortung die *militärischen Wachen* gleich. Damit ist theoretisch die Frage entstanden: *sind* die militärischen Wachen Vorgesetzte aller übrigen Soldaten (mit Ausnahme der Wachvorgesetzten)? oder *fingiert* das Gesetz die Vorgesetzteneigenschaft, indem es an diese Fiktion zugleich bestimmte strafrechtliche Folgen knüpft? Die „Fiktionstheorie“ ist, da das RMilG **7**, 184, **20**, 194 sie als richtig anerkannt und das R **60**, 338/9 diesen Standpunkt gebilligt hat, als die herrschende zu bezeichnen[3]. Aber angesichts der militärischen Lebenswirklichkeit erscheint es als recht fragwürdig, mit Fiktionen zu arbeiten. Alter militärischer Dienstgrundsatz ist es, daß den Wachen „alle Personen ohne Unterschied des Ranges und Standes Achtung und Gehorsam schuldig sind“[4]. Die Befehlsbefugnis der Wachen auch im Range höheren Soldaten gegenüber im Rahmen des Wachdienstes steht völlig fest; daß andererseits aus dem allgemeinen Vorgesetztenverhältnis ranghöherer Soldaten den Wachen gegenüber eine Befehlsbefugnis insoweit *nicht* abgeleitet werden darf, als dies im Widerspruch zu der Befehlsbefugnis der Wache stehen würde, ist ebenfalls durchaus anerkannt. Warum demgemäß die Wachen nicht Vorgesetzte *sein* sollen, ist nicht erfindlich. Es handelt sich um ein aus der besonderen Dienststellung sich ergebendes Vorgesetztenverhältnis, wie wir es

---

[1] S. darüber oben § 26 C II 1 (S. 56).

[2] Vgl. RMilG **7**, 184: Die „spezifischen Eigentümlichkeiten des Vorgesetztenverhältnisses bestehen ... darin, daß der Vorgesetzte das Recht hat, zu befehlen, zu rügen und zu bestrafen. Nicht dazu gehört das Recht des Ranghöheren auf Achtung.“ „Das Recht auf Achtung“, so heißt es dann weiter, „bildet kein Spezifikum des Vorgesetztenverhältnisses, *sondern besteht neben demselben*“. Vgl. weiter R **60**, 338, **64**, 68.

[3] Ihr treten bei Rittau[2] § 111 N. 9; Rissom Hdwb 860; Fuhse § 111 N. 2 u. a. Dagegen aber M. E. Mayer II 13, Dietz Enz. 227. Romen-Rissom § 111 N. 1a halten die Ansicht Mayers für naheliegend und zeigen, daß die Gegenmeinung die übliche Begriffsbestimmung des „Vorgesetzten“ modifizieren und hinsichtlich der Befehlsbefugnis die Unterscheidung zwischen „Vorgesetzten“ und „Wachen“ suchen müsse.

[4] So die Preuß. AKO vom 21. März 1792 (zitiert in RMilG **7**, 182 und bei Romen-Rissom § 111 N. 1a), die jede Wache „als von Seiner Majestät selbst zum Dienst befehligt anzusehen“ befahl! Vgl. über die weitere Entstehungsgeschichte des § 111 MilStGB RMilG **7**, 181ff.; Keller MilStGB § 111 Anm.

unter II 2 kennengelernt haben. Freilich sind die Wachen den ranghöheren Soldaten Achtung schuldig. Aber da das RMilG selbst (vgl. oben S. 66 Note 2) das Recht auf Achtung als ein „neben dem Vorgesetztenverhältnis" stehendes, lediglich auf den Rangunterschieden beruhendes Recht ansieht, so kann die Achtungsverpflichtung dem Vorgesetzenverhältnis der Wachen nicht Abtrag tun. Also: *die militärischen Wachen sind Vorgesetzte aller anderen Soldaten* (mit Ausnahme der Wachvorgesetzten)[1] *im Rahmen der Wachdienstfunktionen.*

Zu beachten ist aber: nicht alle zum Wachdienst kommandierten Soldaten, sondern nur die *in Ausübung dieses Dienstes begriffenen* und als solche *äußerlich erkennbar* gemachten Soldaten erwerben kraft Wachdienstes die Vorgesetzteneigenschaft (§ 111 Abs. 2 MilStGB). Die Mannschaften im Wachlokal, die zum Schiffswachdienst *bereit gehaltenen* Mannschaften der die Hafenwache oder Seewache gehenden Division üben den Wachdienst im Sinne des § 111 Abs. 2 MilStGB nicht aus; wohl aber ist das der Fall bezüglich des den Wachdienst leitenden wachhabenden Offiziers (an Bord), des „Wachthabenden" im Wachlokal und hinsichtlich aller Posten, Straßenstreifen und sonstigen Soldaten, die vom Wachthabenden mit einer besonderen Funktion des Wachdienstes betraut werden[2]. Was die äußere Erkennbarkeit betrifft, so dient hierzu der vorgeschriebene Dienstanzug, durch den sich der den Wachdienst ausübende Soldat von anderen unterscheidet[3].

Aus der Vorgesetzteneigenschaft der militärischen Wache folgt:

1. Vorgesetzte der Wachen selbst sind nur die Wachvorgesetzten[4].

2. Die anderen ranghöheren Soldaten, denen außerhalb des Wachdienstes den der militärischen Wache zugehörenden Soldaten gegenüber Befehlsgewalt eignet, dürfen diese der Wache gegenüber nicht ausüben; ihre Vorgesetzteneigenschaft ruht; sie werden in wachdienstlicher Beziehung selbst Untergebene der Wachen[5]. Beachten sie dies nicht, so kommt Strafbarkeit aus § 120 MilStGB in Frage[6].

3. § 125 MilStGB zählt die einzelnen Delikte auf, die als Mißbrauch der Vorgesetzteneigenschaft von einer militärischen Wache begangen werden können: §§ 114 bis 116, 118—123. Soweit in diesen Bestimmungen von Untergebenen als Delikts*objekten* gesprochen wird, kommen natürlich auch Soldaten von höherem Range, verglichen mit dem Range der den Wachdienst ausübenden Soldaten, in Betracht.

4. Die Delikte, bei denen die Wachen selbst als Objekte strafbarer Handlungen den Vorgesetzten gleichgeachtet werden, sind in § 111 Abs. 1 im einzelnen benannt; es handelt sich um die §§ 89, 91, 92—95, 96, 97, 103—110a MilStGB.

V. Soweit das MilStGB den Begriff „Vorgesetzter" verwendet, bezieht er sich nur auf „Soldaten", nicht etwa auch auf Wehrmachtbeamte[7]. Soweit diese Offiziersrang haben, sind sie im Verhältnis zu den Unteroffizieren und Mannschaften „im Dienstrang Höhere", nicht Vorgesetzte. Deutlich wird dieser Unterschied in MilStGB

---

[1] Wer hierzu gehört, bestimmt die Standortdienstvorschrift und sonstiges militärisches Verwaltungsrecht. Wachvorgesetzte aller Wachen sind der Führer und Reichskanzler, der Reichskriegsminister, sowie der Oberbefehlshaber des Heeres (beim Heer), der Kriegsmarine (bei dieser) und der Luftwaffe (bei dieser). Vgl. RITTAU [2] § 111 N. 9.

[2] Vgl. z. B. RMilG **7**, 294.

[3] Einzelheiten regeln die Standortdienstvorschrift, die Bestimmungen über den Dienst an Bord, aber möglicherweise auch Einzelanordnungen, die von zuständiger Stelle durch ausdrücklichen Befehl getroffen werden. Vgl. etwa RMilG **10**, 296 **12**, 30, **20**, 260; ferner RITTAU[2] § 111 N. 14.

[4] Vgl. oben Anm. 1

[5] Folge: Der Wache gegenüber können sie sich nicht aus §§ 121, 122 MilStGB, die als Täter einen Vorgesetzten, als Verletzten einen Untergebenen voraussetzen, strafbar machen. Richtig ZAHLER Arch. **7**, 293; unrichtig ROMEN-RISSOM § 111 N. 1b β, RMilG **20**, 194, weil ihre Gegenmeinung zu dem von RMilG **7**, 184 mit Recht zurückgewiesenen Ergebnis führen würde, daß jemand innerhalb desselben Dienstverhältnisses gleichzeitig Untergebener und Vorgesetzter wäre.

[6] RMilG **5**, 129; ZAHLER Arch. **7**, 293.

[7] Vgl. die VO über Rang- und Vorgesetztenverhältnis unter D Ziff. 1.

§§ 91, 112 betont. Zu beachten ist aber auch § 6c MilStGB, wonach unter bestimmten Voraussetzungen Wehrpflichtige des Beurlaubtenstandes, auch außerhalb der in § 6 bezeichneten Zeit, Vorgesetzte sein können.

II. Die Verletzungen der Pflicht zur Treue gegenüber Führer, Volk und Staat.

§ 34. Der Kriegsverrat.

I. Unter „*Kriegsverrat*" versteht § 57 MilStGB den *Landesverrat* im Sinne des § 91b RStGB, den ein dem militärischen Pflichtenkreise zugehöriger Täter[1] *im Felde*[2] begeht. Während alle anderen Fälle des Landesverrats im Sinne des Abschnitts 1a des RStGB (§§ 88ff.), wenn sie von Wehrmachtangehörigen begangen werden, gemeine Delikte bleiben, wandelt § 57 MilStGB den zum Kriegsverrat gestempelten Fall in ein militärisches Verbrechen um[3]. Auch setzt § 57 im Gegensatz zum RStGB die Todesstrafe als absolut bestimmte Strafe fest, während er andererseits nicht zuläßt, daß die in Abs. 2 des § 91b RStGB vorgesehene Strafmilderung dem Kriegsverräter zugute kommt. Den Wehrmachtangehörigen, der sich für das Reich im Kriege opfern soll[4], trifft die Todesstrafe[5] ohne Rücksicht darauf, ob der dem Feinde verschaffte Vorteil, der dem Reich zugefügte Nachteil bedeutend oder unbedeutend ist. Was die Einzelinterpretation des § 91b RStGB betrifft, so ist auf die Kommentare zum RStGB zu verweisen. Der Begriff des „Unternehmens" findet in RStGB § 87 seine auch für § 91b maßgebende Erklärung. Die Förderung der feindlichen Macht, die Schädigung der eigenen Kriegsmacht muß der Verräter — das gerade charakterisiert ihn und weist auf seine treulose Gesinnung hin — bewußt ins Auge fassen, auf sie muß er mit seinem „Unternehmen" hinwirken. Im Gegensatz zu dem bisherigen § 89 RStGB verlangt der jetzige § 91b nicht mehr eine tatsächlich herbeigeführte Schädigung der eigenen oder Förderung der feindlichen Kriegsmacht; vielmehr ist das Delikt in ein Gefährdungsverbrechen umgewandelt worden.

II. Die außerordentliche Gefährlichkeit des Kriegsverrats legt den Gedanken nahe, ihn schon im Keim zu ersticken. § 59 MilStGB stellt daher schon die *Verabredung eines Kriegsverrats*, auch wenn es nicht zum kriegsverräterischen Unternehmen selbst kommt, unter Strafe[6]. Eine strafbare Verabredung liegt vor, wenn „mehrere", d.h. mindestens zwei Personen in ernstlicher Willensübereinstimmung einen Kriegsverrat derart ins Auge fassen, daß jeder zur Mitwirkung an ihm bereit ist[7]. Vage Pläne,

---

[1] Also: Soldaten, Wehrmachtbeamte (§ 153 MilStGB; oben § 20 II 3); aber auch die zum Heeresgefolge gehörenden Personen (§ 155 MilStGB; oben § 20 II 5a). Auch ausländische Offiziere (§ 157) und Kriegsgefangene (§ 158) kommen als Täter in Frage, und zwar unter den Voraussetzungen des § 7 MilStGB auch dann, wenn sie die Tat im Auslande begehen; freilich muß an Kriegsgefangene die in § 9 Ziff. 4 erwähnte Bekanntmachung ergangen sein. Die in § 160 Genannten müssen den Landesverrat auf dem Kriegsschauplatz, außerdem auch während eines gegen das Deutsche Reich ausgebrochenen Krieges (also nicht bloß in Beziehung auf einen drohenden Krieg: § 91b RStGB) begangen haben, unterfallen dann ebenfalls der Strafe des § 57; vgl. RMilG **20**, 203, **21**, 174; RITTAU[2] § 160 N. 3; NEHMEYER Hdwb. 453.

[2] § 57 ist also ein Kriegsgesetz; vgl. oben § 4.

[3] Durch die Zufügung „im Felde" wird ein Teil der tatbestandsmäßigen Charakterisierung der Tat vom MilStGB geboten; vgl. oben § 3 III.

[4] Pflichten des deutschen Soldaten Nr. 2. [5] Dazu § 14 MilStGB.

[6] Zuchthaus nicht unter 5 Jahren. Täterschaftskreis wie oben Anm. 1.

[7] R **58**, 392 (zu RStGB § 49b) hält es im Gegensatz zum Text, zu FRANK: § 49b I, v. LISZT-SCHMIDT, 25. Aufl., S. 466 u. a. nicht für nötig, daß die Verabredenden selbst die Tat durchzuführen den Willen haben müßten. Im Einzelfalle ist möglicherweise mit Hilfe der Analogie das von R. gewünschte Ergebnis zu erreichen. Den Begriff der Verabredung aber faßt R. zu weit. — Daß zu einer Verabredung „stillschweigende oder konkludente Handlungen" nicht genügen sollten, wie RMilG **14**, 220 (224) meint, läßt sich so allgemein nicht sagen. § 59 läßt *jedes* Zustandekommen einer ernstlichen Willensübereinkunft genügen. Richtig ROMEN-RISSOM § 59 N. 2.

unverbindliche Vorbesprechungen stellen noch keine Verabredung dar. Die Verabredung selbst braucht nicht „im Felde" begangen zu sein; nur § 57, nicht auch § 59 ist ein Kriegsgesetz[1]. Im Verhältnis zu § 57 hat § 59 subsidiäre Bedeutung[2]; wird also von den Verabredenden der Kriegsverrat begangen, so ist die Strafe nur dem § 57 zu entnehmen. Die *versuchte* Verabredung ist *als solche* nicht strafbar; andererseits bewirkt aber auch die nachträgliche Loslösung vom Komplott nicht Straflosigkeit gemäß RStGB § 46; vielmehr kann sich der Komplottant Straflosigkeit nur auf dem Wege des § 61 MilStGB sichern (vgl. unten IV).

III. Die *unterlassene Anzeige eines bevorstehenden Kriegsverrats* wird in § 60 MilStGB selbständig unter Strafe gestellt. Strafbar ist, wer[3] von dem Vorhaben eines Kriegsverrats zu einer Zeit, wo die Verhütung noch möglich ist, glaubhafte Kenntnis erhält und es unterläßt, hiervon rechtzeitig Anzeige zu machen. Kenntnis von einer *Verabredung* im Sinne des § 59 MilStGB genügt. Voraussetzung für die Strafbarkeit aber ist, daß der Kriegsverrat selbst (nicht bloß eine Verabredung) begangen oder versucht worden ist (objektive Bedingung der Strafbarkeit: oben § 22 B). Dabei ist es zweifelhaft, ob *schuldhafte* Begehung des Kriegsverrats gefordert werden muß. Im analogen Fall des § 139 RStGB hat man von diesem Erfordernis aus in der Tat die unterlassene Anzeige des von einem Schuldunfähigen begangenen Verbrechens für straflos erklärt[4]. Dem Sinne des § 139 RStGB. entspricht dies aber so wenig, wie dem Grundgedanken des § 60 MilStGB, namentlich wenn man diese beiden Bestimmungen, wie es von der herrschenden Lehre mit Recht verlangt wird, von dem Gedanken einer „negativen Beihilfe"[5] scharf trennt. Stellt sich also die Schuldunfähigkeit des Kriegsverräters heraus, so darf das die Strafbarkeit aus § 60 nicht berühren[6]. Objektives Kriegsverrats-Unrecht hätte verhütet werden sollen und ist nicht verhütet worden, weil eine im MilStGB statuierte Anzeigepflicht verletzt worden ist. — Streitig ist, ob fahrlässige Nichtanzeige genügt[7]. Die Frage muß verneint werden, da sonst die für die Nichtanzeige angedrohte „Strafe des Mittäters" (sc. am Kriegsverrat!) nicht erklärbar wäre. Die Anzeigepflicht besteht nicht für den am Vorhaben des Kriegsverrats (§§ 57, 59) selbst Beteiligten[8]. Möglicherweise kann eine Anzeigepflicht mit einer aus dienstlicher Stellung[9] sich regelnden Verhinderungspflicht zusammentreffen. Wer gegen seine Pflicht, den Kriegsverrat zu verhindern, verstößt und dabei die kriegsverräterische Handlung des andern mit seinem Vorsatz umfaßt, ist nach geltendem Recht Gehilfe, in seltenen Fällen (Schuldlosigkeit des „Täters") mittelbarer Täter. Er wäre also ein „Beteiligter am Kriegsverrat", und es liegt nahe, eben deshalb die Anzeigepflicht zu leugnen. Indessen spricht hiergegen die auf die Verletzung der letzteren angedrohte Mittäter-Strafe. Wenn also die Verletzung der Verhinderungspflicht in concreto nicht zu einer Täter-Strafe führen kann, so konsumiert die Anzeigepflicht die Verhinderungspflicht, und die (Mit-)Täterstrafe aus § 60 greift Platz[10].

---

[1] Für Wehrmachtbeamte aber vgl. § 153 MilStGB.

[2] Vgl. R 59, 376 (zu § 49b RStGB); Frank § 49b III; v. Liszt-Schmidt 25. Aufl. S. 467.

[3] Auch § 60 ist kein Kriegsgesetz. Soldaten können also auch, ohne im Felde zu sein, das Delikt begehen. Bezüglich der Wehrmachtbeamten: § 153; vgl. ferner § 155, 157, 158. Dagegen dürfte § 60 für die in § 160 Genannten nicht gelten; ebenso Romen-Rissom § 60 N. 2; zweifelnd Nehmeyer Hdwb 454.

[4] Vgl. Frank § 139 I.

[5] Vgl. dazu Frank § 139 VIII; v. Liszt-schmidt 25. Aufl. S. 849.

[6] Diesen Standpunkt hat de lege ferenda auch die Amtl. Strafr. Komm. eingenommen, vgl. Gürtner II S. 172.

[7] Vgl. Romen-Rissom § 60 N. 4. [8] Nehmeyer Hdwb 454.

[9] Aufsichtspflicht des Vorgesetzten.

[10] Der Vorgesetzte, der den ihm bekannt gewordenen Kriegsverrat seines Untergebenen weder verhindert noch anzeigt, ist also nicht gemäß §§ 44, 49 RStGB, 53, 55 Ziff. 1 MilStGB, § 57 MilStGB mit Zuchthaus von 3 bis zu 15 Jahren (§ 16 Abs. 2 MilStGB), sondern gemäß §§ 57, 60 MilStGB, 47 RStGB mit dem Tode zu bestrafen. *Bei Anwendbarkeit des 143 § ist das gleiche Ergebnis unmittelbar aus dieser Stelle zu gewinnen.*

IV. Oben § 29 II 2 ist bereits auf den in der Lehre vom Kriegsverrat wichtigen Strafaufhebungsgrund (oben § 22 A II 2) des § 61 MilStGB hingewiesen worden, der demjenigen Straflosigkeit zusichert, der zwar durch seine Beteiligung am Vorhaben eines Kriegsverrats im Sinne der §§ 57, 59 MilStGB schon straffällig geworden ist, aber zu einer Zeit, wo die Dienstbehörde, d. h. eine zum Einschreiten zuständige Stelle, nicht schon anderweit davon unterrichtet ist, in einer die Verhütung des Verbrechens ermöglichenden Weise Anzeige macht. Schreitet die Behörde, obwohl sie es könnte, auf die Anzeige hin nicht rechtzeitig oder energisch genug ein, so daß der Verrat nun dennoch stattfindet, so ändert dies an der Straflosigkeit des Anzeigenden nichts mehr. „Beteiligung“ ist im weitesten, Täterschaft und Teilnahme umfassenden Sinne zu verstehen.

§ 35. Die Gefährdung der Kriegsmacht im Felde.

Es braucht nicht notwendig ein „Verräter“ (oben § 34 I) zu sein, wer im Felde die Kriegsmacht schädigt und damit zugleich die Lage des Feindes verbessert. Auch durch ein Versagen im militärischen Dienst können Auswirkungen dieser Art herbeigeführt werden, ohne daß der versagende Soldat den Verräter-Dolus haben müßte. Das MilStGB behandelt diese Möglichkeit in den Tatbeständen der §§ 62 und 63.

I. § 62 bedroht mit Strafe denjenigen, der im Felde eine Dienstpflicht[1] vorsätzlich verletzt, vorausgesetzt, daß dadurch eine Beförderung der feindlichen Unternehmungen oder eine Gefährdung oder Benachteiligung der kriegführenden deutschen oder verbündeten Truppen verursacht wird. Diese Folgewirkung hat der Täter mit seinem Vorsatz nicht zu umfassen, da sonst Kriegsverrat gegeben wäre. Aber auch Fahrlässigkeit ist nicht zu verlangen; vielmehr genügt eine schuldlose bloße Verursachung, wenn nur die Dienstpflichtverletzung selbst vorsätzlich begangen ist. § 62 stellt insofern ein durch den Erfolg qualifiziertes Delikt[2] dar.

Strafe: Zuchthaus, Gefängnis oder Festungshaft bis zu 10 Jahren[3]. Vgl. dazu RStGB § 20 (oben § 15 II 2)! Strafmilderung (Freiheitsstrafe im Sinn der §§ 16, 17, 21 bis zu 3 Jahren) in minder schweren Fällen (oben § 17 II 2), sowie bei fahrlässiger (das Gesetz sagt mißverständlich: nicht vorsätzlicher) Dienstpflichtverletzung. In allen Fällen kann Offizieren gegenüber auf Verlust der Wehrwürdigkeit (§ 31 Abs. 3), Unteroffizieren gegenüber auf Dienstentlassung erkannt werden. Idealkonkurrenz möglich mit §§ 86, 92, 141 Abs. 2, 3 MilStGB.[4]

II. Eine Reihe von Strafschärfungsgründen zählt § 63 in 4 Nummern für dienstpflichtwidriges Verhalten militärischer Befehlshaber auf. Die Fälle sind vom Gesetz so gestaltet, daß die Förderung des Feindes, die Benachteiligung der eigenen Truppen im Tatbestande nicht besonders hervorgehoben zu werden braucht, vielmehr als ohne weiteres gegeben unterstellt werden darf[5]. Was die Schuld betrifft, so ist dem Tatbestande zu entnehmen, daß hinsichtsich der Nichterschöpfung oder Vernachlässigung der Verteidigungsmittel sowie hinsichtlich der verabsäumten Pflichterfüllung Fahrlässigkeit genügt[6].

Strafe: Todesstrafe; in minder schweren Fällen der Ziff. 2, 3 Festungshaft nicht unter 5 Jahren oder lebenslange Festungshaft.

§ 36. Die unerlaubte Entfernung.

Die Schlagfertigkeit der Wehrmacht und das sichere Arbeiten des militärischen Befehlsapparates ist dadurch bedingt, daß die bei den Truppenteilen eingestellten

[1] Vgl. hierzu oben § 11 II 2. Beachtlich die Ausführungen von Schrammen Arch. 8, 181: Der Soldat, der den Posten im Schützengraben eigenmächtig verläßt, ist regelmäßig nicht aus § 141, sondern aus § 62 strafbar. Vgl. unten § 51.

[2] v. Liszt-Schmidt 26. Aufl. S. 169, 238.

[3] Der Text des § 62 ist mißverständlich, da die zeitige Beschränkung auf 10 Jahre nur bei Zuchthaus und Festungshaft ausdrücklich angegeben wird. Sie bezieht sich aber auch auf die Gefängnisstrafe.

[4] Romen-Rissom § 62 N. 6.

[5] Nehmeyer Hdwb S. 332.

[6] Noch weiter geht Nehmeyer Hdwb S. 332.

oder sonstigen Dienststellen zugewiesenen Soldaten sich der Befehlsgewalt der Vorgesetzten zur Verfügung halten. Trennt sich der Dienstverpflichtete eigenmächtig von der „Machtsphäre der ihm militärisch Übergeordneten", so wird, auch wenn die Absicht der Rückkehr in diese Machtsphäre besteht, eine schwere Störung des militärischen Organismus und der soldatischen Disziplin verursacht, und der Verursacher verletzt nicht nur seine Dienstpflicht, sondern auch seine allgemeine soldatische Treupflicht in gröblichster Weise. Damit ist das Wesen der unerlaubten Entfernung[1] beschrieben.

I. Die unerlaubte Entfernung besteht nach § 64 darin, daß jemand eigenmächtig seine Truppe oder Dienststelle verläßt oder ihnen fernbleibt und hierdurch vorsätzlich oder fahrlässig eine Abwesenheit verursacht, die länger als sieben, im Felde länger als drei Tage dauert.

1. *Täter* des Deliktes können sein:

a) in erster Linie „Soldaten", ferner Wehrpflichtige des Beurlaubtenstandes gemäß MilStGB § 6 Ziff. 1 und 3[2];

b) Wehrpflichtige, die ausgehoben oder zum freiwilligen Eintritt angenommen, vorläufig aber in die Heimat beurlaubt sind (MilStGB § 6a);

c) Wehrmachtbeamte im Felde (MilStGB § 153);

d) Personen des Heeresgefolges (§ 155), falls ein Dienst- oder Vertragsverhältnis sie an die Wehrmacht bindet[3];

e) Schiffsangestellte i. S. des § 166 Abs. 1 MilStGB.

Nicht aber können Täter sein ausländische Offiziere, Personen ihres Gefolges (MilStGB § 157), sowie Kriegsgefangene (§ 158). Vgl. oben § 20 II. In allen diesen Fällen fehlt das militärdienstlich verpflichtende Band, das durch Entfernung zerrissen werden könnte.

2. Durch die unerlaubte Entfernung wird die *besondere* oder *subjektive* Dienstpflicht verletzt, die den Täter an einen bestimmten Truppenteil im engeren Sinn (Kompagnie, Batterie, Schiff usw.) oder an eine *bestimmte* Dienststelle bindet[4]. Daher ist eine Dienstpflichtverletzung dieser Art auch dadurch möglich, daß sich der Täter zwar nicht jeglicher Befehlsgewalt entzieht, sich aber eigenmächtig bei einer andern Truppe oder Dienststelle oder bei einem andern Truppen*teil*, z. B. einem andern Bataillon innerhalb desselben Regiments aufhält.

3. Die Handlung besteht a) entweder darin, daß der Täter sich von der für ihn zuständigen Befehlssphäre trennt[5], also der Dienstpräsenz entzieht[6], was nicht notwendig mit einem Verlassen des Standorts verbunden sein muß, sondern z. B. auch durch ein Sich-Verstecken innerhalb des Kasernenbereichs erfolgen könnte.

b) oder darin, daß der Täter der für ihn zuständigen Befehlssphäre fernbleibt, indem er einer Einberufung nicht folgt oder, nachdem er sich berechtigtermaßen aus der für ihn zuständigen Befehlssphäre getrennt hat, es unterläßt, in sie zurückzukehren, indem er z. B. den Urlaub überschreitet[7]. In beiden Fällen muß der Täter „*eigenmächtig*", d. h. vorsätzlich rechtswidrig gehandelt haben[8]. Ist der Täter durch einen unabwendbaren Zufall von seiner Truppe getrennt oder an der Wiedervereinigung mit ihr verhindert, so fehlt es, solange dieser Zustand andauert, an der Eigenmächtigkeit, sofern überhaupt von einem „Verlassen", bzw. einem „Fernbleiben" gesprochen werden darf. Zu solchen Zufällen gehören natürlich auch Erkrankungen. Es ist aber zu beachten, daß der Soldat eine weitgehende Pflicht hat, sich zu über-

[1] Vgl. RMilG **3,** 170, **20,** 17; Autenrieth Hdwb 758; Romen-Rissom § 64 N. 2. Abweichend (bezüglich der Treupflicht) Fuhse § 64 N. 3.

[2] Ziff. 2 (Wehrversammlung) scheidet hier aus, da das Fernbleiben von dieser nicht länger als 7 Tage dauern kann, diese Dauer aber Tatbestandsmerkmal ist. Vgl. Rittau [2] § 6 N. 5.

[3] Sonstiger Aufenthalt, sonstiges Folgen im Sinne des § 155 genügen nicht: RMilG **19,** 178.

[4] RMilG ständig, zuletzt **21,** 161. [5] RMilG **3,** 166. [6] RMilG **18,** 80.

[7] Früher ein tatbestandsmäßig besonders hervorgehobener Fall der unerlaubten Entfernung.

[8] Vgl. RMilG **3,** 130; Autenrieth Hdwb 759.

winden und physische Übelstände auf sich zu nehmen. Namentlich Gestellungsbefehlen gegenüber ist hier ein strenger Standpunkt einzunehmen[1]. Nur eine tatsächliche Unmöglichkeit der Befehlsvollziehung wird die Eigenmächtigkeit ausschließen.

4. Das Fernsein von der zuständigen Befehlssphäre muß länger als sieben, im Felde länger als drei volle, von Mitternacht zu Mitternacht zu berechnende Tage dauern. Der Tag, an dem das Fernsein beginnt, und der Tag, an dem es aufhört, sind bei der Fristberechnung nicht mitzuzählen[2]. Während die Handlung (oben zu 3) vorsätzlich begangen sein muß, hat der Täter für die *Dauer* des Fernseins auch Fahrlässigkeit zu verantworten. Solange der Täter schuldhaft von seiner Truppe oder Dienststelle abwesend ist, verwirklicht er den Tatbestand der unerlaubten Entfernung, die ein sogen. Dauerdelikt darstellt. Während dieser Dauer geleistete Unterstützung ist Beihilfe (§ 49 RStGB), nicht etwa Begünstigung (§ 257 RStGB). Die Verjährung beginnt erst mit dem Ende des Fernseins[3].

5. Strafe: Gefängnis oder Festungshaft von 43 Tagen bis zu 2 Jahren, in minder schweren Fällen Strafermäßigung bis zu 14 Tagen geschärften Arrests zulässig. Bei mehr als siebentägiger Abwesenheit im Felde Strafschärfung nach § 67: Freiheitsstrafe von 6 Monaten bis zu 5 Jahren, in minder schweren Fällen von 3 Monaten bis zu 6 Jahren.

II. Der unerlaubten Entfernung stellt § 65 in der Bestrafung gleich[4] den Fall, wo der Täter (s. oben I 1) im Felde es vorsätzlich oder fahrlässig unterläßt, binnen 3 Tagen 1. sich der Truppe, von der er abgekommen, oder einer andern Truppe wieder anzuschließen, oder 2. sich nach beendeter Kriegsgefangenschaft bei einem Truppenteil zu melden. Wer außerhalb der deutschen Hoheitsgrenzen, etwa bei einer Auslandsreise eines deutschen Kriegsschiffes, von seiner Dienststelle abkommt, hat sich alsbald bei einer andern Dienststelle oder einer deutschen Behörde (z.B. Konsulat) zu melden. § 65 Abs. 2 droht die Strafe der unerlaubten Entfernung dem an, der diese Meldung binnen drei Tagen vorsätzlich oder fahrlässig unterläßt.

§ 37. Die Fahnenflucht.

Schwerster Treulosigkeit macht sich schuldig, wer sich dem Dienste in der Wehrmacht überhaupt zu entziehen trachtet. Tritt dieses subjektive Moment zum Tatbestande der unerlaubten Entfernung hinzu, so ist das militärische Delikt der Fahnenflucht gegeben. In den §§ 69—78 nimmt das MilStGB zu diesem Deliktstypus und einer Reihe von Nebenerscheinungen Stellung.

A. Die *Fahnenflucht selbst* in ihren verschiedenen tatbestandsmäßigen Spielarten:

I. *Das Grunddelikt der Fahnenflucht,* § 69.

1. Objektiv wird ein Verlassen der zuständigen Befehlssphäre („seiner" Truppe oder Dienststelle; vgl. dazu oben § 36 I 2, 3) oder ein Fernbleiben von ihr verlangt.

2. Hinzutreten muß aber ein die Rechtswidrigkeit der Fahnenflucht charakterisierendes subjektives Unrechtselement, das in dreifacher Spielart möglich ist und demgemäß zu drei Formen des Grunddelikts der Fahnenflucht führt:

a) Der Täter muß die Absicht (gleich Beweggrund) haben, sich der Verpflichtung zum Dienste in der Wehrmacht dauernd[5] zu entziehen. Durch diese Fassung, die das Vereinf.-Ges. 1926 dem § 69 gegeben hat, wird als entscheidender Gesichtspunkt die beabsichtigte Verletzung der allgemeinen Wehrdienstverpflichtung als solcher klar

---

[1] RMilG **18,** 250; dazu ROMEN-RISSOM § 64 N. 4, sowie unten im Text § 44 III 1 a. E.

[2] Grundlegend RMilG **3,** 263, ferner **14,** 35. — Abwegige Fristberechnung bei ROTHER Arch. **7,** 278, indem er als letzten Tag des Fernseins *den* angesehen wissen will, an dem der Soldat ernstlich zurückkehrt, so daß die bis zum Eintreffen bei der Truppe verstreichende Zeit zu seinen Lasten nicht zu berücksichtigen wäre. Vgl. auch WRONKA Arch. **7,** 409ff.

[3] RMilG **5,** 220; AUTENRIETH Hdwb 758.

[4] Für die Strafe wird auf § 65 verwiesen; aber auch § 67 ist entsprechend heranzuziehen.

[5] Also die „Absicht, nicht wieder in die Dienstverhältnisse zurückzukehren" (Begründung zum Entwurf); vgl. RMilG **9,** 125.

herausgestellt und der besondere kriminelle Gehalt des Delikts gerade zum Unterschied von der unerlaubten Entfernung scharf betont[1].

b) Der zu a) erwähnten Absicht steht aber seit dem Vereinf-Ges. gleich die Absicht, die Auflösung des Dienstverhältnisses zu erreichen[2].

c) Endlich genügt nach § 69 Abs. 2 auch die Absicht, sich für die Dauer eines Krieges, kriegerischer Unternehmungen oder innerer Unruhen der Verpflichtung zum Dienst in der Wehrmacht überhaupt oder in den mobilen Teilen der Wehrmacht zu entziehen, mag der Täter auch gewillt sein, nach dem Ernstfall sich wieder allenthalben in der Wehrmacht verwenden zu lassen.

Selbstmordabsicht entspricht den unter a) bis c) erörterten Beweggründen nicht; wer sich mit einer solchen von der Truppe entfernt, ist nicht fahnenflüchtig.

3. Eine bestimmte Dauer des Fernseins von der zuständigen Befehlssphäre verlangt § 69 im Gegensatz zu § 64 nicht, da ja der entscheidende Ton bei der Fahnenflucht auf dem zu 2. erörterten subjektiven Unrechtselement liegt, für das äußere Verhalten also eine auch nur kurze Trennung von der Truppe oder Dienststelle genügen kann.

4. Täter kann nur sein, wer einerseits unerlaubte Entfernung begehen (dazu oben § 36 I 1) und überdies die oben unter 2 a—c bezeichnete Absicht haben kann. Letzteres aber bedeutet, daß für den Täter der Pflichtenkreis verbindlich sein muß, auf dessen Verletzung die tatbestandsmäßige Absicht gerichtet ist. Ein Ausländer, der in Verkennung dieser Eigenschaft irrtümlich in die Wehrmacht eingestellt ist, kann nicht Fahnenflucht begehen[3]; aber dasselbe muß auch von einem gemäß Wehrgesetz § 18 Abs. 4 eingestellten Ausländer gelten[4]. Die in § 69 MilStGB geschützte Treupflicht besteht für ihn nicht, da sie die deutsche Reichsangehörigkeit als wesentlich voraussetzt. Wer für wehrunwürdig erklärt ist oder sonst die Wehrwürdigkeit verloren hat, ist von der Erfüllung der Wehrpflicht ausgeschlossen (Wehrges. § 13). Ein Wehrpflichtverhältnis besteht nicht für ihn (Wehrges. § 23 Abs. 2). Die Pflicht, deren Träger er nicht sein darf, ist der Verletzung durch ihn entzogen. Fahnenflucht des Wehrunwürdigen ist ein Widerspruch in sich. Endlich ist auch den in §§ 155[5], 157, 158 Genannten Fahnenflucht nicht möglich. Völlig belanglos ist aber für die Erfüllung des § 69, ob der Täter den Soldateneid geleistet hat, da ja dieser Eid für die Entstehung weder der Wehrpflicht überhaupt, noch der konkreten Dienstpflicht konstitutive Bedeutung hat[6].

5. Auch die Fahnenflucht ist Dauerdelikt. Die Tatbestandsverwirklichung währt also so lange, als der Täter nicht wieder der zuständigen Befehlssphäre unterworfen ist. Das setzt nicht Wiedervereinigung mit dem von ihm verlassenen Truppenteil

---

[1] § 69 alter Fassung begnügte sich mit der Absicht des Täters, „sich seiner gesetzlichen oder von ihm übernommenen Verpflichtung zum Dienst dauernd zu entziehen"; dies wurde von RMilG **4**, 195, **11**, 162, **19**, 132 (137) unter weitgehender Zustimmung in der Literatur (vgl. AUTENRIETH Hdwb 297/8; ROMEN-RISSOM § 69 N. 5 b) auf die subjektive, besondere Dienstpflicht *bei einem bestimmten Truppenteil* bezogen. Während des Krieges erhoben sich schwere Bedenken gegen diese Auffassung. Vgl. insbesondere FLAXLAND Arch. **6**, 355; SONTAG Arch. **7**, 66; FUHSE § 69 N. 6; ihnen hat das Vereinf. Ges Rechnung getragen.

[2] Wichtig vor allem in der Reichswehr gewesen.

[3] So auch früher RMilG **2**, 53; jetzt RITTAU [2] § 69 N. 7. Vgl. dazu Wehrges. § 18. Ein mit Genehmigung nach § 18 Abs. 4 eingestellter Ausländer bleibt Ausländer; § 12 des Reichs- und Staatsangehörigkeitsgesetzes vom 22. Juli 1913 besteht nicht mehr.

[4] Vgl. SENFTLEBEN Deutsches Wehrrecht, S. 38, der von „freiwillig übernommener Wehrpflicht" spricht. Diese ist aber etwas anderes als die dem Deutschen obliegende Wehrpflicht, da der Ausländer nicht in dem gleichen Treueverhältnis zu Führer, Volk und Staat stehen kann, wie der Deutsche.

[5] RMilG **19**, 178 erklärt Fahnenflucht bei diesen Personen für begrifflich unmöglich. Fahnenflucht setzt soldatische Dienstpflicht voraus. Ausdrücklich wird in § 153 die Begehbarkeit der Fahnenflucht auf die Wehrmachtbeamten im Felde erstreckt.

[6] Vgl. Gesetz vom 20. August 1934 (RGBl I 785) und vom 20. Juli 1935 (RGBl I 1035); RITTAU [2] § 69 N. 7; RMilG **8**, 236, **19**, 138.

oder der von ihm aufgegebenen Dienststelle voraus; vielmehr genügt es, daß die zuständigen Vorgesetzten mittelbar durch Befehle über ihn verfügen können[1].

6. Den Versuch der Fahnenflucht stellt § 70 Abs. 2 unter Strafe. Jedoch wird die Fahnenflucht in der Spielart des Fernbleibens, da es sich hier um ein echtes Unterlassungsdelikt handelt, nicht in Versuchsform begangen werden können[2]. Die „Absicht", wie sie nach dem zu 2. Ausgeführten durch den Tatbestand des § 69 erfordert wird, muß auch beim Versuch der Fahnenflucht vorhanden sein. Nimmt der Täter irrig eine für ihn bestehende Wehrdienstverpflichtung an, während in Wahrheit eine solche nicht besteht, so liegt nicht etwa (untauglicher) Versuch vor; vielmehr entfällt in diesem Falle der Deliktstypus der Fahnenflucht, da sie nur von Wehrdienstpflichtigen begangen werden kann, insofern also ein Sonderdelikt darstellt, das der Begehbarkeit durch einen Extraneus entzogen ist (vgl. dazu oben § 21 II).

7. Strafe (§ 70 Abs. 1): Gefängnis von sechs Monaten bis zu zwei Jahren, im ersten Rückfall Gefängnis von einem bis zu fünf Jahren, im wiederholten Rückfall Zuchthaus von fünf bis zu zehn Jahren. Vgl. dazu oben § 16 III. In minder schweren Fällen Möglichkeit, die Gefängnisstrafe auf drei Monate, im ersten Rückfall auf sechs Monate zu ermäßigen. Obligatorische Dienstentlassung gegen Unteroffiziere: § 74.

II. *Besondere Fälle der Fahnenflucht.*

1. Die „*im Felde*" (oben § 4) begangene Fahnenflucht zieht nach § 71 fünf- bis zehnjährige Gefängnisstrafe nach sich, in minder schweren Fällen Ermäßigungsmöglichkeit auf 1 Jahr. Beim Rückfall ist hier zu scheiden, ob die frühere Fahnenflucht im Felde oder nicht im Felde begangen worden ist: ersterenfalls Todesstrafe oder lebenslanges Zuchthaus oder Zuchthaus nicht unter 10 Jahren, letzterenfalls Zuchthaus nicht unter 5 Jahren.

2. *Verabredung* (oben § 34 II) *und* zugleich *gemeinschaftliche Ausführung* einer Fahnenflucht durch mehrere, also mindestens zwei Täter (§ 72). Es ist Mittäterschaft im Sinne des § 47 RStGB zu fordern. Schuldunfähigkeit *eines* von zwei Mitwirkenden schließt den § 72 aus[3]. Zieht sich einer von zwei Verabredenden von der Ausführung der Fahnenflucht zurück, so greift auch für den Ausführenden nur § 69, nicht § 72 Platz[4]. Wegen der Bestrafung des Komplotts, soweit es sich um § 72 Abs. 1 handelt, vgl. oben § 15 II 1, insbesondere dort S. 26 Anm. 3.

Strafschärfungen nach § 72 Abs. 2 bei Begehung des Komplotts *im Felde*, und zwar:

a) bei den Komplottanten tritt an Stelle von Gefängnis Zuchthaus von gleicher Dauer;

b) Rädelsführer[5], sowie die Anstifter (und zugleich Mittäter[6]) verfallen der Todesstrafe oder lebenslangem Zuchthaus oder Zuchthaus nicht unter fünf, im Rückfall nicht unter 10 Jahren.

3. *Fahnenflucht vom Posten vor dem Feinde oder aus einer belagerten Festung* (§ 73): Todesstrafe. „Posten" bedeutet jede befehlsgemäß eingenommene, gegen den Feind im Kampf und Sicherheitsdienst zu haltende Stellung[7]. Über das Begriffsmerkmal „vor dem Feinde" vgl. oben § 16 B I 2. Da das MilStGB in den §§ 11 und 73 offenbar den „Posten vor dem Feinde" von der „Truppe vor dem Feinde" unterscheidet, so ist im Stellungskrieg niemals der ganze im Schützengraben liegende Truppenteil als auf „Posten vor dem Feinde" befindlich angesehen worden, sondern nur diejenigen

---

[1] Z. B. nach seiner Verhaftung und erfolgten Meldung an die zuständige militärische Dienststelle. Wichtig RMilG **3**, 171.

[2] Vgl. über dieses Problem v. LISZT-SCHMIDT Lehrbuch, 26. Aufl., S. 307/8 zu Note 16. Dort auch der Stand der Meinungen.

[3] RMilG **10**, 221. [4] RMilG **10**, 277 (279); AUTENRIETH Hdwb S. 299.

[5] Das sind die geistigen Leiter des Komplotts, die die Bewegungen der Komplottanten bestimmen, ohne notwendig Anstifter zu sein; v. LISZT-SCHMIDT 26. Aufl. S. 339.

[6] RITTAU [2] § 72 N. 7.

[7] ZSCHORN Arch. **8**, 174; ROMEN-RISSOM § 73 N. 1; NEHMEYER Hdwb 332.

Angehörigen des Truppenteils, die zum Sicherheitsdienst im engeren Sinne (Grabenposten, Horchposten) eingeteilt worden sind. Die Kompagnie-Angehörigen, die zu anderen Dienstverrichtungen (Arbeitsdienst usw.) befohlen worden sind, haben sich also aus § 73 Abs. 1 nicht strafbar gemacht, wenn sie Fahnenflucht begangen haben[1].

4. Die mit dem *Übergang zum Feinde* verbundene Fahnenflucht (§ 73 Abs. 2). Das Delikt ist vollendet, wenn der Täter in den Machtbereich des Feindes eingetreten ist. Zwingt ihn etwa feindliches Feuer zur Umkehr, so läge nur Versuch vor[2]. Strafe: Todesstrafe.

Zu I und II: 1. Auf alle Arten der Fahnenflucht bezieht sich die fakultative Strafmilderung, die MilStGB § 75 für tätige Reue in Gestalt freiwilliger Selbststellung des Fahnenflüchtigen vorsieht. Voraussetzung ist, daß der Täter sich freiwillig der für ihn zuständigen Befehlsgewalt wieder unterstellt hat; bei der bloßen Absicht, zurückzukehren, darf es nicht bewenden[3] Bei der Strafmilderung ist von der an sich verwirkten, also nach den §§ 70—74 zu berechnenden Strafe auszugehen und sodann die Ermäßigung bis zur Hälfte vorzunehmen. Todesstrafe (§§ 71 Abs. 2, 72 Abs. 2, 73) ist durch lebenslanges oder mindestens fünfjähriges Zuchthaus zu ersetzen. Auf Dienstentlassung *muß* gegen Unteroffiziere erkannt werden.

2. § 76 modifiziert für die Fahnenflucht die gemeinstrafrechtlichen Bestimmungen über den Beginn der Strafverfolgungsverjährung (oben § 30). Es kommt darauf an, die Berechnung unabhängig davon zu machen, ob und wann der Fahnenflüchtige zu seiner Truppe zurückkehrt oder sonst der Fahnenflucht ein Ende gemacht wird[4]. Für maßgebend wird demgegenüber der Tag erklärt, an dem der Täter seine Dienstpflicht erfüllt haben würde, wenn er nicht fahnenflüchtig geworden wäre. RMilG **12,** 176 erläutert diese Bestimmung dahin, daß nicht der Tag *des* Ablaufs, sondern der *nach* dem Ablaufe der gesetzlichen Verpflichtung zum Dienst gemeint sei.

B. Auf die Fahnenflucht beziehen sich folgende unter Strafe gestellten *Handlungen Dritter:*

I. Unterlassene Anzeige von dem Vorhaben einer Fahnenflucht (§ 77). Der Tatbestand gleicht im wesentlichen dem des § 60 (vgl. dazu oben § 34 III); nur wird in § 77 der Anzeigeadressat bestimmt: „seinem" Vorgesetzten soll der Soldat die Anzeige erstatten, d.h. also dem direkten Vorgesetzten (oben § 33 II 2)[5]; außerdem tritt die Strafbarkeit der unterlassenen Anzeige nur ein, wenn die Fahnenflucht begangen, also nicht etwa im Versuchsstadium stecken geblieben ist. Die angedrohte Vergehensstrafe (Freiheitsstrafe bis zu sechs Monaten, bei Begehung der Fahnenflucht im Felde Freiheitsstrafe bis zu 3 Jahren) rechtfertigt hinsichtlich der Schuldfrage die Meinung, daß *fahrlässige* Unterlassung ausreicht.

II. § 78 stellt die Anstiftung und Beihilfe zur Fahnenflucht nach dem Vorbilde des § 141 RStGB als selbständige Straftaten unter Strafe. Freilich würde dasselbe Ergebnis auch durch die §§ 69 MilStGB, 48, 49 RStGB gewonnen werden können, so daß die Notwendigkeit des § 78 nicht ohne weiteres einleuchtet. Aber sie wird vor allem im Abs. 2 gesehen werden müssen, der den Versuch für strafbar erklärt. Ein Versuch dieser selbständig gemachten Teilnahmehandlungen liegt aber erstens dann vor, wenn dem Verleitenden die Willensbeeinflussung bei seinem Opfer, dem Fördernden die Gewährung einer wirklichen Unterstützung des Fahnenflüchtigen

[1] ZSCHORN Arch. 8, 174. [2] ZSCHORN Arch. 8, 174.

[3] Wichtig RMilG **13,** 238. Hat sich der Fahnenflüchtige freiwillig bereits in den Machtbereich der zuständigen Behörde begeben und wird er dann noch unvermutet und überraschend verhaftet, so kann die Selbststellung schon als vollendet angesehen werden, auch wenn sich der Fahnenflüchtige als solcher noch nicht zu erkennen gegeben hat.

[4] Grundlegend RMilG **20,** 41. Vgl. im übrigen AUTENRIETH Hdwb 299.

[5] a. M. RITTAU[2] § 77 N. 1. Wie der Text FUHSE § 77 N. 2. ROMEN-RISSOM § 77 N. 3 lassen auch die Anzeige an eine zur Verhütung der Straftat sonst zuständige Dienststelle genügen. Im Einzelfall wird diese Erweiterung kraft Analogie zulässig sein und zu richtiger Entscheidung führen können.

nicht gelungen ist, sodann aber auch in dem Falle, wo die Fahnenflucht nicht zur Vollendung gelangt ist. Die Strafbarkeitsbedingung „wenn die Fahnenflucht erfolgt ist", die Abs. 1 ganz unnötigerweise enthält, darf bei Abs. 2 nicht verhindern, daß auch in der ersten der soeben aufgezeigten Fallgruppen ein aus § 78 Abs. 2 zu strafender Versuch angenommen wird[1].

Strafe: Gefängnis von 6 Monaten bis zu 2 Jahren, im Felde Gefängnis von 5 bis zu 10 Jahren (also ebenso wie §§ 69, 70); Dienstentlassung gegen Unteroffiziere zulässig. Minder schwere Fälle: Möglichkeit der Ermäßigung auf 3 Monate, im Felde auf 1 Jahr Gefängnis. Die Rückfallstrafen der §§ 70, 71 finden auf den Verleiter und Förderer nach § 78 keine Anwendung.

C. *Ergänzungsbestimmungen.*

I. RStGB §§ 140—141a schützt die Wehrpflicht und die Wehrkraft gegen Verletzungen durch solche Personen, die den Normen des MilStGB über Fahnenflucht nicht unterliegen. Als strafbare Handlungen kommen in Betracht die Auswanderung Wehrpflichtiger mit dem Vorsatz, sich der Erfüllung der Wehrpflicht zu entziehen (§ 140), die ohne Erlaubnis erfolgte Auswanderung des gedienten Wehrpflichtigen des Beurlaubtenstandes (§ 140a), die verbotene Kriegsauswanderung (§ 140b), die Verleitung eines Soldaten zur Fahnenflucht (§ 141) und die Anwerbung zum ausländischen Heeresdienst (§ 141a).

II. Prozeßrechtliche Ergänzungen:

1. MilStGO § 279 sieht im Verfahren gegen Abwesende, die der Fahnenflucht verdächtig sind, eine im Reichsanzeiger zu veröffentlichende „Fahnenfluchtserklärung" vor. Sie hat für das Verfahren keine Bedeutung, unterbricht aber die Verjährung und wirkt sich auf das Verhältnis des Flüchtigen zur Wehrmacht namentlich in etatrechtlicher Beziehung aus[2]. Die Fahnenfluchtserklärung ist aufzuheben (MStGO § 281), wenn der Tatverdacht entfällt oder der Flüchtige sich stellt oder stirbt.

2. RStPO §§ 434—441 enthalten Sonderbestimmungen über das Verfahren gegen abwesende Wehrpflichtige, die sich der Wehrpflicht entzogen haben.

§ 38. Die Aufhebung der Diensttauglichkeit.

In der Wehrpflicht ist die Pflicht beschlossen, alles zu unterlassen, was die physische Tauglichkeit zur Erfüllung der Wehrpflicht beeinträchtigen könnte. Erhebliche Verstöße hiergegen zeugen von nicht geringerer Treulosigkeit gegen Führer, Volk und Staat, als unerlaubte Entfernung und Fahnenflucht. Aus diesem Gedanken heraus bildet das MilStGB §§ 81—83 zwei wichtige Deliktsgruppen, die in RStGB §§ 142, 143 eine Parallele finden: die *Selbstbeschädigung* und die *Simulation.* Die militärstrafrechtlichen Tatbestände finden auf aktive Soldaten, auf Wehrpflichtige des Beurlaubtenstandes im Rahmen des § 6, sowie auf die in § 6a genannten Wehrpflichtigen Anwendung. Wehrbeamte sind ihnen als *solche* auch im Felde nicht unterstellt; und erst recht nicht die in den §§ 155[3], 157, 158, 166 aufgeführten Personen. Greifen die §§ 81—83 MilStGB nicht Platz, so wäre aber jeweils die Anwendbarkeit der §§ 142, 143 RStGB zu prüfen, nach denen Täter sein kann, wer den §§ 81—83 MilStGB nicht unterliegt.

I. **Die Selbstbeschädigung.** 1. Der Tatbestand (§ 81) unterscheidet zwei Spielarten:

a) Der Täter macht sich selbst durch physische Einwirkung auf seinen Körper[4] („durch Selbstverstümmelung oder auf andere Weise") untauglich, seine Verpflichtung zum Dienst zu erfüllen;

---

[1] Übereinstimmend seit jeher die herrschende Lehre; vgl. AUTENRIETH Hdwb 301; RITTAU[2] N. 7 zu § 78; FUHSE § 78 N. 7. Daß die Textfassung des § 78 sehr mangelhaft ist, unterliegt keinem Zweifel.

[2] Vgl. DIETZ-HÜLLE MStGO § 279 N. 3; AUTENRIETH Hdwb 8.

[3] Ebenso ROMEN-RISSOM § 155 N. 9d.

[4] ROTERMUND Hdwb 699; FRANK § 142 I. Wer ein zuchthauswürdiges Verbrechen begeht, um wehrunwürdig zu werden, fällt nicht unter § 81, auch nicht per analogiam.

b) er läßt den gleichen Erfolg durch einen andern herbeiführen, wobei der andere auf Verlangen des Täters handeln muß, während es im übrigen nicht darauf ankommt, ob er sich selbst (etwa nach § 82 MilStGB oder nach § 142 Abs. 3 RStGB) strafbar macht oder nicht. In beiden Spielarten ist entscheidend, was unter Dienstuntauglichkeit zu verstehen ist. Indem § 81 von „Erfüllung ‚*seiner*' Verpflichtung zum Dienst" spricht, stellt er auf die konkrete Dienstverpflichtung des Täters ab; es wird also keine absolute Untauglichkeit überhaupt verlangt, wenn nur der Täter gerade für *den* Dienst, zu dem er eingestellt ist, untauglich geworden ist. Macht sich also ein Artillerist zum Geschützdienst untauglich, so mag er immer noch als Ökonomiehandwerker verwendbar sein; den § 81 hat er dennoch erfüllt[1]. Im übrigen fragt es sich, ob vollständige oder teilweise, dauernde oder vorübergehende Untauglichkeit gemeint ist. Das Gesetz deutet auf dauernde Totaluntauglichkeit hin. Darum scheiden leichte und offensichtlich rasch zu behebende Gesundheitsstörungen aus. Sollte der Täter sie als Mittel zu dauernder Totaluntauglichmachung verstanden haben, so läge strafbarer Versuch vor (§ 81 Abs. 3). Andererseits hieße es das Gesetz illusorisch machen, wenn nur eine zweifellos vollständige und für immer unbehebbare Gesundheitsstörung genügen würde. Auch ohne daß eine Analogie nötig wäre, ist vielmehr der Sinn des Gesetzes dahin zu verstehen, daß „jede Handlung gemeint ist, die für längere, unbestimmte Zeit zur Erfüllung der konkreten Dienstpflicht untauglich macht"[2].

Der Täter muß vorsätzlich handeln (einschließlich dolus eventualis); eine Absicht (gleich Beweggrund) verlangt das Gesetz nicht[3]. Selbstmordabsicht steht dem Vorsatz aus § 81 entgegen; wer sich töten will, will sich nicht verstümmeln. Doch kann bedingter Vorsatz aus § 81 mit Selbstmordabsicht zusammentreffen[4].

Strafe: Gefängnis von ein bis fünf Jahren; obligatorische Dienstentlassung gegen Unteroffiziere.

Strafschärfung in der schon oben § 15 II 1 erörterten Art tritt ein, wenn durch die Handlung die Unfähigkeit zu Arbeiten für militärische Zwecke verursacht wird. Ein auf diesen Erfolg bezügliches Verschulden wird nicht verlangt; reine Verursachung genügt.

2. § 82 unterwirft den in § 81 angedrohten Freiheitsstrafen (nebst fakultativer Dienstentlassung gegen Unteroffiziere) denjenigen, der einen andern auf dessen Verlangen zur Erfüllung seiner Verpflichtung zum Dienst untauglich macht. Der Täterkreis ist auch hier der oben vor I bezeichnete. Ergänzend hilft RStGB § 142 Abs. 3. Dem ausdrücklich geäußerten Verlangen steht das stillschweigend geäußerte gleich. Fehlt es aber, so greifen allein die §§ 223ff. RStGB Platz. Fehlt es an einem täterschaftlichen Verhalten (oben § 21), so bleibt die Möglichkeit, wegen Teilnahme am Delikt des § 81 zu strafen. Sehr fraglich ist es:

a) ob § 81 Abs. 2 auch auf den Täter des § 82 anwendbar ist;

b) ob auch der Versuch bestraft werden kann. Da das Gesetz offenbar die gleichen Bestrafungsmöglichkeiten (abgesehen von der ausdrücklich anders geregelten Dienstentlassungsmöglichkeit) sowohl für den Täter aus § 81, wie für den aus § 82 schaffen will, so sind beide Fragen zu bejahen. Zu beachten ist, daß sich die Strafbarkeit des Versuchs im Falle des § 81 Abs. 2 und des entsprechenden Delikts aus § 82 bereits aus dem durch die Strafschärfung bewirkten Verbrechenscharakter des deliktischen Verhaltens ergibt. Vgl. oben § 15 II 1.

II. Die Simulation (§ 83). Sie besteht in der Anwendung eines auf Täuschung berechneten Mittels, um sich der Erfüllung seiner Verpflichtung zum Dienst ganz oder

---

[1] Vgl. RMilG **20,** 91, auch **10,** 110.

[2] RMilG **20,** 92; ferner ausführlich **20,** 97; R **33,** 280. Unklar Mewes Arch. **2,** 122; gegen ihn mit Recht Hecker Arch. **2,** 203.

[3] RMilG **4,** 195, **18,** 303, **20,** 97; R **33,** 401. Fahrlässige Selbstverstümmelung fällt auch nicht unter § 148 MilStGB; vgl. dazu unten § 52 I.

[4] Anders R **28,** 200, dagegen aber R **61,** 375; vgl. dazu v. Liszt-Schmidt 26. Aufl. S. 262 Note 16.

teilweise zu entziehen. Hierher gehört vor allem die Vortäuschung einer körperlichen Unzulänglichkeit, mag ein gar nicht bestehendes Leiden vorgeschützt oder ein vorhandenes übertrieben werden[1]; aber unter § 83 fällt auch die Vorspiegelung sonstiger zur Befreiung von der Dienstpflicht führender Umstände (Eigenschaft als Ausländer, Wehrunwürdigkeit u. dgl. m.)[2]. Bloße Behauptungen, daß ein Anlaß zur Dienstpflichtbefreiung bestehe, werden im allgemeinen nicht genügen, um den Tatbestand zu erfüllen; es muß ein Verhalten hinzukommen, durch welches der Schein der Wahrheit hervorgerufen oder bestärkt wird[3]. Auch muß mit solchen Täuschungsmitteln *auf zuständige Stellen* eingewirkt werden, was nicht notwendig unmittelbar zu geschehen braucht, sondern auch durch Benutzung von (zur Meldung oder Zeugnisablegung verpflichteten) Mittelspersonen (Kameraden, Lazarettpersonal usw.) erfolgen kann[4].

Strafe: Freiheitsstrafe bis zu 5 Jahren; fakultative Dienstentlassung gegen Unteroffiziere. Teilnehmer werden, auch wenn sie Gehilfen sind, nach der für den Täter geltenden Strafvorschrift bestraft (§ 83 Abs. 2). Für Personen, die dem Geltungsbereich des § 83 nicht unterliegen: RStGB § 143.

§ 39. Die Feigheit.

Unter Feigheit versteht das MilStGB Furcht oder Besorgnis vor persönlicher Gefahr. „Feigheit ist schimpflich“, so heißt es in Nr. 3 der Pflichten des deutschen Soldaten vom 25. Mai 1934. Aber Feigheit ist auch eine besondere Gefahr für die Leistungsfähigkeit und die Disziplin der Truppe. In Augenblicken schwerer seelischer Belastung, namentlich während des Gefechts, kann Feigheit *eines* Soldaten die seelische Gespanntheit auch *anderer* erschüttern und damit zu einer ungeheuren Gefahr für das Ganze werden. Regungen der Feigheit darf also das militärische Zusammenleben nicht aufkommen lassen. Dafür sorgt zunächst die militärische Erziehung überhaupt; aber das Militärstrafrecht muß die Erziehung gerade an diesem Punkte mit größter Strenge unterstützen. Wir haben davon schon in der Schuldlehre (oben § 26 C I) gesprochen. Aber neben dem dort erörterten § 49 hält das MilStGB in den §§ 84ff. eine Reihe wichtiger Tatbestände bereit, die sich sämtlich gegen die in der Feigheit sich offenbarende Ehr- und Treulosigkeit richten. Als Täter werden im aktiven Wehrdienst stehende Soldaten, ferner auch Schiffsangestellte nach § 166 Abs l MilStGB, nicht aber Wehrmachtbeamte (§ 153!) oder Angehörige des Heeresgefolges (§ 155) vorausgesetzt.

I. *Den allgemeinsten Tatbestand enthält § 87*: Verletzung einer militärischen Dienstpflicht aus Besorgnis vor persönlicher Gefahr. Ob die Dienstpflicht auf einem bestimmten Befehl oder einer sonstigen Anordnung oder aber auf einem Rechtssatz oder einem allgemeinen militärischen Grundsatz beruht, ist belanglos[5]. Der Vorgesetzte, der seinen Untergebenen nicht aus den Händen gewalttätiger Kameraden befreit[6], der als Schwimmlehrer kommandierte Unteroffizier, der dem ertrinkenden Schwimmschüler nicht Hilfe leistet[7], der Matrose, der es trotz Befehls nicht wagt, den Wimpel zu klarieren, sie alle fallen unter § 87, wenn sie aus Besorgnis vor persönlicher Gefahr die ihnen obliegende Dienstpflicht verletzen. Ob sie im Frieden oder im Kriege (im Felde) ihre Handlung begehen, ist nach § 87 belanglos.

Strafe: Freiheitsstrafe bis zu 3 Jahren mit fakultativer Dienstentlassung gegen Unteroffiziere.

---

[1] RMilG **2**, 74, **7**, 251.

[2] RMilG **4**, 52 (mit kurzem Gelegenheitshinweis); Rittau [2] § 83 N. 4; Fuhse § 83 N. 5; Rotermund Hdwb, S. 701; Romen-Rissom § 83 N. 4a.

[3] RMilG **19**, 35; Romen-Rissom § 83 N. 6b; Rotermund Hdwb 700.

[4] RMilG **19**, 36. [5] RMilG **2**, 101.

[6] RMilG **9**, 241; in diesem Falle kann auch noch § 147, § 122 MilStGB erfüllt sein; vgl. dazu unten § 50 I.

[7] RMilG **14**, 185.

II. *Qualifizierte Fälle* enthalten:

1. § 84. Er droht die Todesstrafe dem, der während des Gefechts aus Feigheit die Flucht ergreift *und* die Kameraden durch Worte oder Zeichen zur Flucht verleitet. Das Gefecht muß mindestens in dem Sinne eingeleitet sein, daß sich die Gegner, zu jederzeitigen Angriffs- oder Abwehrmaßnahmen bereit, im Feuerbereich einander gegenübergerückt sind[1]. Daß das bei der heutigen Kampfesweise mit großen Entfernungen verbunden sein kann, versteht sich von selbst. Im Stellungskrieg wird der Begriff „während des Gefechts" eine erhebliche Erweiterung gegenüber dem Bewegungskriege erfahren. Der im vorderen Schützengraben liegende Truppenteil dürfte ständig als im Gefecht befindlich anzusehen sein. Nicht nötig ist es, daß der Täter selbst an den Kampfhandlungen teilnimmt; vielmehr genügt es, wenn seine Truppe irgendwie zum Gefecht in Beziehung steht[2]. Die Flucht ergreift, wer, um dauernd der Gefahr zu entrinnen, zurückweicht[3]. Aber wer *nur dies* tut, fällt nicht unter § 84. Dieser verlangt vielmehr außerdem noch die Verleitung von Kameraden zur Flucht. Kameraden im Sinne dieser Stelle können auch Vorgesetzte oder Untergebene des Täters sein[4]; es genügt, wenn ein einziger außer dem Täter mitgeflohen ist. Bleibt die Aufforderung erfolglos, so liegt ein strafbarer Versuch vor.

2. § 85 zählt kasuistisch eine Reihe von Feigheitshandlungen auf, wie sie bei kämpfenden Truppen vorkommen können[5]. Die Lücke des § 85, die darin besteht, daß die Selbstverstümmelung unter den Mitteln des Ausweichens vor den Gefahren des Gefechts nicht mit erwähnt wird, läßt sich heute mittels Analogie schließen[6].

Strafe: Zuchthaus bis zu fünf Jahren, in minder schweren Fällen Gefängnis von ein bis zu fünf Jahren nebst obligatorischer Dienstentlassung gegen Unteroffiziere.

Strafschärfung (§ 86) bei Verursachung eines erheblichen Nachteils: Zuchthaus nicht unter fünf Jahren; bei Verursachung des Todes eines Menschen: Zuchthaus nicht unter zehn Jahren oder lebenslanges Zuchthaus.

III. In allen Feigheitsfällen muß der Täter vorsätzlich schuldhaft handeln. Wie schwierige Fragen gerade dadurch im Felde hervorgerufen worden sind, zeigt KOLLMANNS aus Kriegserfahrungen geschriebene Arbeit „An den Grenzen schuldhafter Feigheit"[7]. Darf der Richter dem Gedanken Raum geben, daß im Grauen des Krieges die psychischen Kräfte auch des Tapfersten verbraucht sein können und daß dann Vorwurfsmöglichkeiten nicht mehr bestehen?

IV. Eine eigentümliche, militärischer Denkweise adäquate Art der tätigen Reue berücksichtigt § 88, den Fall nämlich, wo der Täter nach der Tat den üblen und gefährlichen Eindruck seines feigen Verhaltens dadurch abzuschwächen und sich zugleich um Wiedergewinnung seiner soldatischen Ehre zu bemühen sucht, daß er hervorragende Beweise von Mut ablegt. Der nach § 84 verwirkten Todesstrafe kann er freilich nicht entgehen. Aber in den Fällen der §§ 85, 86 kann die Strafe unter den Mindestbetrag der angedrohten Freiheitsstrafe ermäßigt, in den Fällen der §§ 85 und 87 von der Bestrafung gänzlich abgesehen werden.

---

[1] RMilG **19**, 152. [2] Eingehend RMilG **19**, 154. Dazu ECKSTEIN Arch. **7**, 65.

[3] SOHL Hdwb 304, ROMEN-RISSOM § 84 N. 4 stellen auf das Aufgeben der Gegenwehr ab.

[4] RITTAU [2] § 84 N. 4; ROMEN-RISSOM § 84 N. 5.

[5] Recht bedenkliche Ausführungen zu § 85 bei TRAUTNER Arch. **8**, 132, soweit es sich um das Verhältnis zu § 87 handelt. Daß Leute, die vor dem Abmarsch zum Gefecht „blind gehen", nach § 87 mit geringerer Strafe wegkommen, als diejenigen, die bereits durch allerhand Gefahr hindurch ins Gefecht gegangen sind und nun erst sich wegdrücken, ist kein Fehler des Gesetzes, sondern findet seinen Grund in der sehr viel größeren Gefährlichkeit des unter § 85 fallenden Verhaltens.

[6] Vgl. dazu oben S. 13, § 8 II 3a.

[7] Z **39**, 447. KOLLMANN verlangt unter dem Gesichtspunkt der Schuldhaftung „Scheidung zwischen unüberwindbarer und überwindbarer Besorgnis vor persönlicher Gefahr". M. E. hilft in äußersten Fällen nur die Gnade. Vgl. oben § 26 C I.

III. Verletzungen der Disziplin im militärischen Gemeinschaftsleben.

1. Verletzung der aus der Vorgesetzten-Autorität sich ergebenden Pflichten.

§ 40. Mißbrauch der Befehls- und Dienstgewalt.

I. Täter der hier zu besprechenden Delikte können nur militärische Vorgesetzte, auch militärische Wachen[1] sein. Vgl. darüber oben § 33, namentlich dort auch zu V, wonach sich das Ausscheiden der Wehrmachtbeamten aus dem hier gemeinten Täterkreise ergibt.

II. § 114 MilStGB bedroht mit Strafe den Vorgesetzten, der seine Dienstgewalt oder dienstliche Stellung zu Befehlen, Forderungen oder Zumutungen mißbraucht, die in keiner Beziehung zum Dienste stehen. Wie sehr es im Sinne des Gesetzes liegt, die dienstliche Autorität in allen nur möglichen Beziehungen und Erscheinungsformen zu schützen, zeigt die Gleichstellung der (engeren) „Dienstgewalt", d.h. des Rechtes zur Erteilung von Dienstbefehlen[2], mit der (weiteren) „dienstlichen Stellung" als dem Inbegriff aller dem Vorgesetzten kraft seines Ansehens eignenden Einflußmöglichkeiten[3]. Wenn das Gesetz nun von „Befehlen" spricht, die in keiner Beziehung zum Dienste stehen, so kann nur an Befehle in Privatangelegenheiten[4] gedacht sein, die aber, wie wir sahen, einen Widerspruch in sich bedeuten. „Befehl" ist daher hier in einem übertragenen Sinne als diejenige Äußerung gemeint, die vom Untergebenen wegen ihres fordernden Charakters und der Form, in der sie ergeht, als ein aus der Kommandogewalt sich ergebender Befehl verstanden wird und ihn in die gleiche seelische Zwangslage versetzt, wie dies sonst nur ein echter Befehl tut. Dem „Befehl" in diesem Sinne werden mit Recht alle fordernden Äußerungen anderer Art („Forderungen", „Zumutungen", Ansinnen usw.) gleichgestellt. Stets aber muß in ihnen ein *Mißbrauch* dienstlicher Einflußmöglichkeiten liegen. Dieses Merkmal leitet zur Schuldfrage über. Der Vorgesetzte muß sich bewußt sein, daß er den Dienstbereich überschreitet, also, wie Rissom treffend sagt[5], „rechtswidrig die Befehlsgewalt in Privatangelegenheiten ausspielt".

Strafe: Gefängnis oder Festungshaft bis zu 2 Jahren, in minder schweren Fällen Arrest; in schwereren Fällen (oben § 16 B I 1), besonders im Rückfall (§ 13) Zulässigkeit der Dienstentlassung gegen Unteroffiziere.

III. Die *Nötigung Untergebener* durch Mißbrauch der Vorgesetztenautorität wird in den §§ 115, 116, 117 MilStGB in verschiedenen Beziehungen unter Strafe gestellt. Dabei erinnern wir uns jedoch, daß § 115 seinem Wesen nach keinen selbständigen Tatbestand, sondern einen (bereits oben § 16 B II 1a) erörterten gesetzlichen Strafschärfungsgrund darstellt. Hier ist also nur auf die §§ 116, 117 einzugehen.

1. Das Unternehmen des Vorgesetzten, durch Mißbrauch der Dienstgewalt oder dienstlichen Stellung einen Untergebenen zur Begehung einer strafbaren Handlung zu bestimmen, bedroht § 116 mit Freiheitsstrafe (§§ 16, 17, 21 MilStGB) bis zu einem Jahre. Da die *von Erfolg begleitete* Bestimmung des Untergebenen zur Begehung einer strafbaren Handlung entweder mittelbare Täterschaft oder Anstiftung mit strafschärfender Wirkung (§ 53 MilStGB) ist (vgl. dazu oben § 16 B II 1a), so können unter § 116 nur *erfolglose Einwirkungen des Vorgesetzten* fallen, sei es, daß der Untergebene sich ihnen gegenüber als unzugänglich erweist oder aber bis zu einem strafbaren Versuche des angesonnenen Verhaltens nicht gelangt oder endlich die Tat zwar be-

---

[1] Im Falle des § 117 (im Text unter III 2) scheiden die Wachen gemäß § 125 als Täter aus.

[2] Vgl. oben § 26 C II 1; dazu RMilG **9**, 144, 302, **11**, 134; Rissom Hdwb S. 560; Fuhse § 114 N. 3; Rittau [2] N. 2.

[3] Rissom Hdwb S. 561.

[4] Rissom Hdwb S. 561. Vgl. aber hierbei die oben § 26 C II 1, S. 57 in Anm. 1 erörterte Möglichkeit, daß Privatsachen aus bestimmter Situation heraus dienstlichen Charakter annehmen und zu Dienstsachen werden. Vgl. im übrigen RMilG **15**, 155; Romen-Rissom § 114 N. 5b.

[5] Hdwb, S. 561.

geht, hierbei aber nach eigenem Entschluß und nicht nach Maßgabe der Einwirkungen des Vorgesetzten vorgeht[1].

2. Einen besonderen Nötigungsfall hebt § 117 MilStGB hervor. Dem Untergebenen steht nach der Beschwerdeordnung vom 15. November 1921[2] und nach der DStO ein Recht zu, sich zu beschweren. Mit der Beschwerde wendet sich der Untergebene an die ihm übergeordnete Kommandogewalt, um auf dienstlichem Wege Abhilfe gegen Beeinträchtigungen seiner dienstlichen Gerechtsame oder Befugnisse oder gegen ein sonst ihm von Vorgesetzten, Kameraden oder Beamten der Wehrmacht zugefügtes Unrecht irgendwelcher Art nachzusuchen (BO A1). Mit der Beschwerde kann die Anzeige einer strafbaren Handlung verbunden sein. Der Vorgesetzte darf sich den damit für ihn möglicherweise verbundenen Unannehmlichkeiten nicht dadurch zu entziehen suchen (§ 117 MilStGB), daß er den Untergebenen mit widerrechtlichen Mitteln[3] von dem Führen oder Verfolgen von Beschwerden (im oben bezeichneten weitesten Sinne) abzuhalten sucht. Die Widerrechtlichkeit des vom Täter verwendeten Mittels ist aus der Unerlaubtheit des erstrebten Zweckes allein nicht herzuleiten; vielmehr muß sie sich selbst aus gesetzlichen oder militärdienstlichen Vorschriften oder aus militärischen Grundsätzen ergeben[4]. *Beispiele* bilden[5]: die Androhung einer unzulässigen Bestrafung, das Inaussichtstellen von Vorteilen für den Fall des Unterlassens der Beschwerde, aber auch jedes autoritätswidrige Bitten, Sich-Anbiedern und -Gemeinmachen, das das Ansehen des Vorgesetzten untergräbt. Einen Erfolg braucht das Bemühen des Vorgesetzten nicht zu haben[6]. Gleichgestellt ist der Fall, daß der Vorgesetzte eine im Hinblick auf seine Zuständigkeit[7] vorschriftsmäßig an ihn gelangte Beschwerde, die weiterzubefördern oder zu untersuchen ihm pflichtgemäß obliegt, unterdrückt oder zu unterdrücken versucht; ob er dabei die schriftlich eingereichte Beschwerde beseitigt oder die schriftlich oder mündlich angebrachte Beschwerde unerledigt läßt, ist belanglos. In allen erwähnten Fällen ist Vorsatz erforderlich.

Strafe: Freiheitsstrafe bis zu 5 Jahren; Zulässigkeit der Dienstentlassung gegen Unteroffiziere.

IV. Einen schwerwiegenden Mißbrauch der Dienstgewalt stellt endlich der in § 118 unter Strafe gestellte *Mißbrauch der Strafbefugnis* dar. Das Gesetz hat hier die Ausübung der Disziplinarstrafgewalt im Auge (vgl. oben § 5). *Täter* können daher nicht Vorgesetzte schlechthin, sondern nur mit Disziplinarstrafgewalt ausgestattete *Offiziere* sein[8]. Und stets muß sich die Handlung gegen Disziplinaruntergebene richten. Das rechtswidrige Eingreifen in den Disziplinarstrafbereich eines anderen Vorgesetzten fällt nicht unter § 118, sondern unter § 120[9]. Die Handlung besteht in Verhängung einer Strafe, die als solche unter die Strafbefugnisse des Täters nicht mehr fällt oder die der Untergebene wegen fehlender oder nicht ausreichender Schuld nicht verdient hat oder deren Verhängung als Disziplinarstrafe überhaupt verboten ist. So dürfen z. B. „Disziplinar*maßnahmen*" (oben § 5 II a. E.) nicht repressiv als Strafen gehandhabt werden, da sie nur dem Ausbildungs- und Erziehungszweck dienstbar sein dürfen[10].

Strafe: Gefängnis bis zu 5 Jahren; Zulässigkeit der Dienstentlassung gegen Offiziere.

---

[1] Rittau[2] § 116 N. 11; RMilG **9**, 293. [2] Abgedruckt bei Fuhse S. 283ff.

[3] Das Gesetz sagt umständlich: „mit Androhung nachteiliger Folgen oder durch andere widerrechtliche Mittel". Jedes Mittel, wenn es nur widerrechtlich ist, genügt mithin.

[4] RMilG **3**, 245 leitete die Widerrechtlichkeit des Mittels zu Unrecht einseitig aus der Unerlaubtheit des erstrebten Zweckes ab; bedenklich insoweit auch RMilG **6**, 256. Aber schon RMilG **8**, 139 macht sich von der unrichtigen Auffassung frei. Ob eine „Überredung" ein widerrechtliches Mittel ist, wird davon abhängen, ob sie im konkreten Fall ihrer Art nach autoritätswidrig ist, wie dies etwa bei dem von RMilG **6**, 253 (256) beurteilten Vorkommnis der Fall gewesen ist. Wenn ein Vorgesetzter ein begangenes Unrecht in soldatisch-kameradschaftlicher Weise wieder gut macht und dadurch dem Untergebenen den Anlaß zur Beschwerde nimmt, so kommt § 117 nicht in Betracht.

[5] RMilG **13**, 293; **6**, 253. [6] RMilG **3**, 247. [7] Rittau[2] § 117 N. 7; RMilG **14**, 3.

[8] DStO §§ 8ff., 12ff. [9] Darüber unten § 57. [10] Vgl. hierzu RMilG **13**, 38.

V. Über den Mißbrauch der Dienstgewalt, der für den Regelfall in der Verwirklichung der zweiten Alternative des § 149 MilStGB enthalten sein wird, vgl. unten § 52 II 2.

§ 41. Die Beleidigung von Untergebenen.

I. Das RStGB stellt in den §§ 185—187 die Ehrverletzungen in dreifacher Gestalt unter Strafe: die Kundgebung der eigenen Mißachtung durch Werturteile oder Tatsachenbehauptungen, gerichtet an die Adresse des Gekränkten selbst oder eines Dritten, fällt unter § 185; die Behauptung ehrenrühriger, nicht erweislich wahrer Tatsachen in bezug auf einen andern, gerichtet stets an die Adresse dritter Personen, bildet den Tatbestand der üblen Nachrede nach § 186; werden wider besseres Wissen unwahre, ehrenrührige Tatsachen in bezug auf einen anderen Dritten gegenüber behauptet, so ist eine Verleumdung im Sinne des § 187 gegeben.

II. Begangen durch einen Vorgesetzten[1] und gerichtet gegen einen Untergebenen, nehmen einzelne der zu I bezeichneten Handlungen den Charakter eines militärischen Vergehens[2] an, und zwar (§ 121 MilStGB):

1. die tätliche einfache Beleidigung im Sinne des § 185 RStGB,
2. die üble Nachrede im Sinne des § 186 RStGB,
3. die Verleumdung gemäß § 187 RStGB.

Für die Auslegung dieser Tatbestände des RStGB ist hier kein Raum; es muß auf die gemeinstrafrechtliche Literatur verwiesen werden. Von der Nichtanwendbarkeit der §§ 199, 200, 233 RStGB in den von § 121 MilStGB erfaßten Beleidigungsfällen ist bereits oben § 9 I a. E. gesprochen worden. § 193 RStGB ist dagegen im Rahmen der vom RG[3] dafür herausgearbeiteten Grundsätze durchaus anwendbar. Auch können andere Rechtfertigungsgründe (Notwehr im Sinne von §§ 53 RStGB, 124 MilStGB (oben § 24 B III), Recht zum Waffengebrauch) zugunsten des Vorgesetzten Platz greifen[4].

Strafen: Im Falle zu 1. und 2.: Freiheitsstrafe bis zu 2 Jahren; im Falle zu 3.: Gefängnis von 43 Tagen bis zu 5 Jahren.

§ 42. Die Mißhandlung von Untergebenen.

I. § 122 MilStGB knüpft ersichtlich an den Grundtatbestand der Körperverletzung in § 223 RStGB an, indem er die „*körperliche Mißhandlung*“ und die „*Gesundheitsbeschädigung*“ zum Ausgangspunkt für eine Reihe *militärischer* Verbrechen und Vergehen macht, die als „*Mißhandlung Untergebener*“ zusammengefaßt zu werden pflegen[5]. Man sollte hier wie bei § 223 RStGB den normativen Charakter des Begriffs „mißhandeln“ nicht verkennen, von vornherein also aus dem *Tatbestande* alles ausscheiden, was seiner sozialen Sinnbedeutung nach nicht als ein *unangemessenes* Einwirken auf die körperliche Integrität anzusprechen ist[6]. Von diesem normativen Gesichtspunkt aus, der im militärrechtlichen Bereich seine Sinnerfüllung aus *militärischen* Wertauffassungen und Grundsätzen erhalten muß, ergibt sich auch die Bedeutung der neben der Mißhandlung erwähnten „Stöße“, „Schläge“ und *auch* der „Gesundheitsbeschädigungen“. Nicht alles, was bei rein empirischer Seinsbetrachtung hierunter verstanden werden könnte, gehört seinem Werte und seiner Sinnbedeutung nach unter die von § 122 ins Auge gefaßten Fälle. Stöße und Schläge müssen eben von den Grundsätzen aus, die im militärischen Leben für die Behandlung Untergebener maßgebend sein müssen, damit wahre „Autorität von oben“ herr-

[1] Auch militärische Wachen: § 125.

[2] Infolge der in § 121 MilStGB erfolgten tatbestandlichen Qualifizierung des Täters (Vorgesetzter) und des Verletzten (Untergebener). Vgl. oben § 3 III. Folge: Strafverfolgung ohne Antrag gemäß MilStGB § 51 (anders als § 194 RStGB).

[3] Vgl. insbesondere R **62**, 93, **63**, 92, 202, **64**, 13.

[4] So mit Recht FUHSE § 121 N. 4.

[5] Täter: Vorgesetzte, auch militärische Wachen: § 125.

[6] RMilG **6**, 247.

schen und „Gehorsam von unten“ verlangt werden kann, jeweils als ein übles unangemessenes, disziplinwidriges Verhalten sich darstellen[1]. Und auch an die Gesundheitsbeschädigung ist dieser Gedanke heranzutragen. Der Vorgesetzte, der einen Untergebenen, weil der Dienst es fordert, in einen wolkenbruchartigen Regen schickt und dadurch für die Lungenentzündung, die sich der Untergebene dabei holt, eine „Ursache setzt“, hat keine tatbestandsmäßige „Gesundheitsbeschädigung“ begangen, weder „an sich“, noch überhaupt.

So verstehen wir also unter Mißhandlungen und Gesundheitsbeschädigungen im Sinne des § 122 nur solche (nicht unerheblichen[2]) Einwirkungen auf den Körper eines andern, die sich nach militärischer Auffassung als unangemessen darstellen. Ob Schmerzgefühl oder Übelbefinden hervorgerufen wird, ist belanglos[3]. Auch ist ein körperliches Berühren nicht zu erfordern. Mit Recht hat RMilG **13, 36** eine Mißhandlung darin gesehen, daß ein Vorgesetzter seine Untergebenen „zur Strafe“ in einen zu starker Schweißentwicklung und Atemlosigkeit führenden „Laufschritt“ versetzt hat, eine Maßnahme, die eine zulässige Disziplinarmaßnahme aus den oben § 40 IV mitgeteilten Gründen nicht darstellt und eben deshalb eine nach militärischer Anschauung unangemessene Behandlung, also eine Mißhandlung bedeutet.

II. Es wird nach dem zu I Ausgeführten oft schwerhalten, eine durch den Dienst gerechtfertigte Behandlung von einer Mißhandlung zu unterscheiden. Der militärische Dienst muß große Anforderungen an den Körper des Soldaten stellen, und diesen hieran zu gewöhnen, ist eine wichtige Sache der militärischen Erziehung. Solange der Vorgesetzte eine *erzieherische Haltung* für seine Maßnahmen entscheidend sein läßt, wird selbst bei Auferlegung erheblicher körperlicher Strapazen nicht von Mißhandlung zu sprechen sein. Dieser Gedanke kommt im MilStGB § 122a zum Ausdruck, der gerade das *des erzieherischen Sinnes entbehrende* Auferlegen dienstlicher Strapazen und Erschwerungen als einen „Mißhandlungs“-Fall angesehen wissen will. Die „unnötige“ Erschwerung des Dienstes, das „boshafte Quälen“ im Dienst werden hervorgehoben; beides Fälle, in denen ein subjektives Unrechtselement deutlich sichtbar wird: nicht erzieherischer Ernst, sondern „persönliches Übelwollen“[4], Lust am Quälen[5] leiten den Vorgesetzten. Das ist nicht „Dienst“, sondern, wie der Soldat sagt, „Schikanieren“.

Das Gesetz stellt auf gleiche Stufe den Fall, wo der Vorgesetzte solches Quälen oder Mißhandeln eines Untergebenen durch andere Soldaten duldet oder fördert. Geht der Vorgesetzte noch weiter, stiftet er also einen andern Soldaten zu solchem Verhalten an, so kommt auch § 115 MilStGB in Verbindung mit § 122[6] in Frage.

III. Strafen: 1. Zu §§ 122, 122a (oben I, II): *Grundstrafe*: Gefängnis oder Festungshaft bis zu 3 Jahren (von 43 Tagen an); in minder schweren Fällen Möglichkeit der Strafermäßigung bis zu 1 Woche Arrest. In schwereren Fällen (dazu oben § 16 B I 1), besonders im wiederholten Rückfall (§ 13) obligatorische Dienstentlassung gegen Unteroffiziere neben Gefängnis und Festungshaft; in andern Fällen ist diese Nebenstrafe fakultativ.

2. § 123 Abs. 1: Ist eine schwere Körperverletzung im Sinne des § 224 RStGB die vom Täter verursachte, wenn auch nicht verschuldete Folge einer Mißhandlung gemäß §§ 122, 122a: Zuchthaus bis zu 5 Jahren, in minder schweren Fällen: Gefängnis oder Festungshaft von 6 Monaten bis zu 5 Jahren.

---

[1] Treffend RMilG **6, 249**. Konstruktiv verfehlt RMilG **22, 147**; vgl. dazu die berechtigte Kritik von Dahm Verbrechen und Tatbestand 1935 S. 9. — Vgl. auch unten § 44 IV 1.

[2] Das wird nur vorsichtshalber mit Rittau [2] § 122 N. 5, Fuhse § 122 N. 3, RMilG **10,** 303, **13,** 38 ausdrücklich hervorgehoben, ergibt sich aber aus dem im Text über den normativen Charakter des Mißhandlungsbegriffs Ausgeführten schon von selbst.

[3] RMilG **6, 247, 9, 77.**

[4] Vgl. RMilG **7,** 128 (zum § 121 alter Fassung: vorschriftswidrige Behandlung, „Schikanieren“).

[5] Rittau § 122a N. 5.

[6] Nicht RStGB § 223, 223a, falls diese auf den Angestifteten anzuwenden sind: RMilG **8,** 108 mit Hinweis auf § 50 StGB.

3. War die zu 2. erwähnte Folge beabsichtigt und eingetreten: Zuchthaus von 2—10 Jahren. Verbrechen! Versuch strafbar! § 123 Abs. 2.

4. Ist der Tod des Untergebenen durch die Mißhandlung verursacht: Zuchthaus nicht unter drei Jahren, in minder schweren Fällen: Gefängnis oder Festungshaft nicht unter 1 Jahr. § 123 Abs. 3.

IV. § 124 MilStGB ist oben § 24 B III, § 125 oben § 33 IV erörtert.

§ 43. Unzulässige Beeinflussung der Rechtspflege.

Wenn die Stellung im Gesetz auch kein sicheres Mittel für die Auslegung einer Bestimmung ist, so gehört doch der seltsame, inhaltsarme § 119 MilStGB zu denjenigen Strafrechtssätzen, deren Sinn ohne entscheidende Rücksichtnahme auf den Zusammenhang, in den ihn der Gesetzgeber gestellt hat, nicht zutreffend ermittelt werden kann. So wird man dazu kommen, § 119, der die *Ausübung eines vorsätzlichen gesetzwidrigen Einflusses auf die Rechtspflege* unter Strafe stellt, zu beschränken auf solche Täter, die als „Vorgesetzte“[1] einen Einfluß dieser Art auf Untergebene ausüben, soweit diese Untergebenen in der Rechtspflegetätigkeit als Rechtspflegeorgane mitzuwirken haben[2]. Das aber ist nach MilStGO in weitem Ausmaß der Fall, und gerade diese Mitwirkung muß von jedem unsachlichen Einfluß freigehalten werden, der sich aus den vielgestaltigen Einflußmöglichkeiten seitens eines Vorgesetzten ergeben könnte. Einen Einfluß übt aus, wer Einwirkungen irgendwelcher Art an den Untergebenen heranbringt. Ob der Täter den von ihm gewünschten Erfolg einer Gefügigmachung des Untergebenen in einem bestimmten Sinne erreicht, muß gleichgültig sein. Tateinheit ist insbesondere denkbar mit §§ 145 MilStGB[3], 341, 343—346 RStGB.

Strafe: Gefängnis bis zu 5 Jahren; gegen Unteroffiziere Dienstentlassung zulässig. In minder schweren Fällen Festungshaft bis zu 5 Jahren.

2. Verletzung der Subordinations- und Gehorsamspflichten des Untergebenen.

Der Täterkreis der in diesem Abschnitt zu erörternden Delikte umfaßt *Untergebene*, d.h. alle diejenigen, die sich der Befehlsgewalt eines Vorgesetzten unterzuordnen und diese Unterordnung durch Gehorsam zu bekunden haben. In erster Linie begegnet diese Pflicht bei *Soldaten*, also den im aktiven Wehrdienst stehenden Offizieren, Unteroffizieren und Mannschaften; daneben aber können Wehrpflichtige des Beurlaubtenstandes im Rahmen des § 6 schlechthin, sowie unter den besonderen Voraussetzungen des § 6b Täter der hier interessierenden strafbaren Handlungen sein, Wehrmachtbeamte gemäß § 153 dann, wenn sie die Handlungen im Felde (oben § 4) begehen. Auch Angehörige des Heeresgefolges (§ 155)[4], ausländische Offiziere (§ 157), Kriegsgefangene (§ 158), Schiffsangestellte (§ 166 Abs. 1) und dienstlich an Bord eines Kriegsschiffs eingeschiffte Personen (im Rahmen des § 166 Abs. 2) sind ebenfalls zu

---

[1] D. h. also: Soldaten, Wehrpflichtige des Beurlaubtenstandes gemäß § 6 (der jetzt aufgehobene § 126 MilStGB ging weiter); militärische Wachen gemäß § 125, nicht Wehrmachtbeamte. Die von Sohl Hdwb S. 649 unter den möglichen Tätern mit erwähnten Kriegsgefangenen kommen nicht in Frage, da sie Vorgesetzte nur von Kriegsgefangenen, diese aber nie Rechtspflegeorgane sein können.

[2] So Romen-Rissom § 119 N. 1; Fuhse § 119 N. 1; auch Rittau [2] § 119 N. 3; Sohl Hdwb S. 649; PE **7**, 36 (ZPE Nr. 179). Die ganz abweichende Meinung von M.E. Mayer II 121ff. hat sich nicht durchsetzen können. Nach ihm fällt unter § 119 etwa der Soldat, der auf einen ihm bekannten Zivilrichter in einer Zivilprozeßsache einen unzulässigen Druck ausübt. Es ist in der Tat nicht einzusehen, wie eine solche Ausdehnung des § 119 gerechtfertigt werden soll. M.E. Mayer stützt sich zu einseitig auf den Wortlaut, der allerdings ganz mißraten ist. Vgl. dazu Romen-Rissom § 119 N. 1. Einwirkungen Vorgesetzter auf Untergebene, die nicht als Rechtspflegeorgane, sondern etwa als Zeugen tätig werden, fallen nicht unter § 119, sondern gegebenenfalls unter § 114, soweit nicht etwa RStGB §§ 159, 160 oder §§ 154/48 in Betracht kommen (dazu MilStGB § 115). Vgl. PE **7**, 36 (ZPE Nr. 179).

[3] Über die Beziehung des § 145 MilStGB zur Militärgerichtsbarkeit vgl. unten § 54; Sohl Hdwb S. 649.

[4] RMilG **19**, 168.

Subordination und Gehorsam verpflichtet und können nach Maßgabe der §§ 89ff. MilStGB straffällig werden, soweit der einzelne Deliktstatbestand mit ihrer Täterschaft vereinbar ist.

§ 44. Der Ungehorsam.

I. Nicht jeder Ungehorsam kann durch militärgerichtliche Ahndung krimineller Bestrafung zugeführt werden. § 92 a.F., der dies in der Tat möglich machte[1], besteht heute nicht mehr. Er ist mit § 93 a.F. zu einem neuen Deliktstatbestande des militärischen Ungehorsams verschmolzen worden mit der Wirkung, daß nur bestimmte schwere Fälle des Ungehorsams kriminelle Bestrafung nach sich ziehen.

II. Ungehorsam ist Nichtbefolgung eines Befehls in Dienstsachen (oben § 26 C II 1[2]), wobei es belanglos ist, ob der Befehl gar nicht oder (zufolge eigenmächtiger Abänderung oder Überschreitung) nicht ordnungsmäßig ausgeführt wird.

III. Zur Bestrafung führt der Ungehorsam in folgenden Fällen:

1. gemäß § 92: Durch den vorsätzlich oder (Abs. 2) fahrlässig[3] begangenen Ungehorsam wird ein erheblicher Nachteil, eine Gefahr für Menschenleben oder (in bedeutendem Umfang) für fremdes Eigentum oder eine Gefahr für die Sicherheit des Reichs oder für die Schlagfertigkeit oder Ausbildung der Truppe herbeigeführt, und diese besondere Folge kann dem Ungehorsamen entweder ebenfalls zum Vorsatz oder doch zur Fahrlässigkeit zugerechnet werden. Unter „Nachteilen" verstehen wir jede Beeinträchtigung eines vom militärischen Standpunkt aus beachtlichen Wertes oder Interesses[4], mag sie sich materiell oder ideell auswirken. Einbuße an Gefangenen oder Waffen gehört also ebenso hierher, wie etwa eine Schädigung des Rufes, in dem der Truppenteil bisher gestanden hat[5], oder eine Untergrabung des Ansehens eines Vorgesetzten bei anderen Untergebenen. Was dabei als „*erheblicher*" Nachteil anzusehen ist, kann nur aus den Wertanschauungen unseres Soldatentums heraus von Fall zu Fall unter Berücksichtigung aller Umstände ausgemacht werden[6]. Die „Sicherheit des Reichs" kann von außen und von innen her gefährdet werden[7]. Die „Schlagfertigkeit der Truppe" setzt nicht nur Bereitschaft und Können der ihr zugehörigen Soldaten, sondern auch Brauchbarkeit und Verfügbarkeit des ihr zukommenden Materials voraus[8]. — Zu mancherlei Schwierigkeiten haben die Schuldfragen Anlaß gegeben. Ich weise auf das hin, was oben S. 54 § 26 B I Anm. 6 zum Irrtum über die Vorgesetzteneigenschaft und ebenda C II 2 über die Verbindlichkeit der Dienst-

---

[1] Soweit nicht der Ausweg des (jetzt fortgefallenen) § 3 EinfGMilStGB für „leichtere Fälle" zur Disziplinarbestrafung führte.

[2] Befehle sind (vgl. oben § 26 C II) Kundgebungen eines dienstlich fordernden Willens eines Vorgesetzten, gerichtet an die Adresse von Untergebenen. RMilG **8**, 227, **10**, 41 (und sonst) steht jedoch auf dem Standpunkt, daß auch allgemeine Dienstvorschriften (Reglements, Instruktionen u. dgl.) Befehle enthalten, sofern sie bestimmte Gebote oder Verbote in sich schließen, mögen diese auch nicht für einen Einzelvorgang, sondern nur für gleichmäßig wiederkehrende Lagen ein bestimmtes typisches Verhalten vorschreiben; Verstoß hiergegen sei Ungehorsam im Sinne der §§ 92ff. Ebenso R **64**, 69. Berechtigte Bedenken hiergegen seit jeher in der Literatur, jetzt insbesondere bei Dietz DStO, 3. Aufl., S. 31.

[3] Mit dieser Neufassung durch das Vereinf. Ges. ist die alte Streitfrage, ob fahrlässiger Ungehorsam kriminell strafbar sei, im Sinne der früheren Rechtsprechung des RMilG **1**, 290, **2**, 200, **5**, 5, 267, **10**, 158 und zahlreicher weiterer Entscheidungen entschieden, zugleich aber durch die Zusammenlegung der alten §§ 92 und 93 (vgl. oben im Text zu I) für Beseitigung der schwerwiegenden Bedenken gesorgt worden, die gerade vom militärischen Standpunkt aus oft gegen die Auffassung des RMilG geäußert worden sind. Vgl. z. B. Rissom Hdwb S. 772, sowie Arch. **2**, 7ff., 97ff. Vgl. im übrigen auch im Text § 9 I.

[4] Die herrschende Lehre hat unter Nachteil „jede erhebliche Beeinträchtigung irgend eines Rechtsgutes" verstanden; die Formulierung wurde aber verschieden gedeutet. Fuhse und RMilG gelangten zu den gleichen Folgerungen wie der Text.

[5] So mit Recht RMilG **7**, 237; zustimmend Fuhse § 92 N. 9a.

[6] Also nicht eigentlich „Tatfrage" (so Fuhse, Rittau im Anschluß an RMilG **6**, 94, **8**, 247, **10**, 144) ist die Erheblichkeit, sondern eine ganz eminente Wertungs- (also Rechts-)Frage!

[7] Treffend Rittau[2] § 92 N. 9. [8] Fuhse § 92 N. 9e.

befehle bereits bemerkt worden ist. Der Untergebene, der gewillt ist, den an ihn ergangenen Befehl zu befolgen, aber physisch dazu nicht in der Lage ist (Verwundung, Krankheit) fällt nicht unter § 92[1].

Strafe: a) Vorsätzlicher Ungehorsam: geschärfter Arrest nicht unter 1 Woche oder Gefängnis oder Festungshaft bis zu 10 Jahren, im Felde bis zu 15 Jahren oder lebenslange Freiheitsstrafe. — b) Fahrlässiger Ungehorsam: Freiheitsstrafen bis zu 2, im Felde bis zu 3 Jahren[2].

2. *Qualifizierte Fälle* (§§ 94, 95 MilStGB).

a) § 94 unterscheidet, soweit *vorsätzliches* Ungehorsamsein in Frage kommt:

α) die *Verweigerung des Gehorsams durch Wort oder Tat*, d. h. also die demonstrative Kundgabe des Ungehorsams, verbunden mit dem Willen des Täters, eben gerade in *demonstrativer*, also besonders disziplinwidriger Weise seinen Ungehorsam zum Ausdruck zu bringen[3]. Die bloße Nichtbefolgung eines Befehls als solche genügt also nicht, selbst wenn sie unter Umständen erfolgt, die für eine vom Täter beabsichtigte Demonstration sprechen (der Täter führt etwa in Reih und Glied einen befohlenen Griff nicht aus); vielmehr muß der Ungehorsam selbst noch durch Worte oder (über die Nichtbefolgung hinausgehende) Taten kundgegeben werden. Gerade hierin liegt der Unterschied gegenüber § 92[4]. Handelt es sich um einen nicht sofort, sondern erst später auszuführenden Befehl, so wird der Tatbestand des § 94 schon dadurch erfüllt, daß der Untergebene durch Wort oder Tat seinen späteren Ungehorsam demonstrativ in Aussicht stellt. Da das Verbrechen in diesem Augenblick vollendet ist, hat spätere Befehlsausführung nicht etwa die Bedeutung eines strafbefreienden Rücktritts vom Versuch, sondern allenfalls (nach dem Ermessen des Gerichts) die eines Strafminderungsgesichtspunktes (oben § 15 II)[5]. Im allgemeinen wird die Kundgebung des Ungehorsams sich an die Adresse des befehlenden Vorgesetzten wenden; aber unbedingt nötig ist das nicht, wenn nur der Täter den Willen hatte, daß der Vorgesetzte die Kundgebung erfährt[6]. Die Verweigerung des Gehorsams muß die im § 92 Abs. 1 bezeichneten Folgen herbeiführen; den Täter muß hinsichtlich ihrer der Vorwurf des Vorsatzes oder der Fahrlässigkeit treffen.

β) *Die Beharrung im Ungehorsam gegenüber wiederholt erhaltenem Befehl in Dienstsachen.* Derselbe Befehl muß also mindestens zweimal an den Täter ergangen sein und zwar so, daß der spätere Befehl auf eine bereits feststehende Nichtbefolgung des voraufgegangenen hin erfolgt ist[7]; auch versteht sich von selbst, daß der frühere Befehl noch in Kraft sein muß in dem Augenblick, wo der spätere erfolgt[8]. Wegen der Ungehorsamsfolgen gilt dasselbe wie zu α).

Strafe zu α und β: Geschärfter Arrest nicht unter 14 Tagen oder Gefängnis oder Festungshaft bis zu 10 Jahren, im Felde bis zu 15 Jahren oder lebenslange Freiheitsstrafe (§ 17 Abs. 1).

b) § 95 baut auf der Grundlage des § 94 noch folgende weitere Qualifikationen auf:

α) In Abs. 1 wird vorausgesetzt entweder 1. eine Gehorsamsverweigerung durch Wort oder Tat (oben a α) oder 2. ein Beharren im Ungehorsam gegenüber wiederholt

[1] Vgl. hierzu RMilG **14**, 157, **18**, 250, wo aber mit Recht strenge Anforderungen an die physische Unmöglichkeit gestellt werden und verlangt wird, daß der Untergebene einen Versuch gemacht haben müsse, den Befehl auszuführen. Vgl. oben S. 71, § 36 I 3 b.

[2] Eine gesetzlich verbotene Handlung kann nicht noch unter § 92 fallen (z. B. der Hauptmann verbietet seinen Leuten, Kameraden zu bestehlen). RMilG **8**, 39; dazu Näumann Arch. **2**, 50, der in solchen Fällen eine subsidiäre Anwendbarkeit des § 92 verlangt, falls aus irgendeinem Grunde (etwa Fehlen des Antrags) die gesetzwidrige Tat nicht verfolgbar ist.

[3] Gerade dieses subjektive Moment wird vom RMilG scharf und mit Recht betont. Vgl. **18**, 270 (dort Angabe der älteren einschlägigen Entscheidungen). Wichtig ferner für die ganze Ungehorsamslehre: RMilG **22**, 275 (280ff.). Allerdings müssen die erheblichen Tatbestandsänderungen beachtet werden, die inzwischen das Vereinf. Ges. gebracht hat.

[4] Gut herausgearbeitet bei Fuhse § 94 N. 3.

[5] Herrschende Meinung. Vgl. RMilG **7**, 84.

[6] So im Anschluß an Romen-Rissom § 94 N. 2 Fuhse § 94 N. 5.

[7] RMilG **2**, 15. [8] RMilG **10**, 171.

erhaltenem Befehl in Dienstsachen (oben a β). Die nachteiligen Folgen im Sinne des § 92 Abs. 1 brauchen dagegen nicht eingetreten zu sein, wofern nur überdies die in Abs. 1 unter Ziff. 1—4 verzeichneten qualifizierenden Umstände vorgelegen haben. Die vom Gesetzgeber hierbei verwendeten Begriffe sind sämtlich bereits erörtert, worauf hier verwiesen werden muß[1].

Strafe: Gefängnis oder Festungshaft bis zu 5 Jahren, im Felde Gefängnis oder Festungshaft nicht unter 1 Jahr. Minder schwere Fälle: Möglichkeit der Strafermäßigung bis auf 14 Tage geschärften Arrest. Bei Begehung vor dem Feinde (Abs. 3): Freiheitsstrafe nicht unter 10 Jahren, in minder schweren Fällen: nicht unter 1 Jahre.

β) Die zu α) beschriebene Tat führt außerdem noch die in § 92 Abs. 1 bezeichneten Folgen herbei, und den Täter trifft deswegen vorsätzliche oder fahrlässige Schuld (Abs. 2).

Strafe: Gefängnis oder Festungshaft bis zu 10, im Felde von 1 bis zu 15 Jahren oder lebenslange Freiheitsstrafe. In minder schweren Fällen: Möglichkeit der Strafermäßigung bis auf 3 Wochen geschärften Arrest. Bei Begehung vor dem Feinde (Abs. 3): Todesstrafe oder lebenslange Freiheitsstrafe oder Freiheitsstrafe nicht unter 10 Jahren; in minder schweren Fällen: Freiheitsstrafe nicht unter 1 Jahre.

IV. Für sämtliche oben erörterten Ungehorsamsfälle wird in § 98 ein gesetzlicher Strafmilderungsgrund (oben § 17 II 1) zur Verfügung gestellt, der übrigens auch auf andere Verletzungen der Unterordnungspflicht Anwendung findet (s. unten § 45 II, § 46 I, II). Der Ungehorsam des Untergebenen ist mitunter eine (natürlich nie gestattete, aber doch begreifliche) Reaktion auf ein disziplinwidriges Verhalten des Vorgesetzten. Dem sucht § 98 Rechnung zu tragen, indem er zugleich folgende Fälle unterscheidet:

1. Der Untergebene ist dadurch, daß der Vorgesetzte ihn vorschriftswidrig behandelt oder die Grenzen seiner Dienstgewalt überschritten hat, gereizt und dadurch auf der Stelle zum Ungehorsam[2] hingerissen worden. Unter vorschriftswidriger Behandlung ist hier natürlich nur eine den Untergebenen (in irgendeiner Beziehung entgegen militärischen Vorschriften oder Grundsätzen) *beeinträchtigende* Behandlung[3] gemeint. Sie stellt immer auch eine Überschreitung der Grenzen der Dienstgewalt dar; dieser letztere Begriff geht aber noch erheblich weiter, indem jedes Verhalten getroffen werden soll, durch welches der Vorgesetzte die ihm für die Ausübung der Dienstgewalt nach militärischen Grundsätzen gezogenen Grenzen verletzt. Daß bei dem Täter eine nicht unerhebliche Erregung entstanden und er unter ihrer Einwirkung die Ungehorsamshandlung begangen haben muß, geht aus den weiteren Merkmalen des § 98 deutlich hervor[4].

Folgende Strafrahmensenkung tritt ein: An Stelle von Todes- oder lebenslanger Freiheitsstrafe tritt Freiheitsstrafe nicht unter 3 Jahren. Bei Androhung zeitiger Freiheitsstrafen

---

[1] Ziff. 1: „versammelte Mannschaft" (§ 12 MilStGB) vgl. oben § 16 B I 3. — Ziff. 2: „unter den Waffen" (§ 12 Abs. 2 MilStGB): vgl. oben § 16 B I 3. — Ziff. 3: „Befehl, unter die Waffen zu treten": vgl. oben § 16 B I 3. — Ziff. 4: „Absicht, sich seiner Verpflichtung zum Dienst ganz oder teilweise zu entziehen oder die Auflösung des Dienstverhältnisses zu erreichen: vgl. oben § 37 I 2a, b.

[2] Gerade gegenüber *diesem* Vorgesetzten, nicht gegenüber einem anderen; dieser darf verlangen, daß der Untergebene sich beherrscht. Vgl. RMilG **10**, 294.

[3] Über Einzelheiten vgl. Fuhse § 98 N. 4. Die größten Schwierigkeiten entstehen bei körperlichen Einwirkungen, die der Vorgesetzte zum Zweck der Korrektur oder der Aufrechterhaltung der Disziplin vornimmt. Sie sind keineswegs schlechthin gestattet (vgl. RMilG **1**, 257, **2**, 179, **14**, 97, **20**, 215), aber auch nicht immer verboten (vgl. RMilG **15**, 278). Maßgebend muß sein, ob solche Einwirkung als unabweislich *nötiges* Mittel zur Ausbildung oder Disziplinerhaltung soldatischen Anschauungen über das Verhältnis von Vorgesetzten und Untergebenen entspricht oder widerspricht. Schwierige Wertungsfragen von Fall zu Fall. Vgl. dazu oben § 42 I.

[4] Vgl. dazu (über den ursächlichen Zusammenhang zwischen der vorschriftswidrigen Behandlung und dem Ungehorsam): RMilG **10**, 53, 294, **14**, 278 und hieran anschließend R **67**, 248. — Die vorschriftswidrige Behandlung muß *vor der gesamten* Gehorsamsverweigerung erfolgt sein; stellt diese sich als fortgesetzte Handlung (oben § 27 I 3c) dar und fällt die vorschriftswidrige Behandlung mitten in sie hinein, so ist § 98 nach R **64**, 293 nicht anwendbar.

kann die Strafe bis zur Hälfte des Mindestbetrages der angedrohten Freiheitsstrafe und, wenn die Hälfte mehr als 1 Jahr beträgt, bis auf die Dauer eines Jahres ermäßigt, gegen Offiziere auch von Dienstentlassung abgesehen werden.

2. Die Handlungsweise des Vorgesetzten stellt sich als Mißhandlung (MilStGB §§ 122, 122a; oben § 42) oder als sonst herabwürdigende, also das Ehrgefühl gröblich verletzende Behandlung des Untergebenen dar.

Für die Strafrahmensenkung gilt zunächst das zu 1. Gesagte; nur wo die Hälfte des Mindestbetrages über 6 Monate liegt, darf bis auf 6 Monate zurückgegangen werden, und die Strafe darf nie den dritten Teil des Höchstbetrages der angedrohten Strafe übersteigen.

§ 45. Bedrohung und Beleidigung des Vorgesetzten.

I. Der Bedrohungstatbestand des § 241 RStGB erhält in § 89 MilStGB eine besondere militärstrafrechtliche Abwandlung für den Fall, daß ein Untergebener einen Vorgesetzten im Dienst oder in Beziehung auf eine Diensthandlung mit der Begehung eines Verbrechens oder (was in § 241 RStGB unerwähnt bleibt) eines Vergehens bedroht. Wir sahen oben (§ 26CII1), welche Ausdehnung der Begriff „Dienst“ hat. Das wirkt sich naturgemäß auf den vorliegenden Tatbestand aus. „Im Dienst“ muß sich der Täter befinden[1]; die Diensthandlung, auf die sich nach der zweiten Alternative die Bedrohung bezieht, muß eine solche des (dafür zuständigen) Vorgesetzten sein und stellt jede Art von (militärischer) Tätigkeit dar, die dienstlicher Veranlassung entspringt oder zu dienstlichen Zwecken erfolgt[2]. Drohung ist Inaussichtstellen eines Übels; das Übel muß sich als Verbrechen oder Vergehen im Sinne des § 1 MilStGB oder RStGB charakterisieren lassen. Ernstlichkeit der Drohung wird hier so wenig wie im gemeinen Strafrecht erfordert, wenn nur der Bedrohte die Drohung ernst nimmt und der Täter dies weiß und will. Im übrigen ist auf die Literatur zum gemeinen Strafrecht zu verweisen.

Strafe: Geschärfter Arrest nicht unter 14 Tagen oder Gefängnis oder Festungshaft bis zu 3 Jahren. § 98 (oben § 44 IV) ist anwendbar.

II. Die Beleidigung des Vorgesetzten oder im Dienstrang Höheren durch einen Untergebenen wird in § 91 für folgende Fälle zum militärischen Delikt gestempelt:

1. soweit sie üble Nachrede im Sinne des § 186 RStGB ist.

Strafe: Freiheitsstrafe bis zu 2 Jahren. Hat der Täter die Beleidigung im Dienst (vgl. oben I) oder in Beziehung auf eine Diensthandlung des Vorgesetzten (vgl. ebenda) begangen: Freiheitsstrafe bis zu drei Jahren. Ist die Beleidigung durch Verbreitung von Schriften, Darstellungen oder Abbildungen begangen (Abs. 2): Gefängnis oder Festungshaft bis zu 5 Jahren. § 98 (oben § 44 IV) ist anwendbar.

2. soweit sie eine Verleumdung im Sinne des § 187 RStGB ist.

Strafe: Gefängnis bis zu fünf Jahren. § 98 (oben § 44 IV) ist anwendbar.

Die einfache Beleidigung des Vorgesetzten ist also ein nach § 185 RStGB zu strafendes gemeines Vergehen. Ist sie mit Tätlichkeiten verbunden, so greift § 97 MilStGB Platz (vgl. unten § 46). Daß die im RStGB für die Beleidigungen aufgestellten Bestimmungen der §§ 199, 200 im Bereich des Militärstrafrechts unanwendbar sind, ergibt sich, wie schon oben § 9I dargelegt, aus § 2 MilStGB. Auch von der Anwendbarkeit des § 193 RStGB war bereits oben § 9I die Rede.

§ 46. Widersetzung und tätliche Angriffe.

I. *Die Widersetzung.* § 240 RStGB ist für militärstrafrechtliche Zwecke zu unbestimmt gehalten, insbesondere was das abgenötigte Verhalten betrifft. Daher bildet das MilStGB in § 96 unter Heraushebung entscheidender militärdienstlicher

[1] RMilG **5**, 129 (143).

[2] Vgl. RMilG **5**, 150, **7**, 88, **10**, 193 (hier auch Erörterung der schwierigen Frage, ob von „Diensthandlung“ zu sprechen ist, wenn der Vorgesetzte irrig auf Grund subjektiv pflichtmäßigen Ermessens seine Zuständigkeit zur Vornahme der konkreten Handlung annimmt), **17**, 304. Die Tätigkeit als Gerichtsherr gehört nicht hierher: RMilG **22**, 216 (FUHSE § 89 N. 4).

Gesichtspunkte den Tatbestand eines besonderen *militärischen* Verbrechens, für das die besondere Bezeichnung „Widersetzung" eingeführt wird. Verglichen mit § 240 RStGB nimmt § 96 einerseits eine *Erweiterung* des Tatbestandes vor, indem er *jegliche*[1] Drohung (mit irgendeinem Übel, also nicht nur die mit einem Verbrechen oder Vergehen) genügen läßt; andererseits erfolgt eine den militärischen Notwendigkeiten entsprechende *Verengung* insofern, als der (eingetretene oder erstrebte) Nötigungserfolg entweder darin zu bestehen hat, daß der Vorgesetzte[2] an der Ausführung eines Dienstbefehls (vgl. oben § 26 C II 1) verhindert oder zur Vornahme oder Unterlassung einer Diensthandlung (vgl. oben § 45 I) wider seinen Willen veranlaßt wird. Vollendung und Versuch werden im Begriff des „Unternehmens" zusammengefaßt (vgl. oben § 28 II). Außer der Drohung kommt genau wie in § 240 R StGB auch Gewalt als Begehungsmittel in Betracht. Die Rechtswidrigkeit des Verhaltens hängt im Falle des „Drohens" sehr wesentlich von der Frage ab, ob der Untergebene das in Betracht kommende Übel dem Vorgesetzten in Aussicht stellen durfte oder nicht. Die von Frank für § 253 RStGB geprägte Formel, daß die Inaussichtstellung eines verkehrsmäßigen Übels unter das Verbot des § 253 RStGB nicht falle und demgemäß auch nicht rechtswidrig sei, ist für unsere Frage gegenüber § 96 MilStGB nur mit erheblicher Abwandlung anzuwenden. Im Verhältnis des Untergebenen zum Vorgesetzten fragt es sich nicht nur, ob der erstere ein Recht hat, dem letzteren ein bestimmtes Übel zuzufügen (z. B. ihm die Unannehmlichkeiten einer Beschwerde zu bereiten), so daß der Vorgesetzte „verkehrsmäßig" ohnehin mit der Möglichkeit solchen Übels rechnen muß; vielmehr ist es daneben sehr wichtig, ob der Untergebene nach soldatischen Anschauungen über die Vorgesetztenautorität, sei es überhaupt, sei es unter den gegebenen Umständen, mit der *Inaussichtstellung* des Übels dem Vorgesetzten gegenüber hervortreten darf. Gerade bei den schwierigen Fällen, wo der Untergebene eine Beschwerde in Aussicht stellt, genügt es keineswegs zu prüfen, ob die Beschwerde „unter den obwaltenden Umständen als ein Übel angesehen werden kann"[3]. *Das* muß ja stets feststehen, da ohne Übelsqualität des Inaussichtgestellten ja gar nicht von einer „Drohung" zu sprechen wäre[4]. Die Schwierigkeit der Wertungsfragen beginnt vielmehr erst dann, wenn für den Vorgesetzten in der Beschwerde eine Unannehmlichkeit, also ein Übel zu sehen *ist* (was *meist* der Fall sein wird), der Untergebene sich aber auf sein Beschwerderecht beruft. Hier kann nur von Fall zu Fall im Hinblick auf die Gesamtheit der Umstände geprüft werden, ob die Ankündigung der Beschwerde militärischen Anschauungen und Grundsätzen zufolge soldatischer Disziplin entspricht. Es ist etwas ganz anderes, ob der Untergebene in einer persönlich gehaltenen, wenn auch dienstlichen Aussprache in angemessener Form auf sein Beschwerderecht hinweist, etwa um die Zurücknahme eines Dienstbefehls zu veranlassen, oder ob er dies während des Exerzierens oder anderer Dienstverrichtungen tut, vielleicht sogar noch in ungehörigem Ton[5]. Wegen des Problems der „Ernstlichkeit" der Drohung ist auf § 45 I zu verweisen.

[1] Zu beachten auch der Unterschied zu § 89 MilStGB.

[2] § 96 Abs. 2 stellt dem Vorgesetzten die zu seiner Unterstützung (zwecks Durchführung des Befehls) befehligten oder zugezogenen Mannschaften (auch Offiziere oder Unteroffiziere) gleich, mag die Zuziehung nötig sein oder nicht. Vgl. dazu ausführlich RMilG **13**, 62. — Auch gegen Wachen (oben § 33 IV) kann sich die Widersetzung richten: § 111 Abs. 1 MilStGB.

[3] So RMilG **3**, 62. [4] So treffend RMilG **22**, 216.

[5] Sonstige Fälle: 1. Untergebener zum Vorgesetzten: „Wenn Sie mich melden, kommt noch verschiedenes Andere heraus". RMilG **2**, 199 nimmt mit Recht widerrechtliche Drohung an. Inaussichtstellung eines Übels liegt vor. Selbst wenn eine Strafanzeige oder Beschwerde gegen den Vorgesetzten im Hinblick auf bestimmte Verfehlungen seinerseits berechtigt gewesen wäre, würde die Art des Vorbringens hier die Inaussichtstellung als rechtswidrig erscheinen lassen. 2. Der Fall RMilG **6**, 145 erfüllt klar den Tatbestand des § 96. 3. Anonymer Brief an Kommandierenden General eines stellvertretenden Armeekorps, er solle den Gemeindesekretär H. einziehen, sonst werde Schreiber des Briefes an der Front die Kameraden über die Verhältnisse in der Heimat aufklären und zur Waffenniederlegung veranlassen. Die Entscheidung RMilG **21**, 103 zeigt, zu welchen unnötigen Schwierigkeiten es führt, wenn man, wie es die herrschende

Strafe: Freiheitsstrafe von 6 Monaten bis zu 10 Jahren, in minder schweren Fällen Freiheitsstrafe nicht unter 3 Monaten; bei Begehung im Felde: Gefängnis nicht unter 2 Jahren, in minder schweren Fällen nicht unter 6 Monaten. § 98 ist anwendbar.

II. *Tätlichkeiten gegen Vorgesetzte.* § 97 MilStGB unterscheidet zwei Fälle:

1. Der Untergebene vergreift sich tätlich an einem Vorgesetzten, d.h. er wirkt in aggressiver Tendenz mittelbar oder unmittelbar auf den Körper des Vorgesetzten ein, wobei es gleichgültig ist, ob dies für den Vorgesetzten mit Schmerz oder sonstiger Beeinträchtigung des Wohlbefindens verbunden ist oder nicht[1].

2. Der Untergebene unternimmt einen tätlichen Angriff gegen den Vorgesetzten; d.h. er beginnt damit, seine gegen die körperliche Integrität des Vorgesetzten gerichtete aggressive Tendenz zu verwirklichen. Die Vollendung des Angriffs würde ein tätliches Sichvergreifen im Sinne des zu 1. Gesagten darstellen und die hier erörterte Alternative des Unternehmens eines tätlichen Angriffs konsumieren[2]. Wenn RMilG **3**, 106 für das Unternehmen eine „feindselige Absicht" erfordert hat, so geht das über das Gesetz hinaus; es genügt auch hier eine aggressive Tendenz im oben bezeichneten Sinne.

Zu 1. und 2. *Strafen*: Freiheitsstrafe nicht unter 3 Jahren, in minder schweren Fällen nicht unter 6 Monaten.

Strafverschärfungen: **1.** Handlung begangen a) unter den Waffen (vgl. oben § 16 B I 3b), b) sonst im Dienst (vgl. oben § 45 I), c) vor versammelter Mannschaft (vgl. oben § 16 B I 3a), d) mit einer Waffe oder einem anderen (!) gefährlichen Werkzeug: Freiheitsstrafe nicht unter 5 Jahren, in minder schweren Fällen nicht unter 1 Jahre. — **2.** Handlung im Felde bebegangen: Todesstrafe, in minder schweren Fällen oder bei Begehung außer dem Dienste lebenslange Freiheitsstrafe oder Freiheitsstrafe nicht unter 1 Jahre. — **3.** Die Handlung hat (wenn auch ohne Verschulden des Täters) eine schwere Körperverletzung (StGB § 224) oder den Tod des Vorgesetzten verursacht, so gelten folgende Strafen: a) Handlung nicht im Felde begangen: an Stelle von Gefängnis oder Festungshaft tritt Zuchthaus von gleicher Dauer, in minder schweren Fällen Zuchthaus oder Freiheitsstrafe nicht unter 1 Jahre; b) Handlung im Felde begangen: Todesstrafe, in minder schweren Fällen lebenslanges Zuchthaus oder Freiheitsstrafe oder Zuchthaus oder Freiheitsstrafe nicht unter 2 Jahren. — Gegen Offiziere ist neben Gefängnis oder Festungshaft stets auf Dienstentlassung zu erkennen. — § 98 findet Anwendung.

§ 47. Meuterei und Aufruhr.

Gehorsamsverweigerung, Widersetzung und Tätlichkeiten gegen den Vorgesetzten, an sich schon schwere Störungen der Disziplin, erwachsen in dem Augenblick zu einer besonders ernsten Gefahr, wo sie über den Rahmen des Verhältnisses eines einzelnen Untergebenen zu seinem Vorgesetzten hinausgreifen. Hier müssen sehr strenge Strafdrohungen einsetzen. Wir finden sie in den §§ 103—110 MilStGB und kommen damit zur Lehre von Meuterei und Aufruhr.

I. 1. *Meuterei* liegt vor (§ 103), wenn *mehrere*, d. h. mindestens zwei Untergebene eine *gemeinschaftliche* Verweigerung des Gehorsams (oben § 44 III 2) oder eine *gemeinschaftliche* Widersetzung (oben § 46 I) oder Tätlichkeit (oben § 46 II) gegen den Vorgesetzten verabreden. Gemeinschaftlichkeit setzt bewußtes und gewolltes Zusammenwirken (§ 47 RStGB) voraus. Was unter einer „Verabredung" zu verstehen ist, zeigten wir bereits oben § 34 II.

Lehre tut, unter „Übel" „ein solches im Rechtsinne" versteht, d.h. ein solches, dessen Verwirklichung für den Bedrohten eine Einbuße an Rechtsgütern oder eine sonstige Beeinträchtigung von rechtlichen Interessen bedeutet" (so auch RMilG **22**, 216). Es sollte sich aber nur darum handeln, ob das, was in Aussicht gestellt wird, eine psychische Belastung hervorzurufen geeignet ist und in diesem Sinne vom Täter gemeint ist.

[1] So die herrschende, richtige Auffassung. Vgl. Fuhse § 97 N. 3; Rittau[2] § 97 N. 3; RMilG **3**, 106, 229 und oft. Die aggressive Absicht (besser: Tendenz) als ein wesentliches subjektives Unrechtselement stellt erst RMilG **3**, 229 heraus; die frühere Entscheidung begnügte sich mit dem „Bewußtsein des Antastens des dienstlichen Ansehens des Vorgesetzten". Das ist *auch* zutreffend, aber für die im Tatbestand steckende subjektive Tendenz etwas zu blaß.

[2] Richtig RMilG **20**, 187/8.

Die *Strafe* richtet sich zunächst nach dem Gesetz, welches auf die Handlung Anwendung findet, deren Begehung verabredet worden ist, also — je nach dem — nach den §§ 94/5, 96, 97 MilStGB. Die hiernach verwirkte Strafe ist aber zugleich um die Dauer von drei Monaten bis zu zwei Jahren zu erhöhen. Vgl. über diese „Zusatzstrafe" oben § 15 II 1, insbesondere dort Anm. 3. §§ 55/53 MilStGB sind selbstverständlich gegebenenfalls *auch* zu berücksichtigen.

Ist infolge der Verabredung die strafbare Handlung (im Sinne der §§ 94—97 MilStGB) begangen worden, so ist (Abs. 2) die Strafe, mit welcher die Handlung bedroht ist, nach § 53 zu erhöhen, wenn die hiernach zulässige Strafe höher ist als die nach den Bestimmungen des Abs. 1 verwirkte Strafe.

Über den *Strafaufhebungsgrund* des § 105, durch den sich der Meuterer nach der Tat im Sinne des § 103 Abs. 1 (nicht auch des Abs. 2) Straflosigkeit verdienen kann, vgl. oben § 29 II 2.

2. Die hohe Gefährlichkeit der Meuterei veranlaßt den Gesetzgeber, in § 104 MilStGB auch die *unterlassene Anzeige von einer Meuterei* unter Strafe zu stellen. Da Meuterei Verabredung bestimmter gegen einen Vorgesetzten gerichteter Handlungen ist, so kommt es darauf an, daß der zur Anzeige verpflichtete Untergebene *zu einer Zeit, in der die Verhütung eben dieser verabredeten strafbaren Handlung noch möglich ist*, Kenntnis von der Meuterei, also der Verabredung der Meuterer, erhält. Im übrigen gelten die oben § 34 III entwickelten Grundsätze entsprechend auch hier.

Strafe: Freiheitsstrafe bis zu 3 Jahren. Begehung der verabredeten strafbaren Handlung ist objektive Bedingung der Strafbarkeit (oben § 22 B).

II. Von *militärischem Aufruhr* (§ 106) spricht das Gesetz, wenn mehrere Untergebene sich zusammenrotten und mit vereinten Kräften es unternehmen, dem Vorgesetzten den Gehorsam zu verweigern, sich ihm zu widersetzen oder eine Tätlichkeit gegen ihn zu begehen. Der Begriff „Zusammenrottung" ist bereits oben § 16 B II 1 c erörtert worden. „Mit vereinten Kräften" gehen die Zusammengerotteten vor, wenn das Bewußtsein ihrer Zusammengehörigkeit und die vorhandene gegenseitige Unterstützungsbereitschaft den Einzelnen in seiner Tatentschlossenheit stärkt. Unter diesen Voraussetzungen genügt es, daß nur *einer* der Aufrührer die strafbare Handlung ausführt[1]; denn unter Strafe stellt das Gesetz nicht die unter den erschwerenden Formen vorgenommene Tatbegehung der Gehorsamsverweigerung usw., sondern die *Teilnahme an der Zusammenrottung als solcher*. Erforderlich ist dabei nicht eine Zugehörigkeit von Anfang an; vielmehr kann auch nachträglicher Anschluß an einen im Gange befindlichen Aufruhr straffällig machen, wenn nur der Sich-Anschließende in den seelischen Gemeinschaftszusammenhang kommt, den das Gesetz voraussetzt[2].

Strafen (sehr vielfältig abgestuft): a) *Grundstrafe* (§ 106): Gefängnis nicht unter 5 Jahren, im Felde nicht unter 10 Jahren, daneben obligatorische Dienstentlassung gegen Unteroffiziere; in minder schweren Fällen (§ 110a): Möglichkeit der Strafermäßigung auf 6 Monate, im Felde auf 1 Jahr Gefängnis; in diesen Fällen Dienstentlassung gegen Unteroffiziere fakultativ (§ 110a II). — b) *Strafschärfungen* werden vorgesehen: α) gegen Rädelsführer (oben § 37 A II 2), Anstifter (zugleich auch Mittäter) oder die ihnen in § 110 (allzu kasuistisch) Gleichgestellten, sowie die mit Gewalttätigkeit gegen einen Vorgesetzten vorgehenden Aufrührer (§ 107): Zuchthaus nicht unter 5 Jahren oder lebenslanges Zuchthaus, im Felde Todesstrafe; in minder schweren Fällen (§ 110a) Möglichkeit der Strafermäßigung bis auf 1 Jahr, im Felde 2 Jahre Gefängnis; im Felde kann statt auf Gefängnis auf Zuchthaus von gleicher Dauer oder auf lebenslanges Zuchthaus oder Gefängnis erkannt werden. Neben Gefängnis Zulässigkeit der Dienstentlassung gegen Unteroffiziere. β) Aufruhr vor dem Feinde (§ 108): gegen sämtliche Beteiligte Todesstrafe, in minder schweren Fällen lebenslanges Zuchthaus oder Gefängnis oder Zuchthaus oder Gefängnis nicht unter 5 Jahren. Neben Gefängnis Zulässigkeit der Dienstentlassung gegen Unteroffiziere (§ 110a II).

Über den Strafmilderungsgrund des § 109 vgl. oben § 29 II 2.

---

[1] RMilG **9**, 117. Zustimmend die Literatur. [2] Vgl. RMilG **17**, 302 (306).

§ 48. Das Untergraben der Disziplin.

I. Strafbare Aufforderung. (§ 99 MilStGB.) Das Gesetz unterscheidet:

1. § 99 Abs. 1: die Aufforderung oder Anreizung eines Soldaten zur Verweigerung des Gehorsams (§§ 94/95), zur Widersetzung (§ 96) oder zu einer Tätlichkeit gegen den Vorgesetzten (§ 97) mit der Wirkung, daß der Soldat mindestens einen strafbaren Versuch begeht. Aufforderung und Anreizung, die erstere als unmittelbare Willensbeeinflussung, die letztere als mittelbare, dem Adressaten vielleicht nicht bewußt werdende Einwirkung auf seine Sinne oder Leidenschaften zu verstehen[1], gehen beide weiter in ihrer begrifflichen Ausdehnung als die Anstiftung des § 48 RStGB. Aber das Gesetz unterstellt den Auffordernden oder Anreizenden der Strafe des Anstifters, d.h. es verlangt Bestrafung nach dem für den Täter maßgebenden Strafgesetz. Zum Vorsatz gehört, daß der Täter die Willensbeeinflussung seines Opfers als Folge seines Verhaltens voraussetzt. Wenn dies der Fall, kommt es in *seiner* Person auf „Ernstlichkeit" nicht weiter an. Die Ausführung der strafbaren Handlung durch den aufgeforderten oder angereizten Soldaten ist objektive Bedingung der Strafbarkeit (vgl. oben § 22 B), so daß sich der ernstliche Wille des Täters nicht notwendig *auf diese Ausführung* zu erstrecken braucht. Die Hoffnung oder der Wille, die Ausführung noch vor dem Versuchsstadium zu vereiteln, würde mithin der Strafbarkeit aus § 99 nicht entgegenstehen, wenn es doch zum strafbaren Versuch oder gar zur Vollendung der Gehorsamsverweigerung usw. kommt. Damit ist wiederum ein wesentlicher Unterschied zur Anstiftung im Sinne des § 48 RStGB gegeben[2]. Dieser Unterschied rechtfertigt sich durchaus durch die Gefährlichkeit des Spiels, das der Täter des § 99 treibt.

2. § 99 Abs. 2 stellt unter Strafe die erfolglos gebliebene Aufforderung oder Anreizung im Sinne des zu 1. Gesagten.

Strafe: Freiheitsstrafe bis zu 2 Jahren, im Felde geschärfter Arrest oder Gefängnis oder Festungshaft bis zu 5 Jahren. Die Strafe darf aber nicht schwerer sein, als die auf die Handlung selbst angedrohte.

II. Die Aufwiegelung (§ 100). Es handelt sich um den Tatbestand des § 99, der aber durch folgende Momente abgewandelt wird:

1. Der Täter fordert *mehrere* Soldaten (mindestens zwei) auf oder reizt sie an zu den in § 99 genannten Delikten.

2. Die Aufforderung oder Anreizung richtet sich auf *gemeinschaftliche* Begehung der strafbaren Handlungen.

3. Ob ein Erfolg eingetreten, d.h. also die strafbare Handlung begangen oder versucht, ja ob überhaupt eine Einflußnahme auf den Willen der Opfer möglich gewesen ist, ist belanglos.

Strafe: Gefängnis nicht unter 5 Jahren. Wenn (Abs. 2) ein erheblicher Nachteil für den Dienst (im weitesten Sinne) verursacht worden ist: Gefängnis nicht unter zehn Jahren; im Felde lebenslanges Gefängnis zulässig. Zu beachten ist § 110a für minder schwere Fälle!

III. Veranstaltung von verbotenen Versammlungen, Vorstellungen, Beschwerden. (§ 101).

1. Mit Strafe bedroht wird derjenige, der unbefugt eine Versammlung von Soldaten zur Beratung über militärische Angelegenheiten oder Einrichtungen veranstaltet. Eine Versammlung setzt nicht eine größere Anzahl von Anwesenden voraus, vielmehr genügt nach allgemeiner Meinung ein Zusammentreten von wenigstens drei Soldaten[3]. Die Versammlung muß aber einen bestimmten Zweck haben, nämlich

---

[1] Vgl. Rittau[2] § 99 N. 7; Fuhse § 99 N. 7; Rotermund Hdwb. S. 60.

[2] Nach § 48 RStGB muß der Wille des Anstifters stets die Vollendung der Tat durch den Täter umfassen; schon dann fiele § 48 weg, wenn der „Anstifter" nur Begehung eines Versuchs seitens des Täters erstrebte. Vgl. dazu v. Liszt-Schmidt: 26. Aufl. S. 344 (zu Anm. 9).

[3] Rotermund Hdwb S. 828; Romen-Rissom § 101 N. 4; Rittau[2] § 101 N. 2; Fuhse § 101 N. 3.

den, militärische Angelegenheiten oder Einrichtungen zu beraten, d.h. hinsichtlich dieser Angelegenheiten durch eine Aussprache auf die Feststellung der Meinungen, wenn nicht auf Herbeiführung gleichgerichteter Anschauungen hinzuwirken. Durch diesen Zweck und die mit ihm in die Versammlung hineingetragene geistige Struktur unterscheidet sich das dem § 101 unterfallende Verhalten von den in Biwak, Kasernenstuben und Kantinen üblichen Unterhaltungen über militärische Dinge. Einen *politischen* Charakter braucht die Versammlung nicht zu haben, obwohl dies meist der Fall sein wird[1]. Das Verbot der politischen Betätigung im Sinne des Wehrgesetzes § 26 steht selbständig neben § 101 MilStGB. Seine Übertretung ist nach § 101 nur dann strafbar, wenn alle Voraussetzungen eben *dieser* Stelle gegeben sind oder gemäß §§ 2 MilStGB, 2 RStGB ein analoger Fall angenommen werden darf (vgl. oben § 8 I, II). Unter dem „Veranstalten" ist jedes Zustandebringen einer Versammlung zu verstehen[2]. Ausdrücklich hebt das Gesetz die Rechtswidrigkeit („unbefugt") hervor; sie ist stets gegeben, wenn der zuständige Vorgesetzte die Erlaubnis verweigert, wenn diese Erlaubnis entgegen militärischen Vorschriften oder Grundsätzen nicht eingeholt ist oder wenn sonst gegen solche Vorschriften oder Grundsätze verstoßen wird.

Strafe: Freiheitsstrafe bis zu 3 Jahren; Zulässigkeit der Dienstentlassung gegen Offiziere.

2. Mit der gleichen Strafe wird bedroht, wer zu einer gemeinsamen Vorstellung oder Beschwerde über militärische Angelegenheiten oder Einrichtungen Unterschriften sammelt. Der Soldat, der sich beschweren will, hat dies nach der Beschwerdeordnung unter bestimmten Voraussetzungen *allein* zu tun. Hieran knüpft der Tatbestand des § 101 an. Ob die Beschwerde berechtigt ist oder nicht, spielt keine Rolle[3]; auch verlangt § 101 keine Außerachtlassung des Dienstweges. Es ist das Unsoldatische, weil Agitatorische, das den Kern des Deliktes nach § 101 ausmacht.

3. Nicht nur die Veranstalter der Versammlung (oben zu 1) und die Unterschriftensammler (oben zu 2) werden bestraft. Auch die Soldaten, die sich dazu mißbrauchen lassen, werden von § 101 Abs. 2 mit Strafe bedroht.

Strafe: Freiheitsstrafe bis zu 6 Monaten.

IV. Die Erregung von Mißvergnügen. (§ 102.) Die Disziplin einer Truppe ist von der in ihr herrschenden Dienstfreudigkeit nicht unerheblich abhängig. Der „Meckerer", der sie untergräbt, ist durchaus ein Schädling. Gegen ihn richtet sich § 102 MilStGB. Mit Strafe bedroht wird das Unternehmen, Mißvergnügen (d.h. Unzufriedenheit) in Beziehung auf den Dienst[4] unter den Kameraden zu erregen. Mit der Einwirkung auf *einen* Kameraden ist das Delikt vollendet, wenn nur der Täter die Erregung einer weiter um sich greifenden Unzufriedenheit im Sinne hatte.

Strafe: a) Wenn Täter mündliche Äußerungen verwendet: Freiheitsstrafe bis zu 3 Jahren. — b) Ist die Handlung durch Verbreitung von Schriften, Darstellungen oder Abbildungen oder ist sie im Felde begangen: geschärfter Arrest nicht unter 14 Tagen oder Gefängnis oder Festungshaft bis zu fünf Jahren.

§ 49. Zweikampf aus dienstlicher Veranlassung.

Für die Strafbarkeit des Zweikampfes von Wehrmachtangehörigen sind im allgemeinen die §§ 201 ff. RStGB maßgebend. Nur wenn den Grund zum Zweikampf eine dienstliche Veranlassung abgibt und wenn die Herausforderung von einem Untergebenen gegen einen Vorgesetzten sich richtet, wird das Interesse der militärischen Disziplin in so starkem Maße betroffen, daß der Gesetzgeber in § 112 MilStGB[5] für diesen Fall ein *militärisches Verbrechen* zu bilden für erforderlich erachtet hat. So werden nach § 112 bestraft:

---

[1] Abweichend Fuhse § 101 N. 2. [2] Rittau [2] § 101 N. 3.

[3] So mit Recht die herrschende Lehre.

[4] Im weitesten Sinne, vor allem natürlich auch das Verhältnis zu den Vorgesetzten mit umfassend. Vgl. RMilG **14**, 10.

[5] Neue Fassung gemäß Art. 2 des Gesetzes vom 26. Mai 1933 (RGBl I S. 295).

I. 1. der *Untergebene*, der einen Vorgesetzten oder im Dienstrange Höheren aus dienstlicher Veranlassung[1] zum Zweikampf[2] herausfordert.

Strafe: Freiheitsstrafe nicht unter 1 Jahre.

2. Der Zweikampf wird vollzogen; d.h. die Gegner haben sich zum Kampf gestellt, und mindestens einer hat mit Kampfhandlungen begonnen.

Strafe: Freiheitsstrafe nicht unter 3 Jahren.

II. Der *Vorgesetzte*, der die Forderung annimmt oder den Zweikampf vollzieht, wird in gleicher Weise bestraft.

Zu I und II: Die §§ 207, 210 RStGB werden durch § 112 MilStGB nicht berührt.

IV. Verstöße gegen besondere Pflichten des militärischen Dienstes im engeren Sinne.

1. Verstöße bei einzelnen Dienstverrichtungen.

§ 50. Der Aufsichtsdienst des unmittelbaren Vorgesetzten.

Oben § 40 ist von den schweren Verletzungen der Vorgesetzten-Autorität und damit der militärischen Disziplin gesprochen, deren sich ein Vorgesetzter schuldig macht, wenn er seine Befehlsgewalt zu undienstlichen Forderungen mißbraucht. Auch *der* Vorgesetzte wird die Disziplin erschüttern, der seine Untergebenen sich selbst überläßt und von seiner Befehlsgewalt zur rechten Zeit keinen (richtigen) Gebrauch macht. Wenn wir aber diese Fälle von den ersterwähnten gesondert behandeln, so deswegen, weil sie in erster Linie Verstöße gegen die *besonderen* Pflichten darstellen, die das *persönliche Dienstverhältnis* des *unmittelbaren* Vorgesetzten zu seinen Untergebenen begründet[3], und erst in zweiter Linie und mittelbar eine Beeinträchtigung der Vorgesetzten-Autorität bedeuten, die bei den oben § 40 erörterten Delikten den primär maßgebenden kriminalpolitischen Gesichtspunkt abgegeben hat.

I. § 147 MilStGB stellt unter Strafe den Vorgesetzten, der die ihm obliegende Beaufsichtigung seiner Untergebenen vorsätzlich oder fahrlässig verabsäumt. Nur Soldaten, und nur unmittelbare Vorgesetzte im Bereiche des *militärischen* Dienstes (nicht auch des militärischen *Verwaltungs*dienstes: § 147 Abs. 2!) kommen als Täter in Frage; denn ganz deutlich stellt § 147 auf die Pflichten ab, die der unmittelbare Vorgesetzte ,,*seinen*“ Untergebenen gegenüber hinsichtlich der Beaufsichtigung hat, Pflichten, wie sie sich aus seiner *besonderen* Dienststellung (vgl. oben § 33 II 2) und der mit ihr verbundenen Verantwortung auf Grund konkreter Befehle oder militärdienstlicher Grundsätze ergeben[4]. ,,Beaufsichtigung“ bedeutet, daß der Vorgesetzte dem gesamten Verhalten der Untergebenen seine Aufmerksamkeit widmet, um unsachliches und pflichtwidriges Verhalten zu verhindern, richtiges und einwandfreies Verhalten durchzusetzen[5]. Dazu gehört auch, daß der Vorgesetzte den Untergebenen vor Schaden bewahrt, mag der Untergebene sich den Schaden durch unsachgemäßes Verhalten selbst zuziehen, mag er ihm von anderer Seite (Gewalttätigkeiten von

---

[1] D. h. im Hinblick auf ein bestimmtes Verhalten des Vorgesetzten in einer Dienstangelegenheit; es genügt, daß der Untergebene *glaubt*, der Vorgesetzte habe sich in der ihn zur Herausforderung veranlassenden Weise verhalten. RMilG **21**, 50; RITTAU[2] § 112 N. 3. Auch ein Kriegsgefangener kommt als Täter in Frage: RMilG **21**, 50.

[2] Zweikampf mit tödlichen Waffen im Sinne der §§ 201ff. RStGB. Wegen der Erforderlichkeit von herkömmlichen Duellwaffen, des Einflusses der Nichternstlichkeit auf einer Seite oder auf beiden Seiten usw. muß auf die Darstellungen des gemeinen Strafrechts verwiesen werden. Für *Kartellträger* zu dem Delikt des § 112 MilStGB kommen nicht die §§ 203, 204, 209 RStGB, sondern lediglich die §§ 112 MilStGB, 49 RStGB, 2 MilStGB in Frage! So mit Recht SPOHN Hdwb S. 907; RITTAU[2] § 112 N. 8; FUHSE § 112 N. 6.

[3] Hierzu ENGEL Hdwb S. 791; ROMEN-RISSOM § 147 N. 1b; FUHSE § 147 N. 3.

[4] Vgl. RMilG **9**, 176, **13**, 199. [5] Vgl. dazu RMilG **12**, 302.

Kameraden) drohen[1]. Aus dem jeweiligen Befehlsbereich ergibt sich der Umfang der Beaufsichtigungspflicht. Der Stubenälteste ist nur im Rahmen des durch die Stubenordnung Gebotenen aufsichtspflichtig[2]. Aber innerhalb des Befehlsbereichs ist die Aufsichtspflicht eine totale[3], auch wird sie durch die gleichzeitig bestehende Aufsichtspflicht anderer Vorgesetzter nicht geschmälert.

Das *strafbare Verhalten* besteht in der *Verabsäumung* der Beaufsichtigung. Der ,,Erfolg" kann also in dem (längeren oder kürzeren) Unbeaufsichtigtsein der Untergebenen gesehen werden. Irgendein darüber hinausgehender Schaden oder Nachteil wird tatbestandsmäßig nicht erfordert[4], weswegen sich das Verschulden des Täters auch auf einen solchen nicht zu beziehen braucht. Daß die Verabsäumung nur in der Gestalt der Nichterteilung von Befehlen ,,denkbar" sei, wie M. E. MAYER II 58 meint, ist nicht richtig. Auch das mangelnde Beobachten der Untergebenen, das bloße ,,Sich-nicht-sehen-lassen" kann genügen, und die Verabsäumung einer inzwischen notwendig gewesenen Befehlserteilung braucht nicht festgestellt zu werden.

Als Verschulden genügt Fahrlässigkeit[5].

Strafe: Freiheitsstrafe bis zu 6 Monaten; gegen Offiziere Dienstentlassung zulässig.

II. Mit der dem unmittelbaren Vorgesetzten obliegenden Beaufsichtigungspflicht (oben I) hängt die in § 147a MilStGB unter Strafschutz gestellte Pflicht zusammen, strafbare Handlungen der Untergebenen zu melden, gegebenenfalls sogar zu verfolgen. Nur *kriminell* strafbare Handlungen kommen für die Anwendbarkeit des § 147a in Betracht[6]; es genügt aber (trotz des Plurals im Gesetzeswortlaut) sinngemäß *eine* strafbare Handlung *eines* Untergebenen[7]. Ob die strafbare Handlung wirklich begangen worden ist, ist für § 147a belanglos; es genügt, daß der Verdacht einer strafbaren Handlung besteht[8]. Das ergibt sich klar aus MilStGO § 76 Abs. 2, § 79, wo ja gerade im Hinblick auf den *Verdacht* strafbarer Handlungen die gemäß § 147a MilStGB interessierende Melde- und Verfolgungspflicht der Disziplinarvorgesetzten[9], bzw. des Gerichtsherren[10] statuiert wird. Aber diese Bestimmungen der MilStGO sind nicht die alleinigen Quellen für die Melde- und Verfolgungspflicht im Sinne des § 147a. Mit Recht weist RISSOM[11] auf einen allgemeinen militärdienstlichen Grundsatz hin, der sich aus dem ,,Stufenbau der militärischen Ordnung" und aus der Strafverfolgungspflicht der die Gerichtsbarkeit ausübenden Befehlshaber[12] (Legalitätsprinzip) ergibt und jedem unmittelbaren Vorgesetzten die Pflicht auferlegt, die *dienstlich* zu seiner Kenntnis gelangenden strafbaren Handlungen zur Meldung zu bringen[13]. Selbstbezichtigung wird zwar nicht verlangt; aber wenn die Pflicht zur Meldung einer strafbaren Handlung eines Untergebenen entstanden ist, so befreit

---

[1] Vgl. RMilG **15,** 175, **17,** 211. Wenn der Vorgesetzte gegen Gewalttätigkeiten, denen der Untergebene etwa von Kameraden ausgesetzt ist, nicht einschreitet, so kann außer dem Tatbestande des § 147 zugleich auch Mißhandlung gemäß § 122 (begangen durch rechtspflichtwidriges Unterlassen), sowie Feigheit im Sinne des § 87 vorliegen, falls der Vorgesetzte aus Furcht vor persönlicher Gefahr nicht einschreitet. Dazu ENGEL Hdwb S. 792, sowie RMilG **9,** 241.

[2] ENGEL, Hdwb S. 791; MEWES Arch. **3,** 210; vgl. auch ROMEN-RISSOM § 147 N. 1a, RMilG **4,** 50.

[3] RITTAU [2] § 147 N. 2; FUHSE § 147 N. 5; ROMEN-RISSOM § 147 N. 1a; RMilG **1,** 231, **4,** 289, **14,** 235, **17,** 211.

[4] RMilG **10,** 62, 90; ENGEL Hdwb S. 791; ROMEN-RISSOM § 147 N. 6c; vgl. auch RITTAU [2] § 147 N. 3.

[5] Vgl. dazu RMilG **10,** 90.

[6] So die herrschende Lehre; vgl. ROMEN-RISSOM § 147 N. 2b, RMilG **13,** 199, **14,** 175, RITTAU [2] § 147a N. 4; abweichend zu Unrecht M. E. MAYER II 59.

[7] So mit Recht RISSOM Arch. **5,** 261 gegen SCHULZE, Deutsch.Offiz.Blatt 1913 S. 669.

[8] Vgl. R **64,** 91; ROMEN-RISSOM § 147 N. 2c.

[9] Vgl. die Ausf.Best. zu § 76 Abs. 2 MStGO, dazu DIETZ-HÜLLE MStGO § 76 N. 2.

[10] MStGO §§ 9, 10. [11] Arch. **5,** 265. [12] Vgl. MStGO §§ 79, 173.

[13] Vgl. R **64,** 90, RMilG **6,** 104, **13,** 199, ROMEN-RISSOM § 147 N. 2c. Vertrauliche Mitteilung begründet, wenn sie dienstlich erfolgt, Meldepflicht: FUHSE § 147a N. 3, RMilG **13,** 199.

von der Erfüllung dieser Pflicht nicht die Möglichkeit gleichzeitiger Selbstbezichtigung[1].

§ 147a enthält ein echtes Unterlassungsdelikt. In dem gebotswidrigen Nichtmelden oder Nicht-verfolgen besteht das strafbare Verhalten. In dem Zeitpunkt, wo die Meldung hätte erstattet, die Verfolgungsmaßnahme hätte durchgeführt werden müssen, ist das Delikt begangen. In aller Regel wird die Meldung *unverzüglich* nach erlangtem Tatverdacht zu erstatten sein[2]. Entsprechendes gilt von den Verfolgungsmaßnahmen.

Der Täter muß *vorsätzlich* dem Gebote zuwiderhandeln, d.h. insbesondere auch: er muß die ihm obliegende Pflicht zur Meldung oder Verfolgung kennen[3]. Das aber setzt voraus, daß er die Handlung des Untergebenen als eine nicht bloß disziplinarisch zu ahndende wertet[4]. Fahrlässigkeit genügt (anders als bei § 147) nicht.

Strafe: Freiheitsstrafe bis zu 6 Monaten; gegen Offiziere zugleich Dienstentlassung zulässig.

§ 51. Der Dienst als Befehlshaber oder als Wachposten.

A. Den Befehlshaber militärischer Wachen, Kommandos und Abteilungen, sowie die militärischen Wachposten trifft eine gesteigerte, aus ihren Dienstfunktionen sich ergebende und durch Dienstvorschriften aller Art geregelte Verantwortung. Demgemäß fallen Verfehlungen und Pflichtverletzungen ihrerseits besonders schwer ins Gewicht, da sie sich gar zu leicht in einem weiteren Bereiche schädlich auswirken. § 141 MilStGB wendet sich hiergegen mit entsprechenden Strafdrohungen. Von dem hier interessierenden Täterkreise ist, soweit es sich um Wachposten, d.h. also die den Wachdienst ausübenden Soldaten handelt, schon oben § 33 IV gesprochen worden. „Befehlshaber" im Sinne des § 141 ist derjenige, der über eine Wache oder eine zu besonderer Dienstverrichtung gebildete Truppeneinheit („Kommando", „Abteilung") kraft Anordnung militärischer Behörden oder Vorgesetzter die Befehlsgewalt hat und den damit verbundenen Dienst an der Spitze der Truppeneinheit ausübt[5]. Jeder Versuch, zwischen „Kommando" und „Abteilung" wesentliche Unterscheidungen vorzunehmen, wäre verfehlt und unnötig[6].

§ 141 bildet folgende strafbaren Handlungen:

I. Der Täter (s. oben) setzt sich außerstand, den ihm obliegenden Dienst zu versehen, oder

II. er verläßt seinen Posten oder handelt sonst den ihm für diesen Dienst gegebenen Vorschriften zuwider.

Zu I und II muß sodann hinzukommen, daß durch die Dienstpflichtverletzung ein Nachteil herbeigeführt wird. Wegen des zu I und zu II bezeichneten Verhaltens muß den Täter der Schuldvorwurf des Vorsatzes[7] oder der Fahrlässigkeit treffen; auf die nachteilige Folge braucht sich dagegen sein Verschulden nicht zu beziehen.

Zu den einzelnen Tatbestandsmerkmalen ist folgendes zu bemerken:

Zu I: Zur Diensterfüllung setzt sich außerstand, wer sich psychisch oder physisch dazu unfähig macht. Vor allem ist an Einschlafen und an Trunkenheit zu denken, während das Sich-entfernen vom Posten unter II zu behandeln sein wird. Wer, zu dem hier interessierenden Dienste kommandiert, sich außerstand setzt, ihn *anzu-*

---

[1] RMilG **6**, 104. [2] RMilG **16**, 93. [3] Vgl. dazu RMilG **22**, 57.

[4] Das wird zu Unrecht fast allgemein verneint: RMilG **13**, 199 (204), **16**, 19, Fuhse § 147a N. 8, Rittau[2] § 147a N. 6. Nach der vom Vereinf.Ges. vorgenommenen scharfen Trennung krimineller und disziplinarischer Militärdelikte halte ich diese unter dem alten Rechtszustande entwickelte Meinung nicht mehr für tragbar.

[5] Die bloße Verpflichtung zu diesem Dienst genügt nicht; richtig Rittau[2] § 141 N. 1, Fuhse § 141 N. 2, RMilG **9**, 94, **21**, 5. Vgl. auch Rissom Hdwb S. 862.

[6] RMilG **21**, 153.

[7] Vorsatz setzt Kenntnis der Vorschriften (Wach-, Dienstvorschriften usw.) voraus, die der Täter verletzt hat; hätte er diese Vorschriften im Hinblick auf die ihm erteilten Unterweisungen kennen sollen und können, so ist Fahrlässigkeit gegeben. RMilG **5**, 33.

treten, wird unter § 92, im Felde möglicherweise unter § 62 MilStGB fallen; jedoch wäre im Einzelfall zu prüfen, ob § 141 nicht seinem Grundgedanken nach anwendbar sein könnte (vgl. oben § 8 I, II).

Zu II: Das Verlassen des Postens ist das räumliche Sich-trennen von dem Platz, an welchem der Dienst als Befehlshaber oder als Wachposten auszuüben ist. Die Dienstvorschriften (Standort-Dienstvorschrift, Vorschrift über den Dienst an Bord usw.) bestimmen die Fälle, in denen, sowie die Art und Weise, wie gegebenenfalls ein *zulässiges* Verlassen eines Postens in Frage kommen kann. Das Verlassen des Postens stellt im übrigen einen besonders hervorgehobenen Fall des „Zuwiderhandelns gegen die ihm (dem Befehlshaber, Wachposten) für diesen Dienst sonst gegebenen Vorschriften" dar. Unter diesen Vorschriften sind[1] nicht nur allgemein und abstrakt gehaltene Dienstvorschriften, Instruktionen usw. zu verstehen, wie etwa die Vorschriften über den Dienst an Bord, die Standortdienstvorschrift usw., vielmehr gehören hierher auch die besonderen Anweisungen, die der Befehlshaber oder Wachposten von zuständiger Seite[2] für die Ausübung des konkreten Dienstes erhält. Soweit er hiergegen verstößt, würde sich der Täter nicht auch noch aus §§ 92ff. strafbar machen können[3]. Klar sollte sein, daß unter den Dienstvorschriften im Sinne des § 141, mögen sie sich aus allgemeinen Dienstanweisungen und -instruktionen[4] oder aus speziellen Anordnungen *für den konkreten Dienst* ergeben, nur solche zu verstehen sind, die eben gerade das *Wesen dieses bestimmten* Dienstes betreffen. Unterläßt der Wachposten eine ihm durch seinen Dienst gebotene Festnahme, führt der Befehlshaber der Wache das Wachbuch nicht oder duldet er es, daß die Wache nicht jederzeit zum Eingreifen mit der Waffe bereit ist, so ist § 141 jedesmal erfüllt. Dagegen ist dies nicht der Fall, wenn der Posten vor dem Schilderhaus eine unnötige oder eine unvorschriftsmäßige Ehrenbezeugung macht[5]. Was unter einem „Nachteil" zu verstehen ist, haben wir oben S. 85 § 44 III 1 erörtert.

Strafe: 1. Abs. 1 (die oben erörterten Fälle): geschärfter Arrest nicht unter 14 Tagen oder Gefängnis oder Festungshaft bis zu 2 Jahren. — 2. Abs. 2: Die Handlung ist im Felde begangen: Gefängnis oder Festungshaft nicht unter 6 Monaten; sie ist vor dem Feinde begangen: Todesstrafe, in minder schweren Fällen Freiheitsstrafe nicht unter 1 Jahr oder lebenslange Freiheitsstrafe. — 3. Abs. 3: Im Felde wird durch die Pflichtverletzung die *Gefahr* eines erheblichen Nachteils (oben § 44 III 1) herbeigeführt (ein Nachteil braucht also nicht eingetreten zu sein): Freiheitsstrafe nicht unter 3 Monaten; vor dem Feinde: Freiheitsstrafe nicht unter 1 Jahr.

B. In den hier erörterten Zusammenhang gehört seinem inneren Wesen nach, wenn auch die tatbestandsmäßige Fassung abweicht, das Delikt des § 142 MilStGB. Der Täterkreis umfaßt hier zwar nicht nur Befehlshaber und Wachposten an Bord eines Schiffes, sondern reicht erheblich weiter, indem auch sonstige Mitglieder der Schiffsbesatzung, ja sogar die in § 166 MilStGB Genannten, je nach ihren dienstlichen Obliegenheiten an Bord, Täter sein können; aber gerade die an verantwortlichen Stellen stehenden „Befehlshaber" und die zum Wachdienst Kommandierten werden in besonderem Maße als Täter in Frage kommen. Strafbar macht sich, wer durch Fahrlässigkeit in der Wahrnehmung seines Dienstes eine erhebliche Beschädigung eines Schiffes oder dessen Zubehörs herbeiführt. Die §§ 305, 315, 316 RStGB[6], § 137 MilStGB behalten daneben ebenfalls ihre Bedeutung. Ob eine erhebliche Beschädigung eines Schiffes gegeben ist, richtet sich nach der Bedeutung des Schadens für die Gebrauchsfähigkeit und Sicherheit des Schiffes im ganzen[7]; dasselbe ist bei Beschädigung von Zubehör zu prüfen. Die Handlung muß der Täter während der Ausübung seines Dienstes begangen haben; § 142 stellt daher insofern

---

[1] Anders wohl M. E. MAYER II 101. [2] Vgl. RMilG **22**, 55.
[3] PE **10**, 39 (ZPE Nr. 233). [4] RMilG **21**, 136, **22**, 121.
[5] RISSOM Hdwb S. 862; RITTAU[2] § 141 N. 9, wie überhaupt die herrschende Lehre.
[6] In der Fassung des Ges. vom 28. Juni 1935.
[7] RITTAU[2] § 142 N. 3; FUHSE § 142 N. 5, ROTERMUND Hdwb S. 687, sämtlich im Anschluß an PE **16**, 32.

eine den § 55 Ziff. 2 ausschließende „besondere Bestimmung“ dar (vgl. oben § 16 B II 1). Für die Frage der Fahrlässigkeit gelten durchaus die allgemeinen Grundsätze. Daß hierbei die mit der Dienststellung verbundene Verantwortung, aber auch die Diensterfahrung von Bedeutung ist, ist mit Recht von der Rechtsprechung hervorgehoben worden[1]; mitwirkendes Verschulden eines Dritten entlastet *dann* den Täter nicht, wenn er gerade vermöge seiner Dienststellung (Aufsichtspflicht usw.) mit der Möglichkeit solchen Verschuldens pflichtgemäß hätte rechnen und rechtzeitig für Abstellung hätte sorgen müssen.

Strafe: Freiheitsstrafe bis zu 3 Jahren; in schwereren Fällen: Dienstentlassung gegen Offiziere zulässig.

C. Über § 143 MilStGB vgl. oben § 21 B III.

§ 52. Behandlung und Benutzung der Waffe.

Die pflegliche Behandlung der Waffe, der richtige Umgang mit ihr ist eine der wesentlichsten Dienstpflichten des Soldaten. Die hohe Gefährlichkeit der Verstöße gegen diese Dienstpflichten liegt auf der Hand. Die §§ 222, 230 RStGB erscheinen dem Militär-Strafgesetzgeber mit Recht nicht ausreichend zur Bewertung eines unvorsichtigen Waffengebrauchs, und auch für die Fälle eines vorsätzlichen rechtswidrigen Waffengebrauchs hat der Gesetzgeber eine den militärischen Gesichtspunkten angepaßte Sonderbestimmung für erforderlich gehalten. Damit kommen wir zu den §§ 148, 149 MilStGB.

I. § 148 MilStGB stellt die *unvorsichtige*, d. h. fahrlässige *Behandlung von Waffen* (im technischen Sinne, vgl. oben § 16 B II 1 b) *oder Munition* unter Strafe für den Fall, daß hierdurch, wenn auch ohne Verschulden des Täters[2], die Körperverletzung oder der Tod eines Menschen verursacht worden ist. Es liegt also nicht einfach ein militärisch qualifizierter Fall fahrlässiger Körperverletzung oder Tötung vor, da sich bei diesen die Vorhersehbarkeit und damit das Verschulden gerade auf diese Erfolge beziehen muß. Eine fahrlässige Behandlung von Waffen oder Munition ist diejenige, bei der der Täter die Sorgfalt vermissen läßt, die erfahrungsgemäß im Hinblick auf die besondere Art der Waffe und ihre Wirkungsmöglichkeiten aufgewendet werden muß, um *mögliche* Schädigungen auszuschließen. Gleichgültig ist, zu welchem Zweck sich der Täter an der Waffe zu schaffen macht; jeder Umgang mit Waffen oder Munition, auch der bestimmungswidrige, fällt unter § 148. Trifft den Täter hinsichtlich der Körperverletzung oder des Todes ebenfalls der Vorwurf der Fahrlässigkeit, so sind zugleich die Tatbestände der §§ 230, bzw. 222 RStGB erfüllt. Von dem hier vertretenen Standpunkt aus ist Idealkonkurrenz gegeben, während die herrschende Meinung[3] Gesetzeskonkurrenz annimmt, was aber jedenfalls insoweit verfehlt ist, als man hinsichtlich des Todeserfolges ein Verschulden nicht fordert, vielmehr bloßen Kausalzusammenhang mit der unvorsichtigen Waffenbehandlung genügen läßt[4]. Der Versuch, den § 148 für eine fahrlässige Selbstverstümmelung zur Bestrafungsgrundlage zu machen[5], muß als verfehlt bezeichnet werden.

---

[1] RMilG **5**, 232.

[2] So zutreffend Eckstein Arch. **7**, 4. M. E. Mayer II 126 verlangt zwar Fahrlässigkeit in bezug auf die Körperverletzung, nicht aber in bezug auf die Tötung, die seiner Meinung nach Folge der fahrlässigen Körperverletzung sein müsse und nicht verschuldet zu sein braucht. Diese Meinung läßt den Fall unbeachtet, wo infolge des unvorsichtigen Umgehens mit einer Waffe nicht erst eine Körperverletzung, sondern auf der Stelle (Kopf- oder Herzschuß) der Tod eines Menschen herbeigeführt worden ist. Wie der Text anscheinend Grützmacher Hdwb S. 866. Rittau[2] § 148 N. 1 verlangt aber sogar Vorhersehbarkeit sowohl der Körperverletzung wie auch des Todes. Abweichend vom Text wohl auch RMilG **20**, 292.

[3] Vgl. Fuhse § 148 N. 6; Rittau[2] § 148 N. 5 unter Berufung auf RMilG **2**, 243, **9**, 260.

[4] Ecksteins Ausführungen Arch. **7**, 5 über das Verhältnis von § 148 MilStGB zu §§ 222, 230 RStGB sind ganz unklar, widersprechen aber jedenfalls seiner oben gebilligten Grundauffassung vom Tatbestand des § 148 MilStGB.

[5] So Glienke Arch. **7**, 299—301. Dagegen mit Recht Wolffhügel Arch. **6**, 201 und Flaxland Arch. **8**, 126.

Strafe: 1. bei Körperverletzung Freiheitsstrafe bis zu 3 Jahren, bei Tod: Gefängnis oder Festungshaft bis zu 5 Jahren.

II. § 149 MilStGB wendet sich in zwei Alternativen gegen den rechtswidrigen Waffengebrauch, setzt also voraus, daß von einer Waffe (im technisch-dienstlichen Sinne, oben § 16 B II 1 b) ein *bestimmungsgemäßer* Gebrauch gemacht wird[1]. Das ist der Fall, wenn die Waffe so benutzt wird, wie sie ihrer Zweckbestimmung entsprechend nach militärischer Auffassung verwendet werden muß. Das Seitengewehr dient zum Schlagen, Stechen und Stoßen, aber nicht zum Werfen oder zum Kistenöffnen[2]; das Gewehr dient zum Schießen, der Säbel nach herrschender militärischer Meinung zum Scharfschlagen, nicht zum Flachschlagen[3].

Unter Strafe gestellt werden nun folgende Fälle:

1. *Das rechtswidrige Gebrauchmachen von der Waffe*, das immer dann vorliegt, wenn sich der *bestimmungsgemäße Gebrauch*, den der Täter von der Waffe macht, „weder aus seiner Dienstpflicht noch aus allgemeinen gesetzlichen Bestimmungen rechtfertigen läßt"[4]. Der Vorsatz des Täters hat sich, dem Tatbestande entsprechend, lediglich auf die Bestimmungsgemäßheit und die Rechtswidrigkeit des Waffengebrauchs zu beziehen, dagegen nicht irgendwelche schädigende Folgen an Personen oder Sachen und die Rechtswidrigkeit *ihrer* Herbeiführung zu umfassen[5]. Von hier aus läßt sich die Tragweite des § 149 MilStGB in seinem Verhältnis zu den Tötungs-, Körperverletzungs- und Sachbeschädigungsnormen bestimmen. Die Beschränkung auf den rechtswidrigen Waffengebrauch als solchen in § 149 MilStGB stellt diesen zu den §§ 223a, 224, 225, 226, 230, 211, 212ff., 222, 303ff. RStGB in das Verhältnis der Idealkonkurrenz, sofern mittels solchen Waffengebrauchs zugleich (rechtswidrig schuldhaft) diese gemeinstrafrechtlichen Tatbestände erfüllt werden[6]. Die Worte „vorbehaltlich der verwirkten höheren Strafe" können hieran nichts ändern. Sie haben jedoch insofern eine besondere Bedeutung, als § 73 RStGB für die hier in Betracht kommenden Fälle in dem Sinne abgewandelt wird, daß die in § 149 MilStGB vorgesehene Mindeststrafe von 43 Tagen Gefängnis oder Festungshaft auch dann nicht unterschritten werden darf, wenn gemäß § 73 RStGB ein Strafgesetz anzuwenden ist, das zwar im Höchstmaß schwerer ist, aber eine jenen Satz von 43 Tagen unterschreitende Mindeststrafe vorsieht[7]. Wichtig ist § 149 ferner in den Fällen, wo mit dem rechtswidrigen Waffengebrauch ein Verhalten zusammentrifft, das sich als strafloser Versuch einer Körperverletzung oder Bedrohung darstellt. Freilich bleibt zu überlegen, ob in solchen Fällen die Mindeststrafe von 43 Tagen Gefängnis oder Festungshaft nicht übermäßig hoch ist[8].

2. *Die Aufforderung eines Vorgesetzten an einen Untergebenen, von seiner Waffe einen rechtswidrigen Gebrauch zu machen.* Ein Erfolg der Aufforderung wird nicht verlangt. Tritt er ein, so kann der Vorgesetzte zugleich Anstifter zu dem vom Unter-

---

[1] ROTERMUND Militärrechtl. Studien 1910, Sp. 244; GRÜTZMACHER Hdwb S. 865, RMilG **3**, 40, 137, **9**, 283. Die Frage, ob ein *Drohen* mit der Waffe zum bestimmungsgemäßen Gebrauch gehört, muß m. E. mit GRÜTZMACHER S. 866, FUHSE § 149 N. 2, ROTERMUND S. 252, RMilG **12**, 297 *verneint* werden.

[2] PE **5**, 114a (ZPE Nr. 251). [3] Vgl. oben S. 32, § 16 B II 1 b in Anm. 4.

[4] So die herrschende Lehre: RMilG **4**, 123 und im Anschluß hieran GRÜTZMACHER Hdwb S. 865, FUHSE § 149 N. 2 u. a. m. Vgl. jetzt VO vom 17. Januar 1936 (RGBl. I 39).

[5] Bezüglich dieser letzteren Ausdehnung sehr bedenklich RMilG **3**, 40.

[6] M. E. MAYER II 129/30 kommt zu einem anderen Ergebnis (Subsidiarität), da er den Tatbestand des § 149 auf „alle mit Waffen ausgeführten Einwirkungen auf die körperliche Integrität eines Menschen" bezieht. Aber davon ist im Tatbestand des § 149 nichts gesagt. Andererseits wird nicht beachtet, daß ein unter § 149 MilStGB subsumierbares Verhalten zugleich ganz andere gemeinstrafrechtliche Tatbestände erfüllen kann als nur diejenigen, die es mit „Einwirkungen auf die körperliche Integrität" zu tun haben. Mit dem Text die herrschende Lehre: RMilG **9**, 282 **18**, 103, R **61**, 112; GRÜTZMACHER Hdwb S. 866; FUHSE § 149 N. 1; RITTAU[2] § 149 N. 5.

[7] RMilG **9**, 282, R **61**, 113. Das ist etwa der Fall bei § 223a in Verbindung mit 228, § 222, § 303, § 241 RStGB.

[8] Darauf weist mit Recht ROTERMUND Militärrechtl. Studien S. 252/3 hin.

gebenen begangegnen Delikt (§ 149, 1. Alternative; RStGB §§ 223aff., 241 usw.) sein[1]. Dann ist aber auf den Vorgesetzten immer § 55 Ziff. 1, in der Regel § 115 MilStGB. anwendbar. Die unter § 149 MilStGB fallende Aufforderung tritt dann in Idealkonkurrenz mit der Anstiftung zu den in Frage kommenden strafbaren Handlungen des Untergebenen. In allen diesen Fällen ergeben sich Bestrafungsmöglichkeiten, die erheblich über das in § 149 statuierte Strafhöchstmaß hinausgehen. Auch hier aber treten dann hinsichtlich des Strafmindestmaßes die oben unter 1. bezeichneten, oft recht unerwünschten Folgen ein[2].

Zu 1. u. 2.: Strafe: Gefängnis oder Festungshaft bis zu 1 Jahr.

§ 53. Dienstliche Meldungen und Zeugnisse.

Die „Meldung" ist im militärischen Leben mehr, als eine bloße Tatsachenmitteilung oder Auskunfterteilung. Es kommt ihr eine besondere dienstliche Bedeutung zu, und jeder Soldat kennt das hohe Interesse, das im militärischen Dienst an der *Richtigkeit* solcher Meldungen besteht; denn die Unrichtigkeit einer Meldung wirkt sich in der Unsachgemäßheit, ja vielleicht großen Nachteiligkeit der im Vertrauen auf die Richtigkeit der Meldung getroffenen dienstlichen Maßnahmen aus.

Wir beschäftigen uns im folgenden mit der strafrechtlichen Bedeutung *unrichtiger dienstlicher Meldungen*, weisen aber darauf hin, daß auch das *Unterlassen* von Meldungen, wie der Dienst sie erfordert, strafbar sein kann. Einen Fall dieser Art haben wir oben § 40 III 2 in Gestalt der Unterdrückung einer Beschwerde kennen gelernt; ein anderer Fall, die Unterlassung der Meldung einer Straftat eines Untergebenen (§ 147a), ist oben § 50 II erörtert worden.

I. *Die Abstattung unrichtiger dienstlicher Meldungen* (§ 139). Die Frage ist zunächst die, was das Gesetz unter einer „Meldung" versteht. Daß nicht jede einem Vorgesetzten (spontan oder auf Befragen) gemachte Mitteilung als „Meldung" *im Sinne des § 139* aufzufassen ist, hat sich früher aus der Existenz des § 90 MilStGB ergeben, der unrichtige Mitteilungen an den Vorgesetzten als Belügen unter besondere Strafe stellte und offensichtlich eine Grenzziehung zwischen solchen lügenhaften Mitteilungen im Sinne des § 90 und unrichtigen dienstlichen „Meldungen" im Sinne des § 139 erforderte[3]. Das, was die „Meldung" gemäß § 139 charakterisiert, ist die *besondere dienstliche Pflicht* zur Erstattung und Weiterbeförderung einer Mitteilung (= Tatsachenbehauptung[4]). Worauf diese besondere dienstliche Pflicht beruht, ist belanglos; ihr kann ein dienstlicher Befehl, aber ebensogut eine allgemeine Dienstvorschrift oder ein verpflichtender militärischer Grundsatz zugrunde liegen. Der Befehl kann auch in einer Frage des Vorgesetzten zum Ausdruck kommen, sofern mit der Frage der Sinn verbunden ist, daß es dem Vorgesetzten bei der Antwort auf jene *besondere Gewähr inhaltlicher Richtigkeit* ankommt, wie sie nach militärischen Anschauungen mit einer dienstlichen Meldung (im Unterschied zu bloßen Auskünften) verbunden ist[5]. Die dienstliche Obliegenheit als Grundlage der Meldung beeinflußt auch den Inhalt. Nur soweit Tatsachen in Betracht kommen, die den Dienst berühren und darum für dienstliche Maßnahmen von Interesse sind, können sie Gegenstand einer Meldung im Sinne des § 139 sein[6]. Da aber der dienstliche Bereich sehr weit

---

[1] Natürlich müssen alle objektiven und subjektiven Voraussetzungen des § 48 RStGB erfüllt sein.

[2] Vgl. namentlich ROTERMUND Militärrechtl. Studien S. 254 ff.

[3] Vgl. dazu PH. OTTO MAYER Arch. **3**, 83ff., insbesondere 86/7, ferner derselbe, Erörterungen aus der militärstrafrechtlichen Theorie und Praxis (1908) S. 16 ff., 19 ff., ROTERMUND Hdwb S. 2/3; ROMEN-RISSOM § 139 N. 5.

[4] Vgl. RMilG **3**, 219; FUHSE § 139 N. 5; RITTAU[2] § 139 N. 3.

[5] Vgl. RMilG **3**, 219, **4**, 45, **4**, 221, **7**, 154, **9**, 269 u. öfters; ROTERMUND Hdwb. S. 3; PH. O. MAYER (s. oben Anm. 3); FUHSE § 139 N. 3, 4; RITTAU[2] § 139 N. 3.

[6] Wichtiger Fall: unrichtige Schießlisten. Mit Recht wendet RMilG **1**, 219, **2**, 294, **3**, 123, **13**, **5**, 177 u. öfters § 139 an. Vgl. dazu ROTERMUND Hdwb S. 2; ROMEN-RISSOM § 139 N. 5 b 1.

ausgedehnt ist und weit in das Privatleben vorzustoßen vermag (oben § 26 C II 1), so können auch Tatsachen, die im allgemeinen dem Privatleben angehören, Gegenstand einer „Meldung" werden; z. B. eine Mitteilung über die arische Abstammung der Braut bei der Einholung der dienstlichen Heiratsgenehmigung[1].

Für eine solche dienstliche Meldung wird in § 139 eine unbedingte Wahrheitspflicht statuiert. Diese besteht auch, wenn der Untergebene sich selbst dienstlichen oder persönlichen Unannehmlichkeiten oder Nachteilen (z. B. Strafverfolgung) aussetzt[2]. Vgl. dazu § 49 Abs. 1 MilStGB. Im militärgerichtlichen Verfahren hat der Beschuldigte zwar durchaus kein Recht zu lügen[3]; aber er hat auch keine „dienstliche Pflicht" Mitteilungen zu machen. Eine unwahre Tatsachenbehauptung des Beschuldigten *im Prozeß* fällt daher auch nicht unter § 139.

Die Meldung muß „abgestattet", d. h. an die Adresse eines Vorgesetzten gerichtet, als schriftliche Meldung diesem zugänglich gemacht worden sein, so daß der Kenntnisnahme nichts mehr im Wege steht[4]. Eine dem Abstatten gleichgestellte „Weiterbeförderung" erfordert mehr als bloße „Botentätigkeit"[5]; auch hier muß eine Dienstpflicht bestehen, für die Richtigkeit der Meldung die Gewähr zu übernehmen.

Die Strafbarkeit gemäß § 139 setzt des weiteren voraus, daß durch die unrichtige Meldung ein erheblicher Nachteil, eine Gefahr für Menschenleben oder in bedeutendem Umfang für fremdes Eigentum oder eine Gefahr für die Sicherheit des Reichs oder für die Schlagfertigkeit oder Ausbildung der Truppe herbeigeführt wird. Vgl. hierzu oben § 44 III 1. Was das Verschulden betrifft, so verlangt das Gesetz Vorsatz bezüglich der unrichtigen Meldung und ihrer Abstattung oder Weiterbeförderung; hinsichtlich der weiteren Tatfolgen muß Vorsatz oder Fahrlässigkeit gegeben sein.

Strafe: Gefängnis von 6 Monaten bis zu 3 Jahren; obligatorische Dienstentlassung gegen Unteroffiziere. Minder schwere Fälle: geschärfter Arrest oder Gefängnis oder Festungshaft bis zu 6 Monaten.

II. Die gleiche Strafe droht § 139 an für die *Ausstellung eines unrichtigen Dienstzeugnisses*, sofern damit die unter I. bezeichneten weiteren Tatfolgen verbunden sind. Dienstzeugnisse sind alle vermöge dienstlicher Befugnis oder Verpflichtung erfolgenden Beurkundungen, also in schriftlicher Form niedergelegte Erklärungen, die bestimmt sind, über dienstlich erhebliche Tatsachen, die der Aussteller wahrgenommen hat, Zeugnis abzulegen[6]. Eine Tatsachen*würdigung* kann durchaus damit verbunden sein. Beispiele: Militärpässe, Führungszeugnisse, militärärztliche Gesundheitsatteste usw. Die „Ausstellung" im Sinne des § 139 darf nicht als Niederschrift, sondern, dem „Abstatten" der Meldung entsprechend, nur als Zugänglichmachung gegenüber einer militärischen Dienststelle ausgelegt werden[7].

§ 54. Militärischer Verwaltungsdienst.

I. Daß die strafbaren Handlungen der Wehrmachtbeamten, denen der Verwaltungsdienst innerhalb der Wehrmacht in erster Linie obliegt, nach gemeinem

---

[1] Vgl. Wehrges. § 15 Abs. 4, § 27, Heiratsordnung vom 5. Januar 1922/30. Sept. 1935 (dazu Stuhlmann-Stange Wehrgesetz S. 81), MilStGB § 150. — Unrichtige Tatsachenbehauptungen, um ein *Urlaubsgesuch* zu begründen, fallen dann unter § 139, wenn eine Dienstpflicht bestand, das Gesuch durch Tatsachenbehauptungen zu begründen: PE **4,** 149 b (ZPE Nr. 226). Eine solche Dienstpflicht kann durch einen besonderen Befehl begründet werden.

[2] PE **6,** 108 (ZPE Nr. 225).

[3] RMilG **11,** 95 hat die prozeßrechtliche Pflicht, die Wahrheit zu sagen, verneint. Das ist heute sicher nicht unbedenklich. Vgl. Dietz MStGO § 94 N. 2, derselbe, Einführung MStGO 1935 S. 82; Rittau² § 139 N. 3.

[4] RMilG **7,** 165, **10,** 113. — Unter Umständen ist eine Abstattung einer Meldung auch in der Art denkbar, daß der Meldende etwas zu Meldendes verschweigt. Beispiel (RMilG **6,** 104): Obwohl sich jemand krank gemeldet hat, wird die Eintragung in das Revierkrankenbuch unterlassen, dieses aber dann dem Kompagnie-Chef als Meldung über vorgekommene Krankmeldungen vorgelegt. Vgl. auch den von Rotermund Hdwb S. 3 gebildeten Fall.

[5] Zutreffend Rittau² § 139 N. 5.

[6] Vgl. insbes. Romen-Rissom § 139 N. 3 a.

[7] Rittau² § 139 N. 2.

Strafrecht, insbesondere nach den Bestimmungen über die Amtsdelikte (RStGB §§ 331—359) zu beurteilen sind (MilStGB § 154), ist schon oben § 20 II 3 dargelegt worden.

II. Zur Ausübung des Verwaltungsdienstes werden aber mitunter auch Soldaten herangezogen, etwa im Verpflegungs-, Bekleidungs-, Rechnungswesen, im Lazarettdienst, in den Arsenalen der verschiedenen Wehrmachtteile, vor allem auch in der Militärstrafgerichtsbarkeit[1], d.h. also in Dienstzweigen, bei denen es sich nicht um „Ausübung der militärischen Kommandogewalt", sondern um die „Ausübung der allgemeinen staatlichen Regierungsgewalt" hinsichtlich der Wehrmacht handelt[2].

Die „*Soldaten*" sind nun *nicht schlechthin* „*Beamte*" im Sinne des Staatsrechts oder des § 359 RStGB. Vielmehr gilt dies nur von den *berufsmäßigen* Soldaten, d.h. vor allem von den Offizieren, nicht aber von den in Erfüllung der gesetzlichen Dienstpflicht dienenden Soldaten[3]. Aber auch soweit den berufsmäßigen Soldaten Beamteneigenschaft zukommt, ist damit noch nicht gesagt, daß auf die *von ihnen in dieser Eigenschaft begangenen Delikte* die §§ 331ff. RStGB ohne weiteres Anwendung finden. Vielmehr wird mit Recht aus den §§ 10 RStGB, 3, 145, 154, 114ff. MilStGB[4] gefolgert, daß Soldaten Amtsdelikte im Sinne des RStGB *nur insoweit* begehen können, als ihnen „Geschäfte der Verwaltung eines der Wehrmachtteile" übertragen worden sind[5]. *Insoweit* freilich können sie Täter der Beamtendelikte auch dann sein, wenn ihnen (mangels *berufs*mäßiger Soldateneigenschaft) die Beamtenqualität fehlt. Von einer „Übertragung" solcher Geschäfte kann aber nur dort gesprochen werden, wo der Soldat mit *eigener Verantwortung* und mit einer gewissen *Entschließungsfreiheit* und *Selbständigkeit* in den Verwaltungsgang einbezogen ist[6]. Daß die Amtsdelikte, die sie dann begehen, den Charakter *militärischer* Verbrechen und Vergehen annehmen, ist schon oben § 3, S. 5 Anm. 2 dargelegt worden. Idealkonkurrenz ist denkbar insbesondere mit MilStGB §§ 119, 138, 140, 144[7].

Die Strafe richtet sich nach den §§ 331ff. RStGB; die Verhängung der Geldstrafe aber ist im Hinblick auf den militärischen Charakter der Delikte ausgeschlossen, und zwar schlechthin, nicht nur unter Einsatz des § 29 MilStGB[8].

---

[1] Diese wird von der herrschenden Lehre zum Verwaltungsdienst *im Sinne des § 145* hinzugerechnet, da bei der Auslegung des § 145 (vgl. im Text weiter unten) der Gegensatz zur militärischen Kommandogewalt entscheidend ist, der Gegensatz zwischen Verwaltung und Justiz mithin nicht maßgebend sein darf. Vgl. ROMEN-RISSOM § 145 N. 2b.

[2] ROMEN-RISSOM § 145 N. 2b. Vgl. dazu R **60,** 95, **64,** 66.

[3] Vgl. FRANK § 359 II; dazu SENFTLEBEN, Deutsches Wehrrecht 1935 S. 52; ROMEN-RISSOM § 145 N. 1. Unrichtig RITTAU[2] § 145 N. 1. Soweit Soldaten Beamte sind, ist dies von Bedeutung, wenn *gegen sie* eine Handlung begangen wird, die einen Beamten als Objekt voraussetzt (Widerstand gegen die Staatsgewalt im Sinne des § 113 RStGB). Vgl. R **29,** 15. Ferner ist die Beamteneigenschaft wichtig bei Delikten, die, wie etwa RStGB § 174 Ziff. 3, einen Beamten als Täter erfordern, ohne doch „Amtsdelikt" im technischen Sinne der §§ 331ff. RStGB zu sein; vgl. FUHSE § 145 N. 1b, sowie RMilG **22,** 136.

[4] ROMEN-RISSOM § 145 N. 1c; ebenso ECKSTEIN Arch. **8,** 246; a. M. wohl M. E. MAYER I 62 für die berufsmäßigen Soldaten, die er unmittelbar und ohne weiteres den §§ 331ff. RStGB unterstellt. Unklar FRANK § 359 II.

[5] So die herrschende Lehre; vgl. vorige Anm. und dazu RITTAU[2] § 145 N. 1; RMilG **22,** 136; R **60,** 94.

[6] Vgl. RMilG **12,** 114. Wortreich aber unklar ECKSTEIN Arch. **8,** 246.

[7] Wird ein im Strafvollstreckungsdienst der Festungsgefängnisse beschäftigter Soldat mit Gefangenenbewachung betraut (§ 145!) und läßt er einen seiner Gefangenen vorsätzlich entweichen, so erfüllt er im Hinblick auf den ihm übertragenen Verwaltungsdienst (RMilG **6,** 24) den Tatbestand des § 347 RStGB, in seiner Eigenschaft als *Soldat* den Tatbestand des § 144 MilStGB. Die Strafe ist aus § 347 RStGB zu nehmen, da § 144 MilStGB durch die §§ 145 MilStGB, 347 RStGB konsumiert wird. Entsprechendes gilt im Verhältnis zwischen § 140 MilStGB und § 332 RStGB.

[8] Mit diesem sucht die herrschende Lehre (vgl. ROMEN-RISSOM § 145 N. 3; RITTAU[2] § 145 N. 5, FUHSE § 145 N. 2) die Vermeidung der Geldstrafe zu erreichen, wozu insbesondere noch RMilG **18,** 145 zu vergleichen ist.

§ 55. Die Befreiung von Gefangenen und die Unterlassung von Verhaftungen.

Wer einen „Gefangenen“ (im unten näher zu erörternden Sinn) befreit oder bei der Selbstbefreiung unterstützt, begeht eine nach RStGB § 120 strafbare Handlung. Dieser § 120 macht hinsichtlich der in Betracht kommenden Täter keine Unterschiede, stellt an sie auch keine besonderen rechtlichen Anforderungen; jedermann kann also Täter sein. Wenn jedoch der Befreier gerade derjenige ist, der für die Aufrechterhaltung der Gefangenschaft sorgen soll, so ist eine besonders geartete Pflichtverletzung gegeben. Ihr trägt das RStGB in den §§ 121 und 347 Rechnung; an sie knüpft auch § 144 MilStGB an.

I. § 144 MilStGB setzt als Täter einen Soldaten voraus, dem die Beaufsichtigung, Begleitung oder Bewachung eines Gefangenen anvertraut ist, und zwar durch einen dienstlichen Befehl oder auf Grund einer allgemeinen Dienstvorschrift oder eines militärdienstlichen Grundsatzes[1], so daß die Bewachung des Gefangenen für ihn eine dienstliche Angelegenheit darstellt. Eine Übergabe oder Übernahme des Gefangenen in irgendeinem förmlichen Sinne ist nicht erforderlich; Festnahme kraft eigener Entschließung genügt, soweit damit jene dienstliche Pflicht zur Aufrechterhaltung der Gefangenschaft entsteht. „Gefangener“ im Sinne des § 144 ist jeder, dem durch staatlichen Hoheitsakt die Freiheit entzogen ist und der sich in der Gewalt einer zu solcher Freiheitsentziehung zuständigen Person befindet[2]. Hierher gehören Kriegsgefangene, Strafgefangene (auch der bürgerlichen Justiz), Untersuchungsgefangene, Disziplinargefangene, aber auch (§ 144 Abs. 2) die in Sicherungsverwahrung oder in einem Arbeitshaus Untergebrachten. Das strafbare Verhalten kann sein:

1. ein vorsätzliches Entweichenlassen, d.h. Nichthindern der Selbstbefreiung des Gefangenen;
2. die vorsätzliche Bewirkung oder Beförderung von dessen Befreiung.

In beiden Alternativen ist das Delikt vollendet erst mit dem Zustande des „Freiseins“ des Gefangenen, mag es sich auch nur um einen vielleicht kurze Zeit dauernden Zustand dieser Art handeln[3]. Vorher ist nur ein (strafloser) Versuch gegeben, der jedoch möglicherweise als Begünstigung (RStGB § 257) gedeutet werden kann.

II. Gleichgestellt ist in der Bestrafung die vorsätzliche Nichtausführung einer dem Täter vom Vorgesetzten befohlenen oder dienstlich obliegenden Verhaftung[4]. Unter einer Verhaftung ist jede Festnahme, die zu gerichtlichen oder disziplinaren Zwecken zu erfolgen hat, zu verstehen. Vgl. MStGO §§ 95ff., DStO § 9. Zu der Verhaftung darf der Täter aber nicht allein *befugt*, vielmehr muß er zu ihr (etwa auf Grund eines Dienstbefehls) auch *verpflichtet* sein.

III. Neben dem vorsätzlichen Verhalten im Sinne von I und II wird nach Abs. 2 auch das fahrlässige[5] unter Strafe gestellt.

IV. Strafen zu I. und II.: 1. Bei vorsätzlichem Verhalten: geschärfter Arrest nicht unter 14 Tagen oder Gefängnis oder Festungshaft bis zu 5 Jahren; neben Gefängnis Dienstentlassung gegen Unteroffiziere zulässig. 2. Bei fahrlässigem Verhalten: Freiheitsstrafe bis zu 6 Monaten.

---

[1] Vgl. Romen-Rissom § 144 N. 3b; nicht deutlich Fuhse § 144 N. 3; Rittau[2] § 144 N. 2. Wenn der Soldat mit der Bewachung des Gefangenen zugleich in der Verwaltung eines der Wehrmachtteile (Strafanstaltsdienst) tätig ist, so greift für ihn mittels des § 145 MilStGB (vgl. oben § 54 Anm. 7) der sehr viel strengere § 347 RStGB Platz. § 144 MilStGB wird dadurch konsumiert.

[2] Vgl. Autenrieth Hdwb. S. 697, Frank § 120 II, Fuhse § 144 N. 2, Rittau[2] § 144 N. 1; Romen-Rissom § 144 N. 2a; RMilG **8**, 222.

[3] RMilG **20**, 271; recht bedenklich erscheint R **57**, 75 (Befreiung auch dann, wenn der Gefangene sich der Aufhebung des Gewahrsams nicht bewußt ist oder davon zur Selbstbefreiung keinen Gebrauch macht); Rittau[2] § 144 N. 3 stimmt dieser Entscheidung zu; a. M. mit Recht Romen-Rissom § 144 N. 4a im Anschluß an R **26**, 334.

[4] Idealkonkurrenz mit Ungehorsam im Sinne der §§ 92ff. MilStGB? Dafür mit Recht die herrschende Lehre.

[5] Vgl. dazu RMilG **22**, 32 (das Freisein des Gefangenen muß für den Täter als Folge seines pflichtwidrigen Verhaltens vorhersehbar gewesen sein).

§ 56. Der Bruch des Stubenarrests.

Zum Dienst gehört auch das Verbüßen einer militärischen Strafe. Das ergibt sich deutlich aus § 6 Ziff. 3 MilStGB und ist in der Rechtsprechung des RMilG[1] anerkannt. Den vom MilStGB am falschen Ort untergebrachten „Bruch des Stubenarrests" behandeln wir daher am besten in diesem Abschnitt, der die Verstöße bei einzelnen bestimmten Dienstverrichtungen zum Gegenstand hat, da sich der Bruch des Stubenarrests als ein Verstoß gegen die Pflichten beim Strafverbüßungsdienst darstellt. § 80 MilStGB unterscheidet zwei Fälle:

I. Der Offizier, der die Strafe des Stubenarrests[2] verbüßt, verläßt eigenmächtig seine Wohnung. Dem Offizier stehen als *Täter* gleich: Offiziere des Beurlaubtenstandes (§ 6b Abs. 2), kriegsgefangene Offiziere[3], obere Wehrmachtbeamte im Felde (§§ 44, 153); Unteroffiziere mit Portepee kommen als Täter nicht in Betracht; § 80 MilStGB erwähnt sie nicht; der naheliegende Analogieschluß aber dürfte durch WStV Nr. 124 Satz 2 untersagt sein, wo im betonten Gegensatz zu der gegen Offiziere zu verhängenden Kriminalstrafe des § 80 den Unteroffizieren mit Portepee disziplinarische Bestrafung für den Stubenarrestbruch angedroht wird.

Eigenmächtigkeit ist gegeben, wenn der Täter bewußt rechtswidrig handelt. Davon wird nicht die Rede sein können (trotz § 49 Abs. 1 MilStGB), wenn der Offizier sich aus der brennenden Wohnung, in der er den Stubenarrest zu verbüßen hat, ins Freie rettet[4].

Strafe: Freiheitsstrafe bis zu 6 Monaten; Dienstentlassung obligatorisch.

II. Der Offizier nimmt während der Verbüßung des Stubenarrests entgegen dem Verbot des § 23 Besuche an. Vgl. dazu WStV Nr. 121—123.

Strafe: Freiheitsstrafe bis zu 6 Monaten; in schweren Fällen Dienstentlassung obligatorisch

2. Störende Eingriffe in den Dienst.

§ 57. Anmaßung von Befehls- und Strafgewalt.

Der Vorgesetzte, der, mit bestimmter Befehls- und Strafgewalt ausgestattet, diese ihm zustehende Macht mißbraucht, vergeht sich, wie oben § 40 gezeigt, gegen die ihm kraft militärischer Disziplinauffassung obliegenden Autoritätspflichten. Von diesen Fällen ist zu unterscheiden die Anmaßung einer Befehls- oder Strafgewalt seitens einer mit solcher Gewalt *nicht* ausgestatteten Person. Handlungen dieser Art stellen nicht Verletzungen der Autoritätspflichten des Vorgesetzten dar, da der Täter gar nicht „Vorgesetzter" zu sein braucht und er ja überdies eine ihm nicht zukommende Vorgesetztenrolle spielt; wohl aber handelt es sich um störende Eingriffe in den militärischen Dienst, dem es im höchsten Maße abträglich ist, wenn die mit den Vorgesetztenverhältnissen verbundenen Zuständigkeiten mißachtet und von nicht zuständiger Stelle „Befehle" erteilt, Strafen verhängt werden.

§ 120 MilStGB wendet sich hiergegen mit Strafdrohungen gegen denjenigen, der unbefugt eine Handlung vornimmt, die nur kraft einer Befehlsbefugnis oder Strafgewalt vorgenommen werden darf. Täter kann sein entweder ein Nichtvorgesetzter oder aber ein Vorgesetzter, dem es für die konkret befohlene Handlung an Befehlszuständigkeit, für die konkret verhängte Strafe an zuständiger Strafgewalt fehlt[5]. Stets müssen die vorgenommenen Handlungen solche sein, daß sie überhaupt auf der Grundlage gegebener Befehlsbefugnis oder Strafgewalt zulässig wären[6]. Werden aber etwa „Befehle" erteilt, für die eine Befehlsbefugnis überhaupt nicht besteht, oder

[1] PE **10**, 29 (ZPE Nr. 4).

[2] Gleichgültig, ob Kriminal- oder Disziplinarstrafe. Der „geschärfte Stubenarrest" im Sinne des § 23 Satz 2 MilStGB dürfte nicht in Frage kommen (ebenso Fuhse § 80 N. 2).

[3] RMilG **21**, 243. [4] So offenbar auch RMilG **21**, 243 a. E.

[5] Fuhse § 120 N. 1; Romen-Rissom § 120 N. 1; RMilG **4**, 50 (51).

[6] Rittau [2] § 120 N. 5; Fuhse § 120 N. 1; Romen-Rissom § 120 N. 1; RMilG **1**, 272 (278), **4**, 50, **5**, 284 (296), **8**, 39, **18**, 122.

werden Strafen verhängt, die als zulässige Disziplinarstrafen überhaupt nicht angesehen werden können, so ist für die Anwendung des § 120 MilStGB kein Raum. Befiehlt der ältere Kamerad dem jüngeren, ihm das Koppel zu putzen, so vergeht er sich gegen § 120; befiehlt er aber etwa, für ihn in der Kantine zu bezahlen, so ist § 120 nicht anwendbar, da ein solcher Befehl von keinem Vorgesetzten erteilt werden dürfte. Den Befehl eines Gefreiten an die Belegschaft einer Stube, auf die Spinde zu klettern und von oben herabzuspringen, hat RMilG **13**, 203/4 dem § 120 nicht untergeordnet; dagegen hat RMilG **4**, 50 (53) auf den Stubenältesten, der seine Stubenkameraden „Schemelstrecken" machen ließ, den § 120 für anwendbar erklärt. Die von § 120 gelassenen Lücken werden, gerade insoweit als es sich um schikanöse Behandlung im Dienst handelt, vielfach durch § 122a (vgl. oben § 42 II) ausgefüllt werden können[1].

Das Vergehen des § 120 setzt Vorsatz voraus. Die irrtümliche Annahme vom Bestehen einer bestimmten Befehls- oder Strafgewalt schließt den Vorsatz aus[2].

Strafe: Freiheitsstrafe bis zu 1 Jahr.

§ 58. Beschädigung von Dienstgegenständen.

I. Die in § 137 MilStGB unter Strafe gestellte Beschädigung von Dienstgegenständen stellt sich, vom Standpunkte des militärischen Dienstes aus gesehen, nicht als Angriff gegen das Eigentum des Wehrfiskus, sondern als störende Beeinträchtigung des militärischen Dienstes dar, für dessen Durchführung die pflegliche Behandlung des Materials eine wichtige Voraussetzung ist. Leider ist dieser Gesichtspunkt im MilStGB verkannt, weswegen das Delikt des § 137 in einen systematisch falschen Zusammenhang gestellt ist. Auf die Auslegung des § 137 ist dieser Umstand nicht ganz ohne Einfluß geblieben.

Dienstgegenstand ist jeder bewegliche oder unbewegliche Gegenstand, der mittelbar oder unmittelbar zum dienstlichen Gebrauche bestimmt ist[3]. Zu allermeist werden diese Gegenstände dem Wehrfiskus gehören; aber da der Tatbestand des § 137 die Eigentumsfrage nicht berührt, so erscheint es bedenklich, daß Rechtsprechung und Schrifttum in der Begriffsbestimmung des „Dienstgegenstandes" das Eigentum des Wehrfiskus als wesentliches Merkmal hervorheben[4]. Warum aber sollen Waffen, Feldstecher, Pferde, die einem Soldaten persönlich zu Eigentum gehören und von ihm ausschließlich für den Dienst Verwendung finden, nicht taugliche Objekte für ein unter § 137 subsumierbares Delikt sein? Gewiß ist es erforderlich, bei Gegenständen, die im Privateigentum eines Soldaten stehen, eine deutliche und wohl stets unmittelbare Bestimmtheit zum Dienstgebrauch zu verlangen; aber sie aus dem Anwendungsbereich des § 137 MilStGB gänzlich zu verweisen, ist durch nichts gerechtfertigt und kann zu unangemessenen Entscheidungen führen[5]. Die strafbare Handlung besteht in Aufhebung oder Beeinträchtigung der dienstlichen Brauchbarkeit des Gegenstandes[6]. Dies kann durch Einwirkungen auf die Sachsubstanz („beschädigen", „zerstören"), aber auch durch ein „Preisgeben" erfolgen, d.h. durch

---

[1] Überdies kommt natürlich Disziplinarstrafe in Betracht.

[2] Romen-Rissom § 120 N. 2; Fuhse § 120 N. 2; RMilG **11**, 200, **16**, 22 (auf der Grundlage der Unterscheidung von strafrechtlichem und außerstrafrechtlichem Rechtsirrtum; vgl. dazu oben § 26 B I und RMilG **12**, 228).

[3] Vgl. RMilG **7**, 164 (167). Gegen die Erstreckung auf unbewegliche Gegenstände zu Unrecht M. E. Mayer II 132.

[4] So RMilG **7**, 167 unter ausdrücklicher Berufung auf die Entstehungsgeschichte; ihm folgend Rittau [2] § 137 N. 1; Fuhse § 137 N 3; Romen-Rissom § 137 N. 4a mit dem Bemerken, es sei schwer, eine Grenze zu ziehen, sobald man das Erfordernis des Eigentums fallen lasse, und mit dem Hinweis auf § 133 RStGB als Aushilfsmittel in den Fällen, wo es sich um nicht im Eigentum des Wehrfiskus stehende Sachen handelt.

[5] Man denke etwa an die Beschädigung des dem Patrouillenführer persönlich gehörenden Feldstechers während des Patrouillenganges.

[6] Von RMilG **11**, 272 für RStGB § 303 betont.

eine Gewahrsamsentäußerung, die den Verlust des Gegenstandes besorgen läßt[1] (Entlaufenlassen eines Meldehundes, Dienstpferdes, Wegwerfen von Waffen, Munition). Rechtswidrig und vorsätzlich muß der Täter handeln. Aber außerdem muß er durch diese Handlung vorsätzlich oder fahrlässig einen erheblichen Nachteil, eine Gefahr für Menschenleben oder in bedeutendem Umfang für fremdes Eigentum oder eine Gefahr für die Sicherheit des Reiches oder für die Schlagfertigkeit oder Ausbildung der Truppe herbeiführen. Vgl. dazu oben § 44 III 1. Gerade dieser Zusatz zeigt, daß der systematische Ort des § 137 nicht unter den Eigentumsdelikten zu suchen ist.

Strafe: Freiheitsstrafe bis zu 2 Jahren; Dienstentlassung gegen Unteroffiziere und Mannschaften zulässig.

II. Die *Schiffsbeschädigung* im Sinne des § 142 MilStGB ist bereits oben § 51 B erörtert worden. Nicht ohne Grund ist sie vom MilStGB mit den unter § 137 fallenden Handlungen *nicht* zusammengestellt worden.

V. Unsoldatische Zuchtlosigkeiten, namentlich aus Eigennutz.

1. Im Felde begangene Zuchtlosigkeiten.

§ 59. Unbefugtes Beutemachen.

Deutsche Kriegsauffassung und deutsche soldatische Ethik verlangen, daß der Soldat vor dem Eigentum des von ihm bekämpften Staates und seiner Bürger Achtung hat und sich gegenüber der naheliegenden Versuchung, die tatsächliche Machtstellung auszunutzen, um sich an fremdem Gut zu bereichern, zu beherrschen weiß. Wer hier versagt, handelt unsoldatisch, erweist sich als zuchtlos.

§ 128 MilStGB hat die Beziehungen der deutschen Wehrmacht zum fremden *Staatseigentum* im Auge, gleichgültig ob es sich dabei um Gegenstände handelt, die für die Kriegführung von Bedeutung sind oder nicht, und geht von der völkerrechtlichen Befugnis der *Staaten* aus, an feindlichem Staatseigentum das *Beuterecht* auszuüben[2]. Dieses Beuterecht nach Inhalt und Umfang näher zu untersuchen, ist hier nicht der Ort; vielmehr muß insoweit auf die Darstellungen des Völkerrechts verwiesen werden. Sicher ist, daß der einzelne Soldat für sich selbst überhaupt kein Beuterecht hat und auch das staatliche Beuterecht nicht ohne weiteres ausüben darf. Im Sinne bestimmter, dem Soldaten obliegender Kriegshandlungen wird die Befugnis zum Beutemachen für den Staat enthalten sein; so wird der Befehl, eine feindliche Stellung zu nehmen, ohne weiteres auch auf die Erbeutung der erreichbaren feindlichen Waffen und Ausrüstungsgegenstände gerichtet sein. Im übrigen wird der Soldat, soll sein Beutemachen berechtigt sein, der Erlaubnis der zuständigen Vorgesetzten bedürfen[3].

§ 128 MilStGB stellt drei Fälle unbefugten Beutemachens unter Strafe; bestraft wird:

1. wer im Felde[4], um Beute zu machen, sich von der Truppe eigenmächtig entfernt. Vgl. dazu oben § 36 I 3; die Erbeutungsabsicht braucht nicht verwirklicht zu werden, wenn sie nur (ein subjektives Unrechtselement) zur Zeit der Trennung von der Truppe den Täter beherrscht hat. Man hat diese Tatbestandsversion als eine selbständig unter Strafe gestellte Vorbereitungshandlung zum eigentlichen Beute-

[1] Fuhse § 137 N. 6, Rittau[2] § 137 N. 6. Die Aneignung von Dienstgegenständen fällt nicht unter § 137 MilStGB.

[2] Rotermund Hdwb. S. 188; Romen-Rissom § 128 N. 3 (sehr ausführlich).

[3] RMilG 21, 87; Fuhse § 128 N. 2.

[4] Vgl. dazu oben § 4. Daß praktisch nur das feindliche Ausland als Begehungsort in Frage käme, wie Romen-Rissom meinen (§ 128 N. 1), dürfte nicht zutreffen. Der Kriegsschauplatz kann auch im Inland liegen; die in Ostpreußen eingefallenen Russen brachten dem Beuterecht unterliegendes russisches Staatseigentum in Hülle und Fülle mit.

machen bezeichnet[1]; das würde bedeuten, daß nachfolgendes Beutemachen im Sinne der unten zu besprechenden Alternativen die Entfernung in Erbeutungsabsicht konsumiert. Indessen ist dieses Ergebnis nicht unbedenklich, da auch bei nachfolgendem Beutemachen die in dem Verlassen der Truppe liegende Zuchtlosigkeit ihre besondere Ahndung verdient, zumal § 64 MilStGB nicht immer anwendbar sein wird. Der Fall wäre richtiger zur unerlaubten Entfernung zu stellen gewesen.

2. wer Sachen, welche an sich dem Beuterecht unterworfen sind (vgl. oben vor 1.) eigenmächtig zur Beute macht. Eigenmächtigkeit im hier maßgebenden Sinne liegt einmal dann vor, wenn der Täter zum Beutemachen gar nicht befugt ist, mag er auch die Absicht haben, für den Staat, und nicht für sich selbst zu erbeuten; ferner aber auch dann, wenn er für sich und nicht für den Staat erbeuten will; denn *dazu* ist er ja niemals befugt.

3. wer sich rechtmäßig von ihm erbeutetes Gut, das er abzuliefern verpflichtet ist, rechtswidrig zueignet.

In allen drei Fällen ist Vorsatz erforderlich.

Strafe: Freiheitsstrafe bis zu 3 Jahren; gegen Unteroffiziere Dienstentlassung zulässig.

§ 60. Die Plünderung.

Richtet sich das Beutemachen gegen das Eigentum des feindlichen Staates, so wird durch die „*Plünderung*" das *Privat*eigentum, jedenfalls hauptsächlich und in erster Reihe, betroffen.

I. § 129 MilStGB bezeichnet als „Plünderung" folgende Verhaltensweisen:

1. Der Täter[2] nimmt im Felde unter Benutzung des Kriegsschreckens oder unter Mißbrauch seiner militärischen Überlegenheit in der Absicht rechtswidriger Zueignung eine Sache der Landeseinwohner[3] offen weg;

2. er nötigt sie unter den Modalitäten zu 1. einem Landeseinwohner ab;

3. er erhebt unbefugt Kriegsschatzungen oder Zwangslieferungen, und zwar des eigenen Vorteils wegen;

4. er überschreitet das Maß der von ihm vorzunehmenden Requisitionen des eigenen Vorteils wegen.

Im Tatbestande zu 1. scheint der Diebstahlstatbestand des § 242 RStGB enthalten zu sein; indessen rechnet man mit Recht[4] zur Plünderung auch den Fall, wo der Täter eine in *niemandes* Gewahrsam stehende Sache an sich nimmt. Damit wird zugleich deutlich, daß die Plünderung im Sinne des zu 1. erwähnten Tatbestandes nicht als militärisch qualifizierter Diebstahl aufgefaßt werden darf; vielmehr ist sie, und zwar auch in den zu 2. bis 4. mitgeteilten Spielarten ein völlig eigenartiges, „eigentliches" militärisches Delikt. Die Frage der Strafbarkeit des Versuchs bestimmt sich daher allein aus §§ 129, 131 MilStGB und ist im Hinblick auf den hieraus sich ergebenden Vergehenscharakter mangels ausdrücklicher Strafvorschrift zu verneinen.

Bei der Anwendung des § 129 Ziff. 2 (oben zu 3 u. 4) spielt die auf Völkerrecht beruhende Frage eine Rolle, inwieweit „Kriegsschatzungen", „Zwangslieferungen", „Requisitionen" rechtmäßige Kriegsmaßnahmen sind[5].

Auf den „Rechtfertigungsgrund" des § 130 MilStGB ist schon oben § 24 B II eingegangen worden.

Strafe: Gefängnis bis zu 5 Jahren; Dienstentlassung gegen Unteroffiziere obligatorisch (§ 131.) Richtet sich die Tat gegen einen Deutschen oder einen Angehörigen eines verbündeten

[1] So Romen-Rissom § 128 N. 2; Rittau[2] § 128 N. 3.

[2] Vor allem Soldaten, Wehrmachtbeamte (§ 153), Angehörige des Heeresgefolges (§§ 155, 157 Abs. 2).

[3] Nach § 136 auch Deutsche oder Angehörige eines verbündeten Staates; wichtig für die Bestrafung; s. dazu im Text unten.

[4] Vgl. RMilG 21, 247; Romen-Rissom § 129 N. 7d; Rittau[2] § 129 N. 5; Fuhse § 129 N. 3.

[5] Vgl. Romen-Rissom § 129 N. 8—10.

Staates, so ist auf erhöhte Strafe gemäß § 53 und, wenn in den allgemeinen Strafgesetzen eine härtere Strafe angedroht ist, auf diese letztere zu erkennen (§ 136).

II. Als qualifizierten Plünderungsfall behandelt § 133 Abs. 1 MilStGB die Plünderung unter *Gewalttätigkeit* gegen eine Person.

Strafe: Zuchthaus bis zu 10 Jahren. Bei Verursachung einer schweren Körperverletzung Zuchthaus nicht unter 10 Jahren; bei Todesverursachung Todesstrafe, in minder schweren Fällen lebenslanges Zuchthaus. § 136 auch hier anwendbar.

III. Bei gewalttätiger Plünderung *durch mehrere* (mindestens zwei Täter) sieht § 133 Abs. 2 folgende Abstufungen vor:

1. Die Rädelsführer (vgl. dazu oben § 37 A II 2) werden, gleichgültig, ob sie bei der Gewalttätigkeit mitgewirkt haben, ja auch, ob sie an den Wegnahme-, Nötigungs- usw. -handlungen aktiv beteiligt gewesen sind, immer nach den zu II. angegebenen Gesichtspunkten bestraft.

2. Diejenigen Mitwirkenden, die Gewalttätigkeiten begangen haben, unterfallen dem § 133 Abs. 1 (oben II).

3. Die sonst Beteiligten, die nicht selbst Gewalttätigkeiten ausgeübt haben, werden mit Gefängnis bis zu 10 Jahren bestraft; zugleich ist gegen Unteroffiziere auf Dienstentlassung zu erkennen.

Für alle drei Spielarten ist § 136 MilStGB zu beachten.

§ 61. Die sog. Verheerung.

Die Zerstörungen, die der Soldat im Felde im Hinblick auf die Kriegsnotwendigkeiten vornehmen muß, dürfen nicht Selbstzweck sein und müssen aus soldatischer Einstellung und Haltung heraus erfolgen. Wer ohne Notwendigkeit, bloß um des Zerstörens willen und aus Lust und Freude am Schadenanrichten solche Handlungen vornimmt, handelt zuchtlos, unsoldatisch. § 132 MilStGB sieht Freiheitsstrafe bis zu 2 Jahren vor gegen denjenigen, der boshaft oder mutwillig fremde Sachen im Felde verheert oder verwüstet. Zerstörungen, die der Krieg erfordert und die nach Kriegsrecht vorgenommen werden dürfen, können dem Tatbestande nicht unterfallen[1]. Schwere Fälle werden der Plünderung (oben § 60) gleichgeachtet. § 136 ist zu beachten.

§ 62. Das Marodieren.

Von jeher ist der Marodeur als zuchtloser, ehrloser Soldat angesehen und schwer bestraft worden. § 135 versteht unter einem Marodeur denjenigen, der im Felde als Nachzügler Bedrückungen gegen die Landeseinwohner begeht. Nachzügler ist der von der Truppe losgelöste Herumtreiber, der die Absicht hat, sich auf Kosten der Landeseinwohner durch Plackereien und Bedrückungen durchzuschlagen. Führt er diese Absicht aus, so marodiert er im Sinne des § 135. Gleichgültig ist dabei, ob es ihm gelingt, sich Landeseinwohner zu willen zu machen oder ob diese seine Zumutungen zurückzuweisen imstande sind[2].

Strafe: Gefängnis von 6 Monaten bis zu 5 Jahren; Dienstentlassung gegen Unteroffiziere zulässig.

Erhebliche Qualifizierung (Zuchthaus bis zu 10 Jahren) sieht § 135 Abs. 2 vor für den Fall, daß die Handlung von mehreren begangen wird, die sich zur fortgesetzten Bedrückung der Landeseinwohner verbunden haben, sowie für den in eine Plünderung oder gleichwertige Handlung (MilStGB § 132) ausartenden Fall.

---

[1] Näheres über diese Frage bei ROMEN-RISSOM § 132 N. 1.

[2] RITTAU[2] § 135 N. 3, ROMEN-RISSOM § 135 N. 5; abweichend ROTERMUND Hdwb S. 487.

§ 63. Leichenraub und ähnliche Fälle.

§ 134 MilStGB unterscheidet folgende Fälle:

I. Sog. *Leichenraub*; ihn begeht[1], wer im Felde in der Absicht rechtswidriger Zueignung einem auf dem Kampfplatz gebliebenen Angehörigen der deutschen oder verbündeten Truppen eine Sache abnimmt. Da der Gefallene keinen Gewahrsam mehr haben kann, vermeidet es § 134, von „Wegnahme" zu sprechen, obwohl dieser Begriff schon in § 129 MilStGB, wie oben § 60 I gezeigt, nicht im Sinne der §§ 242, 246 RStGB gebraucht, sondern auch auf Sachen, die sich in niemandes Gewahrsam befinden, angewendet worden ist[2]. Der Unterschied zum zweiten Tatbestande des § 134 (unten II) soll aber wohl mit dem Worte „abnehmen" (statt „wegnehmen") hervorgehoben werden. Dieses Tatbestandsmerkmal „abnehmen" darf nun nicht im engsten Sinne auf solche Sachen beschränkt werden, die sich unmittelbar am Leichnam des Gefallenen befinden; vielmehr bezieht es sich auf alle Gegenstände, von denen sich, falls der Gefallene noch lebte, sagen ließe, er habe an ihnen Gewahrsam. RMilG **19**, 246[3] meint das gleiche, wenn es für die Sache ein solch „nahes räumliches Verhältnis zum Gefallenen" fordert, „daß sie als zu diesem gehörig erkenntlich ist". Für die Absicht der rechtswidrigen Zueignung gilt alles das, was Rechtsprechung und Schrifttum bezüglich dieses Begriffs in der Lehre vom Diebstahl herausgearbeitet haben.

Handelt es sich um einen feindlichen Gefallenen, so ist § 134 MilStGB auch analog nicht anwendbar, da der Feind dem Angehörigen des eigenen oder des verbündeten Volkes nicht wird gleichgestellt werden dürfen. Aber mit Hilfe der §§ 128, 138 MilStGB, 246 RStGB ist auch in solchen Fällen eine Bestrafung zu ermöglichen.

II. Dem Leichenräuber steht gleich, wer im Felde einem Kranken oder Verwundeten auf dem Kampfplatz, auf dem Marsch, auf dem Transport oder im Lazarett oder einem seinem Schutz anvertrauten Kriegsgefangenen eine Sache wegnimmt oder abnötigt. Ob die Kranken oder Verwundeten zu den deutschen oder verbündeten oder aber zu feindlichen Truppen gehören, spielt hier keine Rolle[4].

Zu I und II: Strafe: Zuchthaus bis zu 10 Jahren; in minder schweren Fällen Gefängnis bis zu 5 Jahren; gegen Unteroffiziere und Mannschaften Dienstentlassung obligatorisch. Verlust der bürgerlichen Ehrenrechte zulässig.

2. Sonst begangene Zuchtlosigkeiten.

§ 64. Militärischer Diebstahl; militärische Unterschlagung.

Aus den strafbaren Handlungen, die durch die §§ 242ff., 246 RStGB unter Strafe gestellt werden und die auch von Wehrmachtangehörigen begangen werden können sondert § 138 MilStGB unter spezifisch militärdienstlichen Gesichtspunkten zwei Gruppen von Fällen aus, die damit den Charakter militärischer Delikte erhalten.

I. Die erste dieser Fallgruppen umfaßt den Diebstahl (im Sinne des § 242 RStGB) und die Unterschlagung (§ 246 RStGB), deren sich ein Soldat[5] bei Ausübung des Dienstes oder unter Verletzung eines militärischen Dienstverhältnisses an Sachen

---

[1] Vgl. hierzu auch § 160! Täter im übrigen Wehrmachtangehörige (vgl. § 153!), aber auch die unter §§ 155, 157 fallenden Personen, Kriegsgefangene (§ 158) unter der Voraussetzung des § 9 Ziff. 4.

[2] Vgl. dazu Rittau [2] § 134 N. 4. [3] Ebenso Fuhse § 134 N. 3.

[4] Vgl. Fuhse § 134 N. 4; Rittau [2] § 134 N. 5; Romen-Rissom § 134 N. 4 (mit Wiedergabe der völkerrechtlichen Bestimmungen, die hier von Bedeutung).

[5] Wehrmachtbeamte (§ 153) stehen auch im Felde nicht gleich; begehen sie eine Unterschlagung, so ist § 350 RStGB zu beachten, der unter der Voraussetzung des § 145 MilStGB auch auf Soldaten Anwendung finden kann. Täter können aber auch, soweit die Tatbestände des § 138 auf sie passen (im Text namentlich zu II!), die in §§ 155, 157, 158 genannten Personen sein. Romen-Rissom § 138 N. 1. Freilich wird durch die bloße Zugehörigkeit zum Heeresgefolge ein der *soldatischen Kameradschaft* im Sinne des § 138 entsprechendes Verhältnis *nicht* begründet; so mit Recht RMilG **22**, 298. Vgl. zum Ganzen Walther, Der militärische Diebstahl und seine Bestrafung, 1930, S. 46ff.

schuldig macht, die ihm vermöge des Dienstes oder jenes Verhältnisses zugänglich oder anvertraut sind. Die Begriffe „Diebstahl" und „Unterschlagung" decken sich völlig mit denen des RStGB[1]; sie sind daher hier als bekannt vorauszusetzen; die Rechtsprechung des RMilG hat sich hinsichtlich der Auslegung der einzelnen Tatbestandsmerkmale ganz wesentlich an die vom RG begründete herrschende Lehre angeschlossen[2]. Da § 138 MilStGB tatbestandsmäßig „Diebstahl" oder „Unterschlagung" voraussetzt, können die aus diesen Deliktstypen herausgelösten Fälle der §§ 248a, 370 Ziff. 5 RStGB nicht unter § 138 MilStGB subsumiert werden[3]; zu beachten ist aber hinsichtlich des in § 248a RStGB erforderten Motivs „aus Not", daß der Soldat, der Mannschaftsverpflegung erhält, sich auf Nahrungsnot in aller Regel nicht wird berufen können[4].

Die *militärische Qualifikation* sieht § 138 MilStGB in *einem Doppelten*: Die Tat muß bei Ausübung des Dienstes oder unter Verletzung des militärischen Dienstverhältnisses begangen sein; sodann: die Sache muß dem Täter vermöge des Dienstes oder jenes Verhältnisses zugänglich oder anvertraut sein. Von der Bedeutung des Dienstes und des Dienstverhältnisses ist bereits ausführlich gesprochen worden[5]. Ist dem Täter der Zugang zur Sache durch den Dienst ermöglicht worden, so wird sich der Diebstahl und die Unterschlagung, die der Täter nun an dieser Sache begeht, allerdings niemals anders vollziehen können, als durch Verletzung des Dienstverhältnisses; dieses letztere Tatbestandsmerkmal dürfte daher für entbehrlich zu halten sein[6]. Handelt der Täter „bei Ausübung des Dienstes", d. h. bei Wahrnehmung bestimmter dienstlicher Funktionen[7], so geht § 138 dem § 55 als „besondere Bestimmung" vor; die in § 55 für solche Fälle vorgesehene Strafschärfung kann also hier nicht Platz greifen. Zu den dienstlich zugänglichen oder anvertrauten Sachen hat RMilG **3**, 179 (181) das Geld gerechnet, das der Offiziersbursche von der Ehefrau des Offiziers zu Einkäufen für den Haushalt bekommen hat[8].

II. Die zweite Gruppe wird gebildet durch den Diebstahl und die Unterschlagung, begangen gegen einen Vorgesetzten, einen Kameraden, den Quartierwirt des Täters oder eine zu dessen Hausstand gehörige Person. Diese Personen müssen also die durch die strafbare Handlung „Verletzten" sein. Das aber ist beim Diebstahl nicht nur der Eigentümer, sondern auch der Gewahrsamsinhaber, wie RMilG **9**, 288 in Übereinstimmung mit der gemeinstrafrechtlichen Auffassung festgestellt hat.

Zu I und II: Wegen der Strafbarkeit des *Versuchs* vgl. oben § 9 I.

Erfolgt der Diebstahl gemäß § 138 MilStGB unter den qualifizierenden Umständen der §§ 243, 244 RStGB, so bleibt der aus § 138 MilStGB herzuleitende Charakter als *militärische* Straftat erhalten, und zwar wird die Tat nun zum militärischen Verbrechen[9].

Strafe: § 138 Abs. 1 (einfacher Diebstahl, Unterschlagung): geschärfter Arrest oder Gefängnis bis zu 5 Jahren; Aberkennung der bürgerlichen Ehrenrechte zulässig.

§ 138 Abs. 2 (Verbrechen im Sinne der §§ 243, 244): Strafen gemäß §§ 243, 244 RStGB.

Zusatz: Sollte der militärische Diebstahl (Unterschlagung) gegen Angehörige (RGStB § 52

---

[1] § 2 MilStGB und dazu oben § 9 I.

[2] Vgl. RMilG **12**, 109 („Wegnahme"); RMilG **1**, 101, 267, **2**, 96, **8**, 146, **9**, 99, **10**, 255, **18**, 70 („Gewahrsam", insbesondere des Kompagniechefs und des Kriegsschiffskommandanten hinsichtlich der Kompagnie- usw.-Bestände); RMilG **3**, 270, 284, **8**, 146, **14**, 106, 263, **16**, 32, **20**, 197 („Zueignung"). Vgl. den interessanten Fall einer mittelbaren Täterschaft: RMilG **20**, 140. Über Zueignungsabsicht und § 138 ausführlich ROTERMUND Z **24**, 371ff.

[3] RMilG **18**, 113, **19**, 64, **20**, 38. Vgl. dazu KAYSER Arch. **4**, 39; ROTERMUND Hdwb S. 210, jedoch im Widerspruch dazu ebenda S. 211.

[4] RMilG **19**, 64. [5] Vgl. oben § 11 II, § 16 B I 3a, § 26 C II 1.

[6] Vgl. dazu ROMEN-RISSOM § 138 N. 5a, RMilG **12**, 132, RITTAU § 138 [2] N. 6.

[7] ROTERMUND Hdwb S. 210.

[8] Gleicher Meinung ROMEN-RISSOM § 138 N. 5a, ROTERMUND Hdwb S. 210; dagegen BELING Z **24**, 250/1.

[9] RMilG **5**, 110 (Plenarbeschluß) hat diese Auffassung gegenüber der früher abweichenden Lehre durchgesetzt. Vgl. dazu ROMEN-RISSOM § 138 N. 11, ROTERMUND Hdwb S. 211.

Abs. 2) begangen sein, so würde gemäß MilStGB § 51 der Antrag, den RStGB § 247 Abs. 1 fordert, für die Verfolgung nicht nötig sein. Begeht ein Soldat im Felde einen *gemeinen* Diebstahl, so entfällt die Notwendigkeit eines nach § 247 erforderlichen Antrages gemäß MilStGB § 127.

§ 65. Die Bestechlichkeit.

I. Die sog. „*aktive Bestechung*", wie § 333 RStGB sie unter Strafe stellt, findet in einem Tatbestande des MilStGB kein Gegenstück, ist daher, auch wenn sie von einem Wehrmachtangehörigen begangen ist, nach § 333 RStGB zu bestrafen und hat den Charakter eines gemeinen Vergehens.

II. Hinsichtlich der „*passiven Bestechung*" hat sich der Militärstrafgesetzgeber zur Bildung eines Sondertatbestandes veranlaßt gesehen. § 140 MilStGB nimmt den Grundgedanken des § 332 RStGB auf, wandelt den Bestechlichkeitstatbestand unter militärdienstlichen Gesichtspunkten ab und begründet damit für diesen Fall der passiven Bestechung ein *militärisches* Verbrechen. Die Verletzung einer Dienstpflicht muß im Spiele sein und begründet die schweren Strafen, die § 140 vorsieht. Wenn es dagegen um die Geschenkannahme für eine *nicht* dienstpflichtwidrige Handlung geht, so bietet das MilStGB keinen besonderen Tatbestand. Hier ist dann zu unterscheiden:

1. War der das Geschenk annehmende[1] Soldat mit einem Geschäft der Wehrmachtverwaltung betraut und fällt die durch das Geschenk zu entlohnende nichtpflichtwidrige Handlung in diesen Bereich, so findet gemäß § 145 MilStGB auf ihn § 331 RStGB Anwendung[2].

2. In allen anderen Fällen ist § 331 RStGB auf Soldaten, und zwar auch auf berufsmäßige (vgl. dazu oben § 54 II) nicht anwendbar. Inwieweit dann eine kriminelle Bestrafung in Betracht kommt, läßt sich allgemein nicht sagen. § 114 MilStGB (oben § 40 II) wird manche Fälle einer solchen Bestechlichkeit decken; auch für § 92 MilStGB könnte gelegentlich Raum sein; im allgemeinen werden aber Fälle dieser Art nur disziplinarisch strafbar sein[3].

III. Wir untersuchen nun den § 140 MilStGB. Danach ist „*Bestechung*" gegeben, wenn jemand für eine Handlung, die eine Verletzung einer Dienstpflicht enthält, Geschenke oder andere Vorteile annimmt, fordert oder sich versprechen läßt.

1. Die dienstpflichtwidrige Handlung braucht nicht tatsächlich vorgenommen zu werden; aber zwischen ihr und dem Geschenk oder Vorteil muß der gedankliche Zusammenhang von Leistung und Gegenleistung bestehen, und zwar in dem Sinne, daß Geschenk und Vorteil für die Vornahme der Handlung bestimmend wirken, diese Handlung also herbeiführen sollen[4]. Es fragt sich nun vor allem, wie weit der Begriff der dienstpflichtwidrigen Handlung auszudehnen ist. Eine Urlaubsüberschreitung ist gewiß eine dienstpflichtwidrige Handlung. Soll der Soldat, der sich durch ein Glas Bier hierzu bestimmen läßt, unter § 140 fallen? Das kann gewiß nicht der Sinn dieser Stelle sein[5]. § 140 wird vielmehr nur solche dienstpflichtwidrigen Handlungen im Auge haben, die in den *besonderen dienstlichen Wirkungs- und Verantwortungsbereich* des Täters fallen oder die ihm *gerade durch seine dienstliche Stellung und die mit ihr gegebene Wirkungsmöglichkeit* überhaupt erst möglich gemacht werden[6]. Eine dienstliche Handlung ist auch das Beantworten von Fragen eines Vorgesetzten in dienstlichen Angelegenheiten; die Dienstpflicht erfordert hier ein nach bestem Wissen und Gewissen erfolgendes, von eigennützigen Beweggründen unbeeinflußtes

---

[1] „Fordern" und „sich versprechen lassen" stehen gleich.

[2] Vgl. Eckstein: Arch. **8**, 246 (mit z.T. sehr bedenklichen Schlußfolgerungen).

[3] Vgl. Fuhse § 140 N. 1, Romen-Rissom § 140 N. 1a, Rotermund Hdwb. S. 158.

[4] Rittau[2] § 140 N. 2 (allerdings nicht ganz klar). Abweichend aber die herrschende Lehre: Romen-Rissom § 140 N. 2b; Rotermund Hdwb S. 158, Fuhse § 140 N. 3, 4, RMilG **7**, 229 (232), **13**, 171. — Gegen die herrschende Lehre spricht § 333 RStGB, was auch Romen-Rissom zugeben.

[5] So mit Recht Romen-Rissom § 140 N. 2.

[6] Vgl. insbesondere RMilG **17**, 196, **18**, 97 (101/2).

Beantworten der Fragen. Wenn also z.B. der befragte Untergebene, durch ein Geschenk beeinflußt, dem Vorgesetzten einen Dritten für einen Posten empfiehlt, für den der Dritte seiner Meinung nach nicht oder wenig geeignet ist, macht er sich nach § 140 MilStGB strafbar, selbst wenn der Dritte sich später wider Erwarten gut bewähren sollte[1]. Voraussetzung ist aber *dienstliches* Befragen; RMilG hält mit Recht auch ein *privates*, nichtdienstliches Befragen seitens des Vorgesetzten für *denkbar*; jedoch muß sich diese ungewöhnliche Natur der Befragung klar und deutlich aus den Umständen ergeben.

2. Geschenke und Vorteile sind unentgeltliche Zuwendungen; die ersteren werden einen, wenn auch nicht notwendig erheblichen, Vermögenswert haben, letztere sind auch ohne einen solchen denkbar (Diensterleichterungen, Auszeichnungen, aber auch sonstige Annehmlichkeiten und Genüsse, die der Empfänger als solche empfindet[2].

3. Die *strafbare Handlung* erfolgt durch

a) *Annehmen* des Geschenkes oder Vorteils. Hier ist an ein reales An-sich-bringen, Erwerben zu eigener Verfügungsmacht zu denken.

b) *Fordern*, gerichtet an die Adresse des Angeforderten und vollendet in dem Augenblick, wo die Erklärung des fordernden Inhalts diesem zugeht[3].

c) *Sichversprechenlassen*, d. h. eine Willenserklärung, die dem Anbietenden zeigt, daß der Täter das Anerbieten als ernstliches Versprechen betrachte und sich dadurch zur Vornahme der dienstpflichtwidrigen Handlung veranlaßt fühle.

4. Strafe: Zuchthaus bis zu 5 Jahren; in minder schweren Fällen Freiheitsstrafe bis zu 3 Jahren; gegen Unteroffiziere neben Gefängnis Dienstentlassung zulässig. § 55 Ziff. 2 ist gegebenenfalls anwendbar; § 140 enthält keine „besondere Bestimmung" im Sinne dieser Stelle (vgl. oben § 16 B II)[4].

§ 66. Heirat ohne dienstliche Genehmigung.

Wehrgesetz § 27 bestimmt, daß Wehrmachtangehörige zur Eheschließung der Erlaubnis ihrer Vorgesetzten bedürfen[5]. Der Verstoß hiergegen stellt sich als eine Zuchtlosigkeit dar[6], die in § 150 MilStG unter Strafe gestellt ist. Die Eheschließung ohne die erforderliche dienstliche Genehmigung wird (unbeschadet der Rechtsgültigkeit der geschlossenen Ehe: § 150 Abs. 2 MilStGB, § 1315 BGB) mit Festungshaft bis zu 3 Monaten bestraft; zugleich kann gegen Offiziere auf Dienstentlassung erkannt werden. Ob die Ehe im Inlande oder Auslande geschlossen, bleibt sich gleich; auch der Fahnenflüchtige, der sich im Auslande verheiratet, fällt unter § 150[7]. Als Schuldform wird Vorsatz erfordert, der nur dann angenommen werden darf, wenn dem Täter das Erfordernis der dienstlichen Genehmigung bekannt gewesen ist[8].

[1] Zutreffend RMilG **18**, 97.

[2] Herrschende Lehre; vgl. etwa Romen-Rissom § 140 N. 3 a. E. Abweichend mit Einschränkungen M.E. Mayer II 120.

[3] RMilG **13**, 174 verlangt Kenntnisnahme des Angeforderten. Das wird bei mündlichen Forderungen zutreffen, ist aber zu eng für schriftliche Forderungen.

[4] Ebenso Rotermund Hdwb S. 158, Romen-Rissom § 140 N. 5.

[5] Vgl. Stuhlmann-Stange Wehrges. S. 81ff.; Senftleben Deutsches Wehrrecht 1935, S. 60. Maßgebend jetzt die Verordnung über das Heiraten der Angehörigen der Wehrmacht nebst Änderungsbestimmungen vom 30. September 1935 (Senftleben: S. 22).

[6] Über die Schwierigkeiten der systematischen Eingliederung des Deliktes nach § 150 MilStGB vgl. RMilG **13**, 97.

[7] Vgl. RMilG **13**, 97 **15**, 95 (beide Entscheidungen betreffen Fahnenflüchtige).

[8] So auch RMilG **13**, 97, wo der Irrtum über dieses Erfordernis als außerstrafrechtlicher Rechtsirrtum gewertet wird (vgl. dazu oben im Text § 26 B I).

Gesetzesstellenverzeichnis.

Die Zahlen vor den Klammern sind die Seitenzahlen. Eingeklammert sind die auf die Parapheneinteilung des Buches sowie auf die Unterabschnitte der einzelnen Paragraphen hinweisenden Zahlen.

A. Militärstrafgesetzbuch.

B. Strafgesetzbuch.

C. Wehrgesetz.

Sachverzeichnis.

Vgl. die Bemerkung zum Gesetzesstellenverzeichnis S. 113.

GPSR Compliance

The European Union's (EU) General Product Safety Regulation (GPSR) is a set of rules that requires consumer products to be safe and our obligations to ensure this.

If you have any concerns about our products, you can contact us on ProductSafety@springernature.com

In case Publisher is established outside the EU, the EU authorized representative is:

Springer Nature Customer Service Center GmbH
Europaplatz 3
69115 Heidelberg, Germany

Batch number: 10844827

Printed by Printforce, the Netherlands